MALCOLM SMITH
RESEARCH METHODS IN ACCOUNTING
2ND EDITION

会計学の
研究方法

平松一夫 [監訳]
Kazuo Hiramatsu

中央経済社

English language edition published by SAGE Publications of London, Thousand Oaks, New Delhi and Singapore, ©Malcolm Smith 2011.

この本を Beth, Alice, Tony に捧げる。

訳者はしがき

本書は，Malcolm Smith, *Research Methods in Accounting 2nd Edition*, Sage, 2011 を翻訳したものである。

本書の第1版は，会計学の研究方法に関する必読書として，様々なレベルの会計研究者に広く読まれてきた。第2版では多くの内容が書き加えられ，原著者の幅広い経験と知見により，会計分野の様々な研究方法から論文の出版プロセスに至るまでの実践的なガイダンスを提供している。本書を読むことで，長く困難な研究の道のりが開け，埋もれていた研究成果が出版され光が当たることを原著者は期待している。監訳者をはじめ翻訳者一同にとっても，この日本語訳によって会計研究がより活発に行われるようになることでこの分野においてささやかな貢献ができるならば大いなる喜びである。

本書は，12の章と付録から成り，研究アイデアの段階から研究結果の出版に至るまで読者を導く実践的アプローチを採っており，研究に携わる者の視点から，会計研究プロジェクトを実施する上で実際に直面する様々な選択に焦点を当てている。

第1章「序論と概要」では，検証可能な説明としての理論を述べた後，会計研究の一連のプロセスを概観している。

第2章「研究アイデアの展開」では，研究アイデアとその展開に役立つ文献を検討し，研究の基礎となる変数や変数間の関係を理解するための枠組みや研究モデルを説明している。

第3章「理論・文献・仮説」では，会計研究で広く用いられる理論を扱っている。他の研究分野から援用した様々な理論とその将来の方向性が示される。

第4章「データ収集」では，会計研究に必要な理論・信頼性・妥当性の重要性を検討し，データの収集と管理について扱っている。

第5章「データ分析」では，主に定量的分析におけるデータ分析と仮説検定について検討している。

第6章「会計の研究倫理」では，会計研究とその研究結果の出版にあたって考慮すべき倫理上の問題を扱っている。

第7章「実験的研究」，第8章「サーベイ研究」，第9章「フィールドワーク」，第10章「アーカイバル研究」では，実験的研究，サーベイ研究，フィールドワーク研究，アーカイバル研究をそれぞれ扱っている。これらの章では多くの事例を紹介し，各方法の利点を示すことで，研究者がどの方法を選択すべきかが明らかとなり，選択した方法の正当化が可能になる。

　第11章「指導と審査の過程」では，指導教員と学位候補者の関係について考察しており，研究着手から学位審査に至るまでのそれぞれの責任を明らかにしている。

　第12章「研究の出版に向けて」では，出版に至るまでの過程における様々な検討事項と考慮すべき事項を明らかにしている。

　本書の翻訳者は，全員が監訳者のゼミにおいて学び，平素から密接な連携のもとに研究活動を行っている会計学者である。本書の翻訳にあたっても，会合と議論を重ね，一貫した翻訳となるよう心を配り，できるだけわかりやすい文章となることを心がけた。その中心として献身的に尽力した阪智香教授と児島幸治教授の労を多としたい。

　しかし，なお読みにくいところや，誤字誤訳があるかもしれない。その点はひとえに監訳者の責任である。読者のご指摘を受け，さらに改善したいと考えている。

　本書の出版に関して日頃より翻訳者が指導を賜っている関西学院大学の先生方，また，各翻訳者の所属大学の先生方に対して深く感謝申し上げる。

　最後に，本書の出版にあたり格別のご支援を頂戴した株式会社中央経済社の山本継代表取締役会長，山本憲央代表取締役社長，小坂井和重取締役専務に心から御礼申し上げたい。

2015年2月1日

平松　一夫

翻訳者一覧（2016年度時点）

平松　一夫（関西学院大学名誉教授）監訳
齋藤　真哉（横浜国立大学大学院国際社会科学研究院教授）まえがき，第1章
河内山　潔（関西国際大学人間科学部准教授）第11章
阪　　智香（関西学院大学商学部教授）第3章
中島　稔哲（関西学院大学専門職大学院経営戦略研究科准教授）第8章
阿部　　仁（中部大学経営情報学部教授）まえがき，第1章
児島　幸治（関西学院大学国際学部教授）第2章
上田　耕治（関西学院大学専門職大学院経営戦略研究科教授）第9章
記虎　優子（同志社女子大学現代社会学部准教授）第4章
金光　明雄（桃山学院大学経営学部准教授）第6章
宮武　記章（大阪経済大学情報社会学部准教授）第5章
上野　雄史（静岡県立大学経営情報学部講師）第12章
齋藤　雅子（大阪産業大学経営学部准教授）第10章
笠岡恵理子（関西学院大学商学部助教）付録1，2
引地夏奈子（大阪経済法科大学経済学部准教授）第7章
河合由佳理（駒澤大学経営学部准教授）付録1，2
加納　慶太（関西学院大学商学部非常勤講師）第8章
櫛部　幸子（鹿児島国際大学経済学部講師）第3章
吉良　友人（関西学院大学商学部助教）第2章

目　次

第1章　序論と概要 ———————————— 1
1. 検証可能な説明としての理論／8
2. 会計研究への批判的アプローチ／10

第2章　研究アイデアの展開 ———————— 19
1. 研究手順／19
2. 研究テーマの発案／23
3. 概念的枠組み／28
4. DNA構造…新しい理論の展開／30
5. Bradman問題…新しい戦略の展開／32
6. 経度問題…解決策の実施／36
7. 戦略的管理会計／39

第3章　理論・文献・仮説 ————————— 42
1. 理論の基盤／42
2. 文献の調査／55
3. 関係性のモデル化／58
4. 仮説の構築／62
5. 妥当性の問題／63

第 4 章 データ収集 ———————————— 66

1. 研究方法の選択／67
2. サンプル選択／68
3. 測定に関する問題／70
4. データ管理／72
5. 定性的研究／74
6. 言語プロトコル／76

第 5 章 データ分析 ———————————— 78

1. 記述統計／78
2. サンプル平均の差／83
3. 関連性の測定／88
4. 分散分析／92
5. 多変量モデルの構築／96

第 6 章 会計の研究倫理 ———————————— 115

1. 倫理に関する質問／116
2. インフォームド・コンセント／119
3. 倫理ガイドライン／122

第 7 章 実験的研究 ———————————— 125

1. 問題の提示／126
2. 理論とその背景／126
3. 実験デザイン／129
4. 妥当性のトレードオフ／134
5. 準実験的研究／139

第8章 サーベイ研究 ———————————— 144

1. 郵送調査／145
2. デザインと計画の問題／149
3. パイロットテスト／152
4. データ収集／153
5. 測定誤差／157
6. インタビュー方法／159

第9章 フィールドワーク ———————————— 165

1. ケーススタディの方法／169
2. 質的分析の手順／173
3. グラウンデッド・セオリー／177

第10章 アーカイバル研究 ———————————— 180

1. クロスセクションデータ／181
2. 時系列データ／183
3. アーカイバル研究における妥当性のトレードオフ／184
4. 内容分析／185
5. 批判的分析／190

第11章 指導と審査の過程 ———————————— 193

1. 指導教員の役割／194
2. 審査委員の経歴／201
3. 審査の過程／202

第12章 研究の出版に向けて ——— 208

1. なぜ出版するか／208
2. どこに出版するか／209
3. 何を出版するか／216
4. どのようにして出版するか／222
5. 結び／225

付録1 会計ジャーナルのランキング ——— 228
付録2 サンプル論文 ——— 232

References／255
索　引／291

図一覧

図2.1　研究手順／20
図2.2　実証主義的アプローチ／22
図2.3　代替的研究方法／23
図2.4　Kolb の学習サイクル／29
図2.5　演繹的プロセス／29
図2.6　概念図／29
図2.7　測定問題／29
図2.8　Harvey-Jones アプローチによる問題解決／40
図2.9　一般化されたプロセス改善手順／40

図3.1　構成概念妥当性の探究／45
図3.2　自発的開示と相互因果関係／58
図3.3　媒介変数と因果関係／59
図3.4　媒介変数としての非財務数値の採用／59
図3.5　緩和効果のある因果関係／59
図3.6　企業規模・業種・文化が業績に及ぼす緩和効果／60
図3.7　剰余変数の影響／60
図3.8　剰余変数としての経済情勢／61
図3.9　複数の独立変数／61

図5.1　比率の有意性検定／81
図5.2　度数差についてのカイ二乗検定／82
図5.3　相関係数の有意性検定／83
図5.4　平均差についての t 検定／84
図5.5　対応のある場合の平均差の t 検定／85
図5.6　平均差についてのマン・ホイットニーの U 検定／87
図5.7　積率相関係数（ピアソンの r）／90

図5.8　順位相関係数（スピアマンの ρ）／91
図5.9　分割表における関連性の測定／92
図5.10　一元配置分散分析（ANOVA）／93
図5.11　複数サンプルのクラスカル・ウォリス検定／95
図5.12　チャリティーショップのケーススタディについての回帰結果の要約／103

表一覧

表1.1　3つの研究アプローチ（Connole 1993, p.37から引用）／6

表5.1　測定水準別有意性検定の概要／80
表5.2　測定水準別の関連性の測定／88
表5.3　分散分析表／94
表5.4　測定水準別多変量モデルの構築方法の概要／96

表11.1　指導教員と学位候補者の期待／197

著者略歴

Malcolm Smith 教授

　Malcolm Smith 教授は，イギリスとオーストラリアの大学で会計学の教授を務めてきた。彼は，南オーストラリア大学の会計学の基金教授と学部長（研究担当）を務めた。現在は，西オーストラリア州のエディス・コーワン大学の会計学の教授である。

　1990年に博士学位を取得して以降，Smith 教授はオーストラリアで最も研究業績の多い会計学者の１人であり，著書14冊，共著書12章分，学術誌論文150本以上の業績を残している。

　論文のいくつかは会計学のトップジャーナルに掲載されており，主なものとしては，*Journal of Business, Finance and Accounting, Accounting and Business Research, Accounting and Finance, Journal of Business Ethics, Accounting, Auditing and Accountability Journal, British Accounting Review, Journal of International Financial Management and Accounting, Journal of Accounting Education* がある。"*Bottleneck Management*"と"*Putting NFIs to Work in a Balanced Scorecard Environment*"の両論文は，ニューヨークにある国際会計士連盟（IFAC）の財務・管理会計委員会の最優秀論文賞を受賞した。この賞は，管理会計分野の研究への貢献度を国際的に評価した結果，与えられるものである。

　Smith 教授は，主に３つの研究テーマに焦点を当てており，それぞれのテーマにおいて国際的な評価を得ている。

- 財務情報の伝達…経営者の意思決定の改善を促進するための財務情報伝達の革新的手段に関するテーマ。
- 戦略的管理会計…管理会計の最新の成果とその実践に関するテーマ。
- 破綻予測…「財務的に困窮した」企業を識別し，破綻に最も近い企業を明らかにすることを目的とした，財務情報と非財務情報の利用に関するテーマ。

　Smith 教授は，これまで20名の博士学位候補者を指導し，博士学位取得に導いた。博士学位の審査委員や学術誌査読の依頼は数多い。

謝　辞

　本書の第2版は，多くの研究者，特にエディス・コーワン大学のPromodha Seneveratne氏，Aimee Ingram氏，Jacqui Whale氏の協力なしには完成することができなかった。また，南オーストラリア大学のBev Schutt氏，Glen Lehman氏，Bruce Gurd氏，Basil Tucker氏，そして，多くの読者からいただいたコメントに対して，感謝の意を表する。しかし，ありうべき誤りや不備はすべて著者の責任である。

まえがき

　本書の第2版は，初版で好評であった内容を基に，それを改訂したものである。本書の目的は，研究に携わる者の視点から，会計研究プロジェクトを実施する上で実際に直面する様々な選択に焦点を当てることである。計画と準備の重要性を強調することで，何が間違っているかを現実的に理解し，適切な修正が可能となる。しかし，あらゆる研究方法の専門家になることは不可能であることを認識しておかなければならない。本書の著者も例外ではない。著者自身の業績の多くは，実験的方法やアーカイバルデータを利用した研究であり，サーベイ研究やフィールドスタディを用いた研究事例はほとんどない。多様な研究方法を実施するために必要な専門知識のすべてを本書で網羅することは現実的ではないため，本書では他の多くの研究成果を参照している。また，紙面の制約により，本書では，ファイナンス，資本市場研究，ファイナンスの周辺分野の株価に関連した会計分野の研究は扱っていない。初版の読者の反応は励みとなるものであったが，同時に，その不備を明らかにしてくれた。それは，主に「理論」と「定性的研究」に関するものであった。第2版では，これらの不備を補うために，新たに節を加筆した。さらに，第3章に「文献の調査」という新しい節を追加し，先行研究の体系的なレビューを行うためのより実践的なガイダンスを提供した。第4章では，データ収集や分析に入る前に，「研究方法の選択」を検討する箇所を新たに加筆した。第8章では，オンライン調査の実施方法を具体的に扱う箇所を追加した。

　研究方法に関する多くの教科書は，分厚く，理論的過ぎ，読みにくいものである。本書は，研究アイデアの段階から研究結果の出版に至るまで読者を正しく導くための実践的アプローチを採用しており，歴史的・哲学的観点についてはあまり触れていない。幅広い読者を想定し，すべての教員，学位候補者，研究の初心者，しばらく研究をしていなかった研究者を対象としている。本書は主に会計研究上の論点や事例を扱っているが，内容の多くは幅広い分野に適用できるであろう。本書で用いられている事例は，著者が教育・指導・審査に携わった豊富な経験を持つイギリスやオーストラリアのものであるが，それらは

他国においても十分に当てはまるものである。

　研究の「方法」と「方法論」を早い段階で区別することは重要である。これらは，誤ってほとんど同じ意味で用いられることが多い。研究方法は，研究を遂行する際に生じる技術上の問題に関するものである。研究方法論は，研究方法を選択する際の方針に関するものである。第1章を除き，本書では，主として研究方法を扱っている。第2章では，研究アイデアと，アイデアの展開に役立つ文献について検討している。会計以外の分野から多くの事例を用いることで，研究手順を解説し，さらに，より良い結果を求め，新しい理論によりその結果の説明を行い，または，改善過程そのものの検証を行う研究を検証することが可能である。この章では，読者が研究の基礎となる主要な変数やその関係を理解しやすいように，理論的枠組みや研究モデルを紹介している。

　第3章では，「優れた研究は優れた理論の上に成り立つ」という前提で，理論に焦点を当てている。この章では，会計研究で広く適用される理論の基盤を扱っているが，それは主に他の研究分野から借用されたものである。紙面の制約によりすべてを説明することは難しいが，利用可能な様々な理論と，将来の展開の方向性を示している。第4章では，会計研究に必要とされる理論・信頼性・妥当性の重要性を認識し，データの収集と管理の問題を考察している。続いて，第5章では，データ分析と仮説検定について検討している。この章では主に定量的分析を扱っている。第6章では，会計研究とその研究結果の出版にあたって考慮すべき，重要性が増している倫理上の規定について説明している。この章では，多くの学者に非倫理的とみなされる行為の定義が曖昧であることを明らかにし，優れた研究を実施するためのガイドラインが必要であることを示している。

　第7章から第10章では，会計の分野で重要な研究方法である実験的研究，サーベイ研究，フィールドワーク研究，アーカイバル研究をそれぞれ扱っている。多くの事例によりそれぞれの方法の利点を明らかにし，研究者が適切にアプローチを選択し，そのアプローチを正当化することが可能になる。定量的方法と定性的方法に基づく研究があり，最適な方法が選択されている限り，どちらも等しく認められるべきである。極端に「実証主義的」な研究においても，新たな理論を展開する上で，解釈するための知識は必要である。本書の読者の多

くは高等な研究学位（修士学位や博士学位）候補者が想定されることから，第11章では，指導教員と学位候補者の関係について述べており，研究着手から審査結果を得るまでの指導過程における関係者すべての相互責任について明らかにしている。

　出版は研究過程の最終的な目標であり，第12章では，出版に伴う困難を明らかにしている。出版環境は常に変化している。研究倫理の重視により研究が認められなくなることや，これまで学術誌で出版可能であったものが，時間の経過や編集方針の変更により出版が難しくなる場合もある。掲載する研究の種類について非常に保守的な学術誌も多い。これは，「新規の」研究方法が既存の研究方法と同等に「優れた」研究であると示すのが難しいことが多いためである。しかし，この状況は徐々に変化しており，事例研究が掲載される機会が増えてきていることからも明らかである。しかし，学術誌や大学のランキング，掲載論文の質によって評価される競争的資金の獲得をめぐり，新しい問題が生じている。多くの大学が規定する「容認可能な学術誌」リストや，その他の学術誌への掲載禁止が，すでに定評のある学術誌の地位を不動のものにしている。そのため，リスト外の学術誌が，質の良い論文を集めることが極めて困難になっている。このような状況では，革新的な学術誌が生まれる可能性は低くなる。

　実務的教育は研究者の重要な仕事の一部とみなされることもあるが，一般的に会計学者による実務への貢献は，研究者仲間からも，研究業績に基づき資金提供を行う政府機関からも，ほとんど評価されない。実務家は，査読付学術誌を読んだり学会に参加したりすることはほとんどなく，実務的な論文や実務家向けワークショップは業績として認められない。研究者は，研究結果の意味と重要性，その実務的貢献を，偏りのない方法で，コンサルタントが普及させる前に，利用可能なメディアを用いて伝える必要がある。これは，すべての関係者にメリットをもたらすはずであるが，実務家の貢献が評価されず単に利用されたと感じるなら，将来の協働の可能性の芽が摘まれてしまう。このような態度が研究者と実務家の間に壁を作り，学者は象牙の塔にこもっていると批判される。この批判は，実証的会計研究が規範的会計研究を凌駕した現在，「研究」と「実務」のギャップが拡大していることと，偶然の一致ではない。

　コミュニケーションの問題も残されている。査読付論文の内容に関する適時

性と妥当性は，学者による学者を対象とした論文を念頭に置いたものである。ほとんどの実務家は，研究方法を理解しておらず，査読付論文も読んでいないため，論文における重要な発見や提言の影響力に気がつかない。本書の目的は，会計の実務家や研究を志す者の両方に，研究方法の処方箋を示すことである。紙面の制約上，多様な研究方法の適用上の課題や，高度な定量的方法の詳細については扱っていない。しかし，学位候補者が研究過程において具体的な選択を行う際に，よく考え，「なぜ」と自分自身に問い続けることを，本書は促している。本書により，日の目を浴びなかった論文が世に出ることになれば，本書は十分にその目的を果たすことになるであろう。

マルコム・スミス

第1章
序論と概要

―●本章の内容●―
- 検証可能な説明としての理論
- 会計研究への批判的アプローチ

　会計研究者は，研究成果を生み出すために他分野の成果を利用する「寄生虫」であると言われることも多い（例えば，Brownell 1995, p.2）。これは強すぎる表現かもしれないが，他分野の成果を借用して一般化を急ぎすぎてしまうような研究であれば，そう言われても仕方のない側面がある。会計研究者は独自の理論をほとんど持たず，経済学，ファイナンス，心理学，社会学，組織行動論などに依拠している。また，独自の研究手法を持たず，自然科学や社会科学の研究手法を適用している。さらに，独自の研究手段をほとんど持たず，組織行動論などを適用している。Malmi and Granlund (2009) は，会計研究者が「真の理論」と認識している理論は，ほとんど他の研究分野から借用してきたものであると指摘している。実務家でさえ，会計研究者よりも組織行動論の研究者の方が，調査手段の開発に優れていると考えている（Brownell 1995, p.140）。
　本書全体の目標は，会計学の応用研究の実施を促進することであるが，会計研究が他分野に依存していることをまず認識する必要がある。この目標を達成するために，次に示すいくつかの目的を確認する必要があり，そのことが本書全体の目標の達成につながるであろう。

- 現行の会計研究のアイデアを理解することで，研究課題を識別・特定し，解決方法を見出すことができる。
- 様々な研究方法を知ることで，特定の研究課題を扱うための最適な方法の選択を

促す。
- 先行研究をレビューし，査読付学術誌に掲載されている論文を批判的に検討する能力を身につける。
- 会計研究を実施する上での倫理的制約を正しく理解する。

　会計研究では，問題解決，関連性の調査，知識体系の構築を行う。会計研究は，自然科学や社会科学の広範な先行研究に依拠しているので，本書では，会計研究に役立つような他分野の知識を活用する。

　Bennett（1991）は，研究の基礎的な4つの段階を示している。

- 記述…何が原因か，原因であったかに関連するデータを収集し報告することが重要である。これは，各変数の平均・標準偏差，変数間の相関を含む。
- 分類…記述的な要素を残すものの，報告過程を簡素化し，グループ分けや分類により類似性を強調し，部分集合に分割する（例えば，多くの基礎的統計パッケージで用いられるクロス集計表を利用する）。
- 説明…観察された関係を説明し，適切な理論に基づき因果関係を見出すことによって，観察結果を理にかなったものにする。
- 予測…先行研究の理解と説明の枠を超え，未知の事象についての検証可能な予測を導く方法で観察結果をモデル化する。

　この段階的構造については，第5章で定量的な各手法に言及する際に改めて述べるが，ここで，「説明」と「予測」を区別しておくことは重要である。それによって，自然科学と同様に，妥当な基礎理論の後ろ盾がなくとも，会計行動について優れた予測をすることが可能となるからである。倒産予測のモデル化がその良い例である。多くの研究者（例えば，Altman 1968, Taffler 1983, Agarwal and Taffler 2007）が，「財務的に困窮した（短期間で破綻しそうな）」企業を予測するモデルを開発してきた。このモデルは統計的には優れているが，用いられている指標やモデルの変数に関する基礎理論は極めて脆弱である。本質的な問題は，理論（例えば，Wilcox 1971, Blum 1974, Myers 1977, Scott 1981）が，優れた予測モデルを生み出していないということである。

　優れた研究は，既存の理論を覆したり修正したりするのに必要な，合理的な

証拠を提示する。優れた証拠に基づいて理論が修正され，競合する研究者のアイデアとの健全な競争を通じて，優れた説明と信頼性の高い予測が導き出される。主要な2つの論理思考プロセス，すなわち，「帰納的」推論（理論を導き出す観察結果）と「演繹的」推論（観察結果を導き出す理論）は，理論構築や観察結果の検証のために重要である。帰納的推論は，理論を生み出す可能性のある特定の観察結果（データ）から始まる。適合性を高めるために，観察結果を増やしたり検証を繰り返したりすることで，一般化可能なパターンが明らかになってくるであろう。自然科学，例えば天文学では，帰納的推論の例が数多くある。Hawking (1998) は修正された理論や疑問視されている理論の興味深い例を多く示しており，それは，会計研究の発展への含意となる。しかし，帰納的推論を基礎とした一般化は，たった1つの反証によって覆されてしまうため，「確かなもの」とみなされることは決してないと述べている。

- **ビッグバン宇宙理論 対 定常宇宙理論** 1940年代後半から1960年代半ばにかけ，宇宙の起源に関して異なる解釈をする2つの理論の間での大論争があった。「ビッグバン」宇宙理論は，拡大を続ける宇宙が生まれた要因を単一の事象と認識し，そこでは物質（とりわけ銀河）は広範囲に拡散し続けるとした。一方，Bondi, Gold, Hoyle の「定常」宇宙理論は，既存の銀河間の空間を埋めるために，物質が継続的に創り出されているとするものだった。つまり，宇宙に始まりはなく，永遠に拡大を続け，新しい物質は一見したところ空っぽの空間から創り出されていると主張した。重要なことに，定常宇宙理論は，宇宙は永遠不変の存在であるとの検証可能な仮説を提示していた。しかし，1960年代初めに行われた電波探査では，過去に多くの電波源が存在し，強い（近くにある）電波源よりも，弱い（遠くにある）電波源の方が数多く存在していることが明らかとなった。さらに，1965年のマイクロ波放射線の研究で，宇宙の密度は常に一定ではなく，過去には現在よりも高密度であったことが明らかとなった。これらの観察結果から，定常宇宙理論に疑義が持たれ，この理論は衰退していった。
- **ニュートンの物理学の法則** 既存の理論で対処できない新たな観察結果が生じたとき，新しい理論が生まれる。かつて，水星を正確に観察することが技術的に可能になったとき，観察された水星の動きとニュートンの重力論に基づく予測との間に

微小な差があることが明らかとなった。アインシュタインの一般相対性理論は，ニュートン理論とは異なる方法で水星の動きを予測し，その理論が正しいことが証明された。

- **光の波動説**　光の動きは，光が「波」から構成されているという観点から説明することも，光が「粒子」から構成されているという観点から説明することも可能である。どちらの観点からも説明可能であるが（波も粒子も既存の性質を確認するために必要であるが），これらの説明は同時には存在しえない両立不可能なものである。両立不可能であることを完全に理解するためには，（平行宇宙と関連するかもしれない）新しい理論が求められる。

他方，演繹的推論では，理論を出発点とし，それを適用し，具体的な予測を行う。その予測は検証可能であることもあれば，後の観察結果によって検証されることもある。例えば，有名な Healy (1985) の論文では，エージェンシー理論を用いてボーナス仮説を展開した。そして，経営者が短期的な報酬を最大化するために，会計利益をどのように操作しているのかを観察し，実質的にこの仮説の検証を行った。

しかし，帰納的推論と演繹的推論を厳密に区分することが常に有益とは限らない。これらは常に相互に依存しており，帰納的推論では，通常，観察データを選択する際に，何らかの理論を必要とし（グラウンデッド・セオリーに対する一般的な批判については第9章で扱う），演繹的推論では，理論を検証するための最初の仮説の選択に影響を与える。

このような問題がなかったとしても，観察行動それ自体が「理論に依拠した」ものであり，観察者の動機や選考に影響されるため，自然科学や社会科学において「客観的測定値」の科学的な位置づけは繰り返し批判されてきた。例えば，管理会計分野では Hopwood (1987) が，財務会計分野では Hines (1988) が，会計は報告されるべき「事実」を創り出す手助けをしていると論じている。急進的アプローチの論文（例えば，Tinker and Niemark 1987）では，会計は体系的方法で実務を歪曲していると述べている。このような考え方は，解釈的観点や批判的観点を伴った新しいアプローチの展開につながった。

- **解釈的観点** 解釈的観点からは，人間の行動は外的影響の結果とみなされる。人間の行動には意図的なものと反射的なものがあり，それは参加者を拘束するルールの構造の枠内で起こる。研究者は，測定するだけではなく，その状況の理解に努めることが必要である。これを効率的に行うため，客観的観察よりも積極的参加が求められるであろう。文脈を無視すると「行動」は曖昧に解釈されてしまう恐れがあるため，解釈的観点では，過程の理解に主に焦点を当てている。会計分野では，Arrington and Francis (1989) が一例であり，Willmott (2008) が様々なアプローチの優れたレビューを行っている。
- **批判的観点** 批判的アプローチは，知識の所有と，関連する社会的・経済的・政治的意味合いに焦点を当て，解釈的アプローチの範囲を広げている。実証的アプローチは，研究過程が価値に依拠している，また，知識の習得がこれまでの研究知識をないがしろにする可能性があるという理由で批判される。会計分野では，Tinker (1980) がこのアプローチを用いている。

表1.1は，この主要な3つのアプローチに関する研究の前提，過程，結果の相違をまとめたものである。

Kuhn (1970) は，研究者は，広く受け入れられた信念・価値観・前提・技術の単一のフレームワークで問題を解決しようとすると指摘している。この共有されたフレームワークまたは世界観はパラダイムと呼ばれている。そして，既存のフレームワークや理論の反証となる証拠が多く発見され，その正当性を保つことができなくなった状況における変革を「パラダイムシフト」という。Kuhnは，そのシフトを，単純な心理学の実験に例えて，次のように説明している。

> 被験者に1組のトランプを見せる。この1組のトランプには，通常存在しない黒いハートと赤いスペードのカードが含まれているが，被験者はそのことを前もって知らされてはいない。最初，被験者は「ハート」と「スペード」という形にのみ着目する。なぜなら被験者は，「赤いハート」と「黒いスペード」だけが存在すると信じているからである。被験者は，何度か見てようやく，これらのカードが普通のトランプではないことを理解する。そして，被験者は，カードが自分の予測したものとは異なることに気づく。

Ball and Brown (1968) が提唱したアイデアと，超過リターン指標を用いて株価と会計利益の関係を示し，既存のパラダイムに疑問を投げかけた論文の出版が困難であったことが，会計研究におけるパラダイムシフトの一例である。そこまで大きな変革ではないが，同様の例としては，会計研究にエージェンシー理論を普及させた Watts and Zimmerman (1978) がある。

会計研究は必然的に人間を扱っており，また，研究者は自らの課題を持ち，確立された守るべき名声を持つ個人が集まった研究集団の中にいる。自然科学の分野では，自らの研究分野の新しい結果の影響を受け入れたくないという理由で，その研究者個人や研究が批判されることもある。

表1.1 3つの研究アプローチ (Connole 1993, p.37から引用)

実証主義	解釈的	批判的
1 手本としたアプローチは何か。		
物理科学に見られる伝統的調査。	主題の主観的理解が重要とされる歴史的・文学的・実験的研究。	主題の洞察や判断に焦点を当てたマルクス主義や解釈的研究。
2 現実をどのように捉えるか。		
唯一の現実が存在し，実証的・分析的手法（すなわち，科学的アプローチ）によってのみ理解することができる。	多様な現実が存在し，それらを理解するためには，多様な手法が必要となる。	多様な現実が存在し，歪んだコミュニケーションを通して問題が生じる。
3 データの根拠は何か。		
観察のための統制されたルール。	データの基礎となるのは意味であり，意味は論理や事実よりも重要である。	言葉や社会的行動に意味が見出され，意味は論理や事実よりも重要である。

4　*観察はどのようになされるべきか。*　明確かつ明瞭なルールにより観察する。そのルールは，状況変化によって修正されることはなく，完全に独立している。	研究者の社会的・語学・認知スキルを通して観察する。	解釈的方法に加え，観察動機に関する批判的内省を用いる。
5　*生み出されるものは何か。*　証拠と一般化可能な法則。それは，文脈の影響を受けず，最初に発見された方法とは無関係である。客観性を確保するためには，特に観察の論理と測定に関する誤差やバイアスを除去しなければならない。	発見の過程で生じる知識。発見事項の完全性は，データ分析から結論を導く研究者の社会的・語学・認知スキルの質に依存する。	解釈的フレームワークの範囲内の知識。ただしそれは，個人の自由と理解を助長し，個人の理性的自立を抑制する勢力から解放するという目的にも貢献する。
6　*内在する関心は何か。*　予測と統制，技術的に利用可能な知識，説明。	日常言語や行動レベルの理解。他人の行動の基礎となる意味や信念の発見。	解釈上の関心，そして，他の調査方法の基礎概念の解釈上の関心。人間の存在を根本的に改善すること。知識の形成や利用における現実的・社会的関わり。
7　*内在する価値は何か。*　科学や科学的知識は，本質的に価値中立的である。	科学も科学的知識も，それらが表す価値の見地から解釈される。	科学や科学的知識は，価値中立的ではありえない。それは常に何らかの利害を代表している。

Lynn and Jay（1987）の書物の中で，Humphrey Appleby卿は，研究報告に不備が疑われる4つの段階を示している。研究者から不備が疑われる結果が出てくれば，政府機関も学会も同様に不快な思いをする。

1 発見事項の受入れの拒否 間違った解釈に基づいており，より広範で詳細な研究が必要とされる。
2 証拠に対する疑義 証拠が決定的でなく，その数値には他に解釈の余地があるか，発見事項が矛盾しており重要な問題が未解決のまま残されている。
3 提言の批判 新規性がなく，有効な結論を導くために提示している情報も不十分である。
4 研究者に対する疑義 研究者の誠実性，能力，用いた研究方法に疑問がある。

したがって，研究者，研究課題，研究方法，データの収集・分析方法，解釈や提言の妥当性に対して疑いの目が向けられている。この問題については後述する。

1. 検証可能な説明としての理論

一連の多様な観察結果に向き合うことで，その多様性の意味を理解するのに役立つ一連の暫定的な説明を構築することができる。そのような説明は，理論の構成要素となる。どのような状況においても，通常，観察結果を説明可能な複数の理論が存在する。さらにデータを体系的に収集することで，代替的理論の検証が可能となり，事実を最もよく説明する既存の理論がどれかを立証することができる。専門家でない人にとって，「理論」とは，Michael Crichtonの *The Lost World* で皮肉を込めて表現されているように，「理論は，自分が何を話しているのかを解っていない人によって提唱される，経験に代わるものに過ぎない」（1995, p.67）。

データ収集それ自体は，記述的アプローチ（例えば，平均，標準偏差，範囲，相関関係）のみを認めており，説明的理論以外に意味ある方法で因果関係を探ることはできない。研究者は常に，より当てはまりのよい理論を模索しており，

Popper (1959, p.104) は「理論の真の検証とは，その反証または反論を試みることである」と提言している。

これは短期間では成功しないかもしれない。会計研究では，効率的市場仮説に対する「アノマリー」が頻繁にかつ多く観測されている。しかし，効率的市場仮説の他に，入手可能な情報に対する株価の反応を説明する広く受け入れられた理論は存在しない。

Popperの提言は，対象となる理論の反証を試みるための，説得力のある実証的方法を提示する上で，非常に魅力的である。しかし，「観察」過程それ自体に誤りがある可能性があるため，この立場が常に最良であるとは限らない。Hawking (1998) は，ハイゼンベルクの不確定性原理について，次のように述べている。

> 粒子の位置や運動量を予測する場合，粒子の現在の位置や運動量を正確に測定することが求められる。ハイゼンベルクは，1926年に，それを試みるために，粒子に光を当て，結果として生じる光の分散を観察し，粒子の位置を明らかにしようとした。しかし，粒子の位置を正確に特定するためには，かなりの量の光を必要とし，その光が粒子の運動量を予測不可能に変化させた。正確に粒子の位置を測定しようとするほど，運動量が正確に測定できないという事態が生じたのである。

不確定性原理は，測定過程の他のすべての属性を変えることなく，対象の大きさや運動量を測定することが不可能な環境で実施されている研究に，幅広い影響を与えている。民族学的・実験的調査やフィールドワークにおいて，参加者の行動が測定過程の結果に影響を与えるという状況は，会計研究においても見られる。

理論が観察結果に適合するかを判断するために，次の3つの基準が存在する。

1 共変動 因果関係が存在しなくとも，2つの変数が共に動くならば，その2変数間に高い相関関係があると予想される。共変動がなければ，因果関係を確立することは難しい。

2 原因とその結果 因果関係が確立されれば，「結果となる事象」の前に「原因となる事象」が生じているはずである。それゆえ，事象が生じた順序が，方向性を説明

するのに役立つ。

***3* 妥当な競合仮説がないこと**　3番目の基準は，その事象が説明できない他の仮説を排除することである。これは現時点においてのみ可能であり，将来，研究者がデータを再分析することにより，その事象を説明する他の仮説を展開する可能性がある。

企業の報告書における自発的開示とアナリストフォロー（すなわち，大企業開示内容を分析しているアナリストの数）を例とすると，自発的開示の量とアナリスト報告の数は共に変動し，この2変数間には共変する関係が存在する。しかし，どちらが原因なのであろうか。次のような競合仮説が提案される。

(a)　企業は，経営者の意図や経営能力を発信し，より多くの投資家の注目を得るために，より多くの情報を自発的に市場に提供する。
(b)　投資アナリストは，特定の企業に焦点を当て，より多くの情報と詳細な開示を要求する。

十分な実証的証拠が蓄積されているとは言えない。Lang and Lundholm (1996) は，(a)を立証したが，Walker and Tsalta (2001) は(a)に関しては弱い証拠のみを提示し，(b)を支持する強い証拠を示した。原因の本質や方向性を明確にするために，より多くの実証研究が必要とされている。

2. 会計研究への批判的アプローチ

研究者には，自身の発見事項と他の研究者の発見事項の両方について健全な懐疑心が必要とされる。研究者は，結果の質に満足できる十分な証拠が得られるまで，目を通すものすべてに疑問を持つという批判的姿勢をとらなければならない。批判的に物事を見る能力を高めることは，研究者の基本的要件とされる。それによって，研究者は優れた研究とそうでない研究を見分け，議論・手法・分析の不備を明確に識別することができる。

誠実かつ透明性の高い研究実施報告は，研究者の倫理的義務である。研究者は，実施した内容・理由・方法のすべてについて報告すべきである。研究手続

きのいずれかの段階において疑問が生じたならばその疑問と，その可能性のある影響やその疑問を克服するために行ったことがあればそのことも併せて明記しておくべきである。研究者が「真実を隠している」ならば，それは論文の内容にも影響を及ぼし，質の悪い研究とみなされる。

学生に学術誌掲載論文の批評を求めると，最初は苦心することが多い。学生は，著者の名声に恐れをなし，編集上の要求や複数の査読を通過した論文に対して，適切な批評ができるかを疑問に思う。実際には，レベルの低い学術誌に限らず，欠点のある論文が掲載されるケースは多い（Hartmann and Moers 1999を参照。トップジャーナル3誌，*Accounting, Organizations and Society*（AOS），*The Accounting Review*（AR），*Journal of Accounting Research*（JAR）に掲載されたコンティンジェンシー分析に関する28論文を批評し，そのうちの27論文において研究デザインと分析に問題があることを明らかにしている）。同様に，Dowd (2004, p.510)は，経済学の一流の学術誌においても，非現実的な前提に基づく論文が掲載されていると指摘している。正しい質問をするための適切なガイドラインがあれば，学生は，不備や欠陥を見つける自身の能力に，すぐに自信を持てるようになる。論文批評の例として，Abernethy et al. (1999) は，トップジャーナルの *Accounting and Finance* の同じ号に掲載された3論文を挙げている。

論文には，通常，次のことを記載する。

1 なぜその論文が興味深く，重要なのか　論文は，新しい知見を提供するものでなければならない。この知見は重要であり，さらなる理論展開や改善提言に活用することができる。

2 結果は重要か　実際に，論文は「だから何？」という質問に答えられるであろうか。研究結果に興味を持つ人はいるであろうか。将来の実務に何らかの影響を与えるであろうか。研究分野は，競争的資金の助成機関から評価されるであろうか。これらは，先行研究に基づき合理的な仮説を検証したが，データが期待通りのものでないために仮説が支持されない論文にとっては，重要な意味を持つ。このような結果を伴う論文は，会計以外の他（他分野）の観点から結果を示すことで貢献できる可能性があるが，仮説が支持されないことによって出版機会は制限されるであろう。

3 著者がこの論文を今執筆する動機は何か　現在生じている問題について正面から取り組む論文もある一方で，歴史的問題に焦点を当て，「古い」データを用いる論文もある。後者の場合，論文が「出版可能か」を論じるにあたって，最近取り上げられた古い論文や，複数の異なる学術誌で何度も引用されている論文を検討することになる。

4 研究課題は何か　論文の冒頭で研究課題を明確に述べることで，研究の目的が明らかになる。本書の14〜15頁では，研究の方向性や研究モデルを明確に示していない論文においては，執筆者は研究の基本的な目的を再検討する必要があることを指摘している。

5 研究の根拠となる理論や理論的フレームワークは何か　理論的根拠がない論文は，単なる問題解決法やコンサルティングの報告書であり，査読付学術誌への掲載にはふさわしくない。取り組んでいる研究課題や適用する研究アプローチには，何らかの理論的正当化が必要である。研究過程の最初に，根拠となる理論が特定されることはほとんどなく，興味深いアイデアや悩ましい観察結果を得た後に考察されることが多い。しかし，査読付論文を書き始める前に，調査対象の関係性を説明する何らかの理論が求められる。ここでよくある誤りとして，次の4つが挙げられる。

- 基礎となる理論が存在しないか，極めて乏しい。
- 理論的文脈は認められるが，付け足しのように見える（通常，論文の冒頭にあり，共同執筆者によって書かれたことが多い）。「理論」と「研究の実施」が明確に述べられていない論文が多い。
- 当然適用すべき競合理論が存在するにもかかわらず見過ごされており，理論的な議論に説得力がない。
- 理論的フレームワークは適切であるが，結果が理論と整合しておらず，執筆者はその時には認識していないかもしれないが，競合理論の方が妥当な場合もある。

6 研究が依拠している影響力の強い文献は何か　通常，研究に強い影響を与える少数の文献が存在する。その文献の中に信頼できないものがあるなら，研究が依拠する基盤そのものに疑問が生じるであろう。依拠する論文が，学会報告論文やワーキングペーパーの状態のままで査読付学術誌に未だ掲載されていないならば，その論文自体に疑問が生じる。影響力のある論文が見過ごされている場合も，研究結果の

信頼性は低下する。

7 どの研究方法を選択したか ある研究方法を選択する場合，他の方法ではなくその方法を採用する理由を明らかにしなければならない。その方法は理論や先行研究と首尾一貫していなければならず，同じ分野の実証研究では同様の方法が用いられることが望ましい。最も大切なことは，人為的に選択するのではなく，研究課題が完全に固まる前の段階ですでに自然と展開されてきた研究方法を用いることが望ましい。アンケート調査についても，他の方法を除外する理由を説明しないで用いられるケースが多いため，このような問題意識を持つべきである。理想的には，抽象的な概念から，理論・操作化・測定のすべての経緯を記録することが必要であり，それによって，仮説・理論・文献の首尾一貫性が保てるようになる。

8 サンプルをどのように選択したか サンプル選択について，執筆者が簡潔にしか述べていない論文が多いのは，採用した手続きについての確信を持てないケースが多いためであろう。実際のサンプル数や回答率が記載されていないこともある（例えば，Young 1996, Van der Stede et al. 2005参照）。そういった場合には，次のような理由で良くない印象をもたらす。都合の良いサンプルへの過度の依存は，科学的方法を適用したとはみなされない（残念なことに，会計研究ではよく見られる）。執筆者がこの点を曖昧にし，詳細を明らかにせず，実際よりも体系的にサンプルを選択したという印象を与えようとしていることは明らかであろう。

9 妥当性の疑問にどのように対処したか 研究方法の選択にあたっては，妥当性の問題に対処しなければならない。実験的方法が用いられる場合は，内的妥当性の問題への対処が最重要課題となる。フィールドスタディが用いられる場合は，外的妥当性の問題に取り組む必要がある。アンケート調査の場合は，妥当性の問題よりも，調査手段の信頼性や統計的分析の厳密さに焦点を当てることが望ましい。

10 研究結果をどのように分析したか 調査の対象となる関係と一致する最もシンプルな方法で結果を分析することが望ましい。余計な複雑さは不要であり，複雑であればあるほど論文は理解しにくくなり，調査結果やその重要性がわかりにくくなる。多くの会計研究者は統計については「素人」であり，分析水準が低ければ，共同執筆者に統計学者を含める必要があるかもしれない（査読者を満足させるために会計論文の第3または第4執筆者に「金融市場分析専門家」が現れることが多いことが，それを証拠付けている）。重要なことは研究で用いられている分析方法の詳細

ではなく，研究課題であり，研究方法や分析方法が優先されるべきではない。学会発表はしたが出版には至らなかった筆者自身の論文（M. Smith 1992）をその例として取り上げる。この論文では，問題解決に多次元尺度構成法（MDS，会計分野でも稀に用いられる方法）を利用する優位性を明らかにしていたが，学術誌の査読者は，その方法が単純な研究課題を不当に複雑化しているという適切な判断を下した。結局，MDS を使うことを断念し，より単純な方法を用いて改訂した論文を Smith（1996）として出版した。

11　結論と提言が結果と一致しているか　論文は最終的にまとまっているか。タイトルは適切か。要旨と序論から論文の結論部分が予想できるか。多くの論文では，結語部分が最も弱く，実施した研究の広がりを十分正当化できていない。実施した研究の説明・限界・将来の研究課題を明確にする必要がある。

　ここで，学術誌掲載論文を批評するにあたって，前述した事柄をどのように適用するか考えてみよう。具体例として，筆者自身の論文（Smith et al. 2001）を取り上げる。論文を書き上げる過程を執筆者の観点から見ていくことが，最も役に立つであろう。これから述べる議論を理解するためには，まず論文そのものがあれば役立つと考え，最終版の論文を付録2に再掲する。

1　興味深い新しい洞察　論文では，(1)監査法人，(2)監査の実施方法，(3)手続きや文化に基づく監査法人の分類，の3つの間の興味深い関連を検証した。さらに，グローバルな視点を取り入れるために，アメリカ，イギリス，オーストラリアの研究結果を用いている。しかし，データや根拠となる先行研究は新しいものではなく，論文の新規性を損ねている。

2　重要性　知見への貢献が，論文には重要である。知見への貢献とは，理論の発展やビジネス実務の応用可能性を意味する。論文が監査人と監査の実施方法の関係を示しているならば，たとえそれが過去の関連であったとしても，貢献といえる。この関係は1987〜88年のデータでは見られるが，それ以降にはこの関係は存在しないことを示す証拠も提示されている。現在は関係が存在しないことは，論文が現在の監査実務を説明するのに役立たないことを示唆している。そのため，監査法人がクライアントの会計方針を容認する傾向がある理由は明らかにされていない。

3　動機付け　論文を出版するタイミングも問題である。論文は2001年に掲載された

が，主に使用したデータは1987～88年のものであり，現在の実務と関連の乏しい歴史的な研究とみなされる可能性があった。論文では，Kinneyのビッグ8の分類を用いた分析を行ったために，監査法人の大規模な合併が行われる前，すなわち，オーストラリアでビッグ8が存在した最後の年である1988年のビッグ8監査法人のデータを使用することが正当化された。論文における検証の目的は，西オーストラリア政府にとっての破綻予測モデルの形成に役立つことが論文自体と引用文献 (Houghton and Smith 1991) にも示されているが，この論文のデータは将来の研究にはあまり役に立たないであろう。

4 問題の提示 問題の提示については，次のように明記している。

会計方針の変更＝f｛監査法人｝

　この式を，様々な企業データを用いて測定する。

- 会計方針の変更…任意変更・強制変更，利益増加・利益減少・中立。
- 監査法人…監査法人名，Kinney（1986）とMoizer（1998）の分類方法による分類。
- その他の剰余変数（特に企業規模・財務業績・業種）をコントロール変数として加える。

5 理論的枠組み 不備を克服するための多大な努力にもかかわらず，この論文には問題が残っている。1988年の監査手続きについては，先行研究（Cushing and Loebekke 1986, Sullivan 1984）で，監査人の間で差があることが示されている。しかし，なぜ監査手続きの差が，利益に影響する会計方針の変更に対する監査人の容認度の差と関係するかは不明確である。それは，実務に携わる監査人が公言できないような話に主に起因するものであり，それはDirsmith and Haskins (1991) が取り上げている。

6 きっかけとなった研究 Terry Smith（1992）とPeter Moizer（1998）がイギリスにおいて類似の研究を行っているが，この論文のきっかけとなった研究としては，前述した先行研究(Sullivan, Kinney, Cushing and Loebekke, Dirsmith and Haskins)が挙げられる程度である。最も参考にしたDirsmith and Haskins(1991)が学術誌に掲載されたのは，データ収集を実施した後だった。したがって，Kinney（1986）の概念的枠組みを用いた1988年時点でのデータマイニング作業から興味深い結果を導き出すことは極めて難しく，学術誌に掲載するためには適切な理論の出

現を待たなければならなかった。他に論文を補強するような文献はあまり存在しなかったため，著者達自身の先行研究をいくつか引用している。

- Houghton and Smith（1991）が用いた破綻予測モデルを採用し，財務業績全般の測定を行っている。
- Smith（1998a）は，イギリスにおける監査人と会計方針の変更に対する監査人の態度との関連を示す結果を明らかにしている。
- Smith and Kestel（1999）は，時系列分析を用いて研究を進展させた。しかし，その結果は，査読付学術誌に掲載されるに値するほど興味深いものではない。
- Brown（1988）は，分割表を用いた統計的検定を実施する際の最適な方法について明らかにしている。

7　研究方法　アーカイバル研究方法を用いている。その理由は，データの性質（すなわち，歴史的・文書的で，すでに存在しない多くの企業を含むデータ）を所与とした場合に，これが唯一現実的な方法だからである。著者が西オーストラリア州の上場企業を母集団とするデータを利用できることは，論文の強みとなる。データ収集には細心の注意が必要であり，さらに，研究者間の一貫性とその時点での妥当性の両方が備わっているかを確かめなければならない。

8　サンプル選択　論文では，西オーストラリア州（WA）の全上場企業463社の年次報告書を用いている。正規分布を前提としたサンプリングではなく母集団を用いているため，適用する統計的検定の性質に関する制約以外にサンプリングに伴う問題は生じない。

9　妥当性の問題　観察結果について，競合する理論による説明の検討ができていない場合には，内的妥当性への潜在的な脅威となる。会計方針の変更の発生率と監査法人の間には関連があるように見えるが，その因果関係の方向と監査人の他の動機の両方を検討する必要があろう。著者は，この研究において外的妥当性（結果の他期間や他のデータへの適用可能性）が欠如していることを認識している。このような状況はデータ収集の時期により影響を受けるが，現在では，すべての監査人が採用する手続きは非常に似通ったものとなっている。

10　分析　カイ二乗検定による「観測度数」と「期待度数」の比較を含む基礎的分析は比較的単純である。伝統的アプローチの諸手法は，分割表の順序効果，ケンドールの順位相関係数を用いることによる検定力の上昇に対処するために用いられる

(改訂前の論文への査読者のコメントに対応するために，統計の論文を出版した経験のある専門家を共著者に加え，検定の問題に対処した)。イギリスのデータ(Smith 1998a)を用いた類似の分析は不可能であり，さらなる分析は三次資料を用いる必要がある。

11 結論 正式な結論や提言を述べるのではなく，研究結果の完全性に影響を与えるかもしれない関連分野における興味深い発見事項について議論する。研究結果は，ビッグ8の合併行動が過去の合併成功事例と多くの類似点を持つ傾向を明らかにした。監査法人の将来の合併は，Kinney 分類の組織文化の側面と Moizer (1998) による企業の分類に影響される可能性があることが明らかとなった。これに従えば，アーサー・アンダーセンの合併相手として最も適切なのは，アーンスト・アンド・ヤングであったことを示している。

この研究を行うために採用された必ずしも最適とはいえないアプローチに対しては，次のような批判がある。この研究のデータは，西オーストラリア政府のために破綻予測モデルを作り，財務的に困窮した企業を監視することを目的 (Houghton and Smith 1991) として収集された。監査人に関する興味深い結果も同時に得られたが，観察された関係を正当化するための理論がなく，結果として研究論文とはならなかった。研究を動機付けるための新しい理論の出現により (例えば，Dirsmith and Haskins 1991)，研究成果の出版に向けた展開が可能となるであろう。

査読付学術誌論文では不適切な箇所が削除されているにもかかわらず，研究としては必ずしもシンプルで体系的で完全であるとは限らないことがわかる。研究過程は時として無秩序で，面白く，そしてめったに計画通りには進まないものである。しかし，論文を読んでこのような印象を受けることが少ないのは，掲載された論文のほとんどが，仮説を支持する結果や協力的な参加者を得られた成功例であるからである。研究過程の現実を理解するためには，本書のような書物，学会報告，研究ワークショップを活用すべきである。

ここでは，他の研究を批判的・懐疑的に検討するアプローチを紹介してきた。ここから先は，自分自身が優れた研究を実施するために必要な能力を磨き，最終的に研究結果の学術誌への掲載に結びつく一連の作業を始めていきたい。

さらに学習するための推奨文献

Abernethy, M.A., Chua, W.F., Luckett, P.F. and Selto, F.H. (1999) 'Research in Managerial Accounting : Learning from Others' Experiences', *Accounting and Finance*, Vol. 39, No. 1, pp.1-28.

Ball, R. and Brown, P. (1968) 'An Empirical Evaluation of Accounting Income Numbers', *Journal of Accounting Research*, Vol. 6, pp.159-78.

Brownell, P. (1995) *Research Methods in Management Accounting*, Coopers and Lybrand, Melbourne.

Dowd, K. (2004) 'Qualitative Dimensions in Finance and Risk Management Research', in C. Humphrey and B. Lee (eds), *The Real Life Guide to Accounting Research*, Elsevier, London, pp.509-24.

Malmi, T. and Granlund, M. (2009) 'In Search of Management Accounting Theory', *European Accounting Review*, Vol. 18, No. 3, pp.597-620.

Van der Stede, W., Young, S.M. and Chen, C.X. (2005) 'Assessing the Quality of Evidence in Empirical Management Accounting Research : The Case of Survey Studies', *Accounting, Organizations and Society*, Vol. 30, No. 5, pp.655-84.

Willmott, H. (2008) 'Listening, Interpreting, Commending : A Commentary on the Future of Interpretive Accounting Research', *Critical Perspectives on Accounting*, Vol. 19, No. 6, pp.920-5.

第2章
研究アイデアの展開

> **本章の内容**
> - 研究手順
> - 研究テーマの発案
> - 概念的枠組み
> - DNA構造…新しい理論の展開
> - Bradman問題…新しい戦略の展開
> - 経度問題…解決策の実施
> - 戦略的管理会計

　第1章では，研究は計画通りに進むことはほとんどないため，研究過程は通常，単純ではなく体系的ではなく，明解でもないことが明らかになった。しかし，だからといって，理想的な状況下でどのように研究を実施したいかを明確にするために，徹底的に計画することを最初からあきらめてはならない。

1. 研究手順

　図2.1は，典型的な研究手順を示している。この研究手順は，最初のアイデアから最終的な出版物に至る過程において，会計研究で実施されるべき一連の段階を示しており，Sharp et al.（2002）から引用したものである。
　第2章以降では，図2.1のそれぞれの段階について説明し，その制約事項を述べる。

図2.1 研究手順（Sharp, J.A., Peters, J. and Howard, K. (2002) *The Management of a Student Research Project*, Gower から引用）

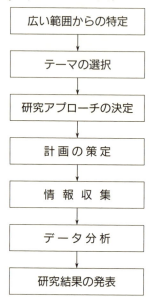

1 **広い範囲からの特定** まず会計学全般から始め，財務会計・管理会計・監査・会計教育・会計情報システムといった分野に焦点を絞る。

2 **テーマの選択** さらに焦点を絞るために，下位の分野を特定する。実行可能な範囲で行い，将来の展開によっては修正される可能性がある。

3 **研究アプローチの決定** 最初の段階では，どのような資源が利用可能か，とりわけ必要なデータへのアクセスが，どのような研究アプローチを採用すべきかの決め手となるであろう。研究方法の詳細を決定する前に，先行研究レビューを行い，理論的基礎と仮説の概要を確立する。

4 **計画の策定** 研究を長期間にわたりどのように実施するかを明らかにするために，重要な段階（マイルストーン）と目標を最初に確立すべきである。これは，他の仕事と並行して，6～7年もの期間，真剣に研究に取り組む研究者にとって特に重要である。ガントチャートのような作業工程表は，作業工程の範囲を明確にし，作業に関わるすべての人に対して，作業の進行見込みを明らかにするため，特に学位候補者と指導教員の双方に役立つ。計画を立てる際には，研究経過を発表する目

標となる学会を定めるべきで，その論文提出期限は重要である。学位授与までの限られた期間までに，優れた研究成果が求められることに学位候補者は不安を感じることが多い。しかし，先行研究のレビューを十分に行うことの重要性を強調してもしすぎることはない。先行研究レビューが不十分であれば，不必要で致命的な欠陥のある実験や調査に無駄な労力を注ぐことになりかねない。

5　情報収集　何の目的で何を知りたいのかを正確に認識している場合にのみ，データ収集を支障なく行うことができる。計画段階では，どの期間のデータを収集したいのかを明確にすべきである。そうすることによって，縦断的研究のうち，データ収集に時間がかかりすぎるものや，広範囲のアクセスが可能なことによる情報過多により脆弱性が増加するものを効率的に除外できる。市販のデータベースを利用するならば，その利用許可を至急に得るべきである。

6　データ分析　データ分析方法と必要なソフトウェアは，研究過程の初期段階で明らかにすべきである。

7　研究結果の発表　大学のワークショップやセミナーで中間報告を発表し，その後に専門的な学会で発表する。これによって，博士論文の完成前に，査読付学術誌に掲載するにあたって，他の研究者の意見を取り入れることができる。なお，博士論文とは関係なく，論文を発表することもある。専門誌に論文を掲載することにより，関心を寄せる実務家に重要な発見事項を提示することができる。

図2.1の研究手順は，House (1970) によって考案された図2.2に示される伝統的な実証主義的アプローチの重要な要素をまとめたものである。一方，このアプローチは，次に示す具体的な条件を必要とする。

- 演繹的仮説の記述…データ収集やフィールドワークが行われる前の，理論や文献に基づく仮説の設定。
- 演繹的基準の記述…統計的検定の最も一般的な形式で仮説の受容性を測定するための基準。
- 調査する変数の分離とコントロール…どの変数を従属変数にするか，独立(説明)変数にするか，どの変数を定数にして組み合わせるか，または，使用しないかの決定。
- 測定方法と変数の検証…どの変数がどのようにして直接測定できるか，代理変数を使用する場合またはある種の測定変数が必要な場合はその記述。

図2.2 実証主義的アプローチ

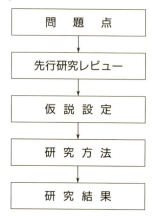

　しかし，すべての状況に適用できる単一の方法はないことを認識する必要がある。従来の実証主義的手法は会計学の文献では今でも顕著に見られるが，同時に非実証主義的な研究方法も受け入れられるようになってきた（とはいえ，アメリカのトップジャーナルのいくつかは非実証主義的研究に対する否定的な態度を変えていない。Baker and Bettner (1997) や Lee (2004, p.69) は，トップジャーナルでは解釈的研究や批判的研究がほとんど掲載されていないと指摘している）。

　ただし，経営の現場における（例えば，革新的会計手法の適用による）変化の研究には，科学的アプローチが適当でないこともある。経営者自身の動機や意図などの人間が関わる変数は研究者がコントロールできないので，科学的アプローチの妥当性が確保されないこともある。Checkland (1981, p.316) は，「科学的方法論を現実世界，つまり社会問題に適用してきたことが，経営科学の成功が限定的であった原因である」と指摘している。

　図2.3は，可能性のある研究の範囲を示している。これに従って，実証主義的研究方法を拡張する独自の「研究手順」を設定することができる。図では，上から順に，従来の実証主義的研究方法（アーカイバル研究や実験的研究），フィールドリサーチ，主に民族学的研究と関連するケーススタディを示している。図の下方に行くに従って，コントロールできない変数が増加し，検証可能な仮説

図2.3 代替的研究方法

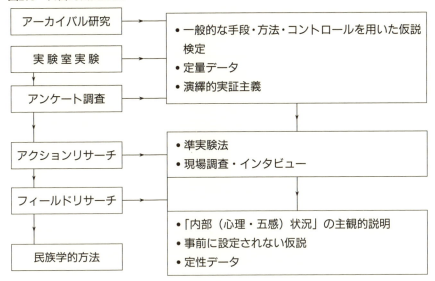

を定式化することに困難が伴い，「人間的な」要素が増加する。

2. 研究テーマの発案

　博士学位取得のために計画している研究の場合，研究を行う本人と指導教員の双方が関心を持つ研究テーマをまず選ばなければならない。研究テーマは研究者自身が情熱を持って取り組めるものでなければならない。そうでなければ，すぐにやる気を失ってしまい，研究を最後までやり通すことは難しい。研究テーマはどこにでもあるが，一般的には次のようなものから見つけられる。

- 将来起こると推測される実務上の問題
- 新聞やテレビで取り上げられている問題やその応用
- 学会で発表された他の研究者が調査している問題
- 公表されたワーキングペーパーや学位論文で，出版まで2年はかかるもの
- 検証されていない理論が多く見られる経営分野の教科書

- 現時点における知識の限界と潜在的な研究課題を明らかにするための論文レビューや特定分野の文献分析。*Journal of Accounting Literature*（例えば、Bauman 1996, Cole and Jones 2005, Dunk and Nouri 1998, Gramling and Stone 2001, Henri 2007, Jones and Shoemaker 1994, Searcy and Mentzer 2003）は有用な情報源である。同様に *Accounting, Organizations and Society*（例えば、Ahrens and Chapman 2006, Gerdin and Greve 2008, Hartmann and Moers 1999, Langfield-Smith 1997, Libby and Luft 1993）も有用である。そして、重要視されないことが多いが *Journal of Accounting, Accountability and Performance*（例えば、McGowan et al. 2000, Liou and Smith 2007, Smith and Chang 2009）もまた有用な情報源である。
- 特定の論文（例えば、Ashton and Ashton (1995) の情報処理、Brownell (1995) の管理会計、Smith and Gurd (2000) の行動問題、Trotman (1996) の監査）や、第2版以降改訂されていないが優良な文献である Foster (1986) のレビューも有用である。
- 既存の研究の欠点、まだ研究されていない分野、可能性のある研究の方向性を明らかにしている査読付学術誌論文の結論部分。

アイデアは「閃き」から生まれ、滅多に生まれるものではない。発案者がそのアイデアそのものを捨てたり、その価値を十分に見出していなかったりする場合には、発案者以外の者によってアイデアの熟成が行われることもある。同様の例として「付加価値」概念があり、成功したイノベーションはしばしば発明者から離れたところで起きる。この例を会計分野の研究に当てはめれば、異なる学問分野の2つの概念を関連付けることによって、新しいアイデアが生まれることもある。研究成果を権威ある学術誌で公表することが「成功」であり、そのためには先行研究に基づき研究を構築する必要がある。

いずれにしても大切なことは「先行研究レビュー」である。研究分野を理解し、適切なテーマを見つけるために、博士学位候補者が先行研究レビューを行う際のアドバイスは、「読んで、読んで、もっと読め」である。博士学位候補者が研究テーマとして独自のアイデアを見出したならば、そのテーマに対して大きな責任を負うことになる。しかし、多くの場合、候補者自身がアイデアを見

出すことは極めて難しいため,指導教員が研究のアイデアを与えることは珍しくない。研究経験が豊かな研究者は,博士学位候補者よりもはるかに多くのアイデアを持っているからである。Gill and Johnson (1997, 2002, 2010) の見解によれば,博士学位候補者にテーマの選択を任せてしまうことには危険が伴う。特に縦断的研究において,テーマの大きさが不適切である,または時間がかかりすぎて実行が困難であると,研究がかなり進んでから気づくことがある。学生の選んだテーマに関する当事者意識・責任感と,指導教員が重視する実行可能性・適時性のトレードオフが必要である。一般的に,博士学位候補者は,会計の変化に伴う研究,つまりその変更過程や結果として生じる財務数値への影響を分析しようとするが,これはほとんど実現できない。なぜなら,データへのアクセスが難しいという問題に加え,一般的な博士学位候補者に与えられた期間を超えた関与やデータ収集が必要となるからである。

アイデアが浮かべば,それが実際に「研究」の構成要素となるかの徹底的な調査が必要である。それは,単なるコンサルティング業務の計画ではないこと,将来的に発展の見込みがない問題ではないこと,すでに誰かが異なる業種や他国で行った研究の焼き直しではないことを確認しなければならない。この点が確認できれば,次の点を確認しなければならない。

- その計画は時間内(例えば博士課程の期間)に行えるか。
- その計画はNIRD (Rashad Abdel-Khalik が *The Accounting Review* の編集者であったときに名付けた) に適合するか。つまり,新しく (New),興味深く (Interesting),再現可能であり (Replicable),自分の意見を正当化できる (Defendable) か。フィールドワークでは再現可能性は保証できないため,NIRD は実証的研究を念頭に置いたものである。
- 必要なデータが容易に利用可能か。もし現地訪問が必要ならば,十分な期間と十分な調査が可能か。十分な調査を行うことには様々な実務上の困難が伴う。Young and Selto (1993) や Lapsley (2004, p.184) は,経営者の都合によりインタビュー予定者への接触が制限されたため不十分となった研究を紹介している。データ収集期間中に会社の所有権が移転し,その会社へのアクセスが永久にできなくなってしまうケースも多くある。

大まかなテーマが決まると，実行可能な研究方法や興味深い潜在的な関係を識別し，ブレインストーミングや属性列挙法などの方法により精緻化していく。この段階では，アイデア・変数・関係・過程を図示して視覚化することは非常に有用である。

査読付論文の執筆要領を参考にすることは，研究者が研究計画書（文献研究期間中に継続的に修正するものであるが，予期していない事態によって研究が始まってから修正することもある）の概要を作成するのに役立つ。研究計画書は一般的に次の要素を含む。

- **タイトル** 何に取り組んでいるのかを明確にしなければならない。
- **要旨** 問題点・目的・予期される結果を要約しなければならない。
- **論点** 興味深く，重要である理由。
- **目的** 研究が問題点とどのように関係するか。
- **先行研究** 関連するテーマの先行研究レビュー。
- **方法** 研究に用いる手法とその根拠。
- **貢献** 研究の価値を決める予想される研究結果。

研究の**タイトル**は，特に外部の助成金が必要となる場合に，研究内容を明確に示すのに重要である。タイトルは何度も変更され，最終的に，初めにつけたタイトルと同じであることは稀である。

要旨は，この段階における重要な出発点である。なぜなら，すべてが計画通りに進んだ場合の研究結果の推測が可能になるからである。要旨は，問題や制約が出てくることで最初の大掛かりなものから修正（おそらく抜本的な修正）が求められるであろう。

論文の貢献と体系的に重要な**論点**に取り組むための方法は，研究を成功させる上で重要である。内的整合性と全体の一貫性によって，**目的**と意図したアプローチの適切さが保証される。

最初の**先行研究**レビューは不完全なものかもしれないが，少なくとも重要な先行研究や理論を特定するものでなければならない。先行研究レビューは常に有為転変であり，研究結果の最終段階まで継続的に行わなければならないという認識が必要である。研究論文や学位論文に見られる主な欠陥としては，関連

分野の最近の出版物の見落しである。論文の提出直前に，最新の論文で自分の研究と非常に似通った研究が報告されているのを発見した場合，心臓が止まりそうになることがあるが，この論文は少なくとも引用しなければならない。研究経験の乏しい研究者が揃って口にするのは，利用可能な「文献はない」という不平不満である。もし本当に文献がないのであれば，その研究に重要性が全くないということを意味しているのかもしれない。先行研究レビューは，徹底的に掘り下げ，異なるキーワードで検索するなどして行わなければならない。そのテーマについての最近の文献がないということは，その研究の意義が問われているのかもしれない。例えば，「意思決定ヒューリスティック」に関する論文は1970年代終わりから1980年代初めに多く見られ，「集団意思決定」に関する論文は1980年代半ばに多く見られた。しかし，これらの研究分野の進歩はあまり見られず，論文もほとんど見られなかった。なぜなら，新たなアプローチを展開するための基礎となる心理学の理論が十分に開発されていなかったからである。会計の分野においても，1970年代初めに規範的会計研究が崩壊し，徐々に実証的会計理論に基づく研究に移行する変化が見られた。Ryan et al.（2002, p.29）は，すべての潜在的関係が調査し尽くされ，すべてのアノマリーが明らかにし尽くされたとき，その分野の研究は行われなくなることがあることを指摘している。「より新しい」研究テーマ，例えば「電子商取引」に関連するテーマの研究では，電子商取引が取引上の新しい手段に過ぎず，先行研究レビューを行うにあたっては，過去の商取引に関する技術革新についても調査しなければならないことを認識しておく必要がある。

　方法の議論は，選択した方法が最適であることを証明するために，他に利用可能な方法についても言及すべきである。研究計画書では，研究の**貢献**，特に知識と実務への潜在的貢献についても言及しなければならない。

　研究計画書は，通常，倫理的承認を受ける際に主要な部分となり，研究の価値，用いられる研究方法の整合性と研究参加者それぞれの役割を示さなければならない。

3. 概念的枠組み

　最初の計画策定過程において重要な点は，研究の概念図の作成である。これは，重要な関係（と立証する理論の必要性），説明変数や媒介変数を明確にするだけでなく，因果関係の証明にも役立つ。

　第1章で取り上げた帰納的アプローチと演繹的アプローチは，研究実施にあたって客観的な選択肢を与えてくれる。しかし，どちらも人間が関与する機会を与えない。帰納的アプローチとは，最新の観察に基づき新理論が開発されるものであり（天文学のようなハードサイエンスの一般的なケース），演繹的アプローチとは，理論が観察結果の分析の基礎を提供するものである（実証会計研究の最も一般的な形式）。演繹的アプローチは，高度に構造化された環境で適合する。これは理論モデルの経験的検証を含むため，その信頼性は量的・統計手法の整合性に依存する。しかし，対象とする因果関係は推論の方法に依存し，人間関係の存在は考慮しない。帰納的アプローチを会計分野に適用するには，図2.4が表しているKolbの「経験学習のサイクル」（Kolb et al. 1979, p.38）のような伝統的モデルを変化させることが必要である。帰納的アプローチにおける内部プロセスと人間関係の重要性を認識することによって，たとえ質的であり反復可能でなくても，研究結果を歪ませることなく人間の主観性の考慮が可能になる。人間関係が会計行動を理解する上で重要となる場合，このアプローチで主観性を十分に扱うことが可能になる。

　どちらのモデルも会計研究で適用可能であるが，演繹的アプローチは，信頼できる測定とコントロールが容易なため，科学的研究方法としてより大きな可能性を有する。グラウンデッド・セオリー（第9章で詳述する）は会計研究における帰納的アプローチの可能性を示している。

　したがって，Popper（1959）の科学的理論が定義している特性に一致するように演繹的過程のモデル（図2.5参照）を作成できる。その特性とは次のとおりである。

図2.4 Kolb の学習サイクル（Kolb, D. (1984) *Experential Learning : Experience as the Source of Learning and Development*, Prentice Hall から引用）

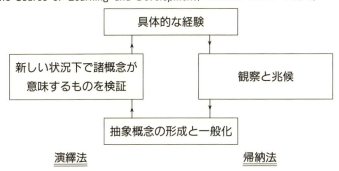

図2.5 演繹的プロセス

図2.6 概念図

図2.7 測定問題

- 理論は経験的検証から構築される。
- 科学者（と研究者）は理論の反証を厳格に試みるべきである。
- 理論の核心部分は反証されないまま，命題の反証により科学は進歩する。

　基礎的な概念図（図2.6参照）は，実証研究分野で，因果関係を検証するための有力なツールとなる。関心の対象となる重要な変数と他の潜在的な影響要因を明らかにすることで，問題全体を捉えることができる。

　変数の識別と測定に関連するデザイン上の問題により，基礎的な概念図を図2.7のように修正する必要があるかもしれない。

　図2.6の単純な概念図は，準備段階の図であり，すぐに有用性を失うことを認識しなければならない。最初は有用であるが，仮説の構築とデータ収集を進めるために修正し，詳細な部分を追加しなければならなくなる。第3章ではこれらの理論・文献・仮説・方法をリンクさせる関連性の問題に焦点を当てる。

　第1章では，自然科学と社会科学の研究成果への依拠について述べてきた。複雑な状況を理解しやすくする有名な文献を用いることで，洞察からの研究アイデアの構築，研究課題の展開，検証するための潜在的な解決策の検討が可能になり，実行する研究手順をうまく説明することができる。次に紹介する会計以外の分野の3つの事例における特定の状況を検証することは，実務的な問題を解決する研究の異なる側面について考察することになり，有益である。化学分野における「DNA構造」の新しい理論の展開，スポーツ分野における代替戦略の開発と検証を行うための「Bradman問題」，そしてすでに「答え」が明らかである「経度問題」における，明らかに克服できない問題について見ていく。

4. DNA構造…新しい理論の展開

　採用されたアプローチが正当とはみなされなくとも，James D. Watson の *The Double Helix*（1968）（後に「*Life Story*（邦題『DNA二重らせん模型の誕生』）」として映画化された）は，科学研究上の発見の刺激的な過程について優れた描写をしている。すでに明らかな他者の実証結果に基づく体系的な演繹法理論の開発と概念のモデル化は，「レース」に勝てば最終的にノーベル賞が得られると

いう競争環境下で行われた（Watsonはケンブリッジ大学のFrancis Crickとキングス・カレッジ・ロンドンのMaurice Wilkinsと共に，1951〜52年の間の先駆的な研究により，ノーベル生理学・医学賞を受賞した）。

Lawrence Bragg卿は，Watsonの著書への示唆に富む序文の中で，研究倫理の観点から，彼自身も属するキャベンディッシュ研究所の研究者によるこれらの功績について回顧した。

> 彼は，研究者達が何年もの間研究し，苦労して証拠を獲得したが，成功を目前にしてまだ公表されていない成果が積み重ねられてきたことを知っている。彼はこの証拠を見て，ある取り組み方法を予測し，それは単に新たな視点に過ぎないが，問題解決の核心に迫る十分な確証を得た。この段階での共同研究を申し出ることは，研究倫理を逸脱するものであったかもしれない。彼は共同研究を申し出ずに，自力で研究するべきだったのであろうか。(Watson 1968のBraggによる序文 p.vii)

キャベンディッシュでWatsonとCrickは，WilkinsとRosalind Franklinと，共同研究というには程遠いがわずかの間共同作業を行った。彼らの研究の過程と新しい理論モデルの開発を成功に導いた要因は，すべての研究の参考となる。彼らはその当時明らかであったすべての証拠に適合するモデルの開発を進め，他の研究者の検証によりその理論が立証または反証されるのを待った。

- アメリカのLinus Paulingによるポリペプチド鎖のらせん形成に関する研究は，DNA（デオキシリボ核酸）もらせん構造を持っていることを示唆した。モデル化における，結晶学的証拠なしでPaulingが行った初期の試みは，立体科学上は不可能な構成要素を生み出した。Wilkinsが提示したX線の結晶学的な解析による初期の証拠もまた，らせん構造を示唆していたと思われる。しかし，1重，2重，3重のらせん構造のどれが最も適切であるかの証拠はなかった。ほとんどの生物学上のものは「2」の形式をとるので，CrickとWatsonは2重らせんであろうという経験による推測に基づいて研究を進めていたようである。
- Ernst Chargaffは，構成物質の主成分の比率（特にアデニン（A），チミン（T），グアニン（G），シトシン（C）が均等に存在していること）に関する重大な証拠を提示した。A-T，G-Cの均一な水素結合の塩基対は，塩基が段を形成し，らせん階

段のようにCrick・Watson構造の核を形成した。
- 構造科学者である（偶然CrickとWatsonと同じ研究室の）同僚からの重要な助言により，A-T，G-Cの塩基についてのその当時の標準的な教科書の記述は正しくなく，別の「ケトン」形式を利用すべきであることが示唆された。教科書の記述と一般常識への重要な問いかけなしでは，この構造は見出されなかったであろう。この発見によって，（原子の）鎖がプリン体とピリミジン（自己複製のための遺伝物質を運ぶ能力を備えている）の両方を含みうることと，その鎖の基幹は反対方向に向かって伸びていることが明らかになった。

このようにして，CrickとWatsonは，水素結合した塩基の相補的な配列と，右巻きで反対方向に伸びた2つの絡み合ったらせん状のヌクレオチドの鎖を包含した体系的モデルを構築することができた。その結果として生まれた構造は，立体科学的なものであり，後のFranklinによるX線による証拠は，糖とリン酸からなる主鎖が確かに分子の外側にあることを裏付けた。

このことから研究者が得られる教訓は，常に注意深くあること，他の研究や先行研究に対して常に問いかける姿勢が重要であるということである。

5. Bradman問題…新しい戦略の展開

1930年代のクリケットのテストマッチ（最高レベルの国際試合）では，試合のルールを変えてしまいそうなほどの1人の特異な能力を持つバッツマン（打者）が数々の新記録を樹立していた。Donald Bradmanは短時間で大量の得点を入れ，ほとんど彼1人の力だけで試合に勝つことができた。かつて熱戦が繰り広げられたアッシュ杯は，毎年オーストラリアに勝利がもたらされる可能性が高かった。1930年のイングランド対オーストラリアのテストマッチにおいて，Bradmanは1イニング平均139.14ラン（得点），合計974ランを記録し，334ラン，254ラン，232ランという記録も樹立した。1932～33年のシリーズの開始時，彼のすべてのテストマッチにおける平均得点は112.29ランであり，24イニングですでに200ラン超えの6つの記録を樹立していた。

Bradmanは驚異的な逸材であり，「化物」とまで呼ばれていた。歴代のイング

ランドのキャプテンにとって，彼を打ち負かすことが差し迫った問題であった。「Bradman問題」はLawrence Le Quesneの著書 *The Bodyline Controversy*（1983）で詳述され，多くの代替案を検討することで成功に導く解決策がもたらされるという興味深い研究課題が示されている。

（1） 試合条件の変化

クリケットでは時々予測不能なバウンドがあるが，大半は堅くて球足の速いウィケット（クリケットのグラウンド）で行われる。ボウラー（投手）が，ボールが新しくて軽快に投げられる最初のいくつかのオーバー（投手が6球投げると1オーバー）でアウトを取れなかったならば，新しいボールに交換されるまでに（200ランを得点されるくらい）多くのオーバーを投げることになる。試合が行われるグラウンドは，ゲームが始まると雨風にさらされ，太陽が濡れたピッチを乾かすことで，その後のプレーがしにくくなる。Bradmanはグラウンドの状態が悪いときには他の選手と同じ程度しか打てなかったので，「ぬかるんだ」グラウンドはBradman問題の克服のチャンスを与えてくれた。しかし，Bradmanの驚異的な能力を鈍らせるこの状況に，いつも頼るわけにはいかなかった。

（2） 試合のルール変更

1930年代には，テストマッチは時間制限なくデクラレーション（バッティング側のキャプテンが自チームのイニングスの終了を宣言すること）によって試合が終了するまで行われた。デクラレーションは珍しく，試合はなかなか進行しなかった。さらにLBW（バッツマンがウィケットに当たったであろう投球を足で妨害した場合，アウトになる）のルールのために，バッツマンはその方法（投球がウィケット（ゴール）に当たるのを足で防ぐ）でアウトになるのを避けた。そのためボウラーはウィケットからウィケットのラインの内側にボールを投げ，スタンプ（ウィケットを構成する3本の柱）の前でキャッチしなければアウトを取れなかったため，ボウラーにとっては厳しい時代であった。そのため，Bradmanほどの安定感・信頼性・スピードを備えた者はいなかったが，他のバッツマン（特にオーストラリアのPonsfordやイングランドのHammond

でも定期的に2，3センチュリー（1人のバッツマンが1イニングに200〜300ランをあげること）を達成することができた。

　規定の試合期間が5（または4）日に制限されたことで，進行の遅いプレーは減り，才能のないバッツマンがクリース（ピッチ上の線）で無駄に粘って時間を稼ぐことを難しくした。しかしBradmanには関係なかった。その証拠にぬかるんだグラウンドであった1930年のLeeds大学での試合でも309ランを記録した。時間無制限の試合は第二次世界大戦前に廃止された。また，バッツマンがオフスタンプ（外側のスタンプ）の外側から急転換したボールをウィケットの前でパッド（バッツマンが足に装着するプロテクター）にぶつけてアウトを取ることができるようにLBWのルールは変更された。

（3） 投球法の変更

　ボウラーはレッグスタンプ（内側のスタンプ）の外側に投球することでバッツマンの動きを制限して（例えば，1900年代のHirstとFoster）オフサイド（バッツマンの外角側への）ショットを防ぐだけでなく，レングス（ボウラーの位置から投球がバウンドするまでの距離）が短い球を投げることでオンドライヴ（ドライヴは打法の1つ）も防ごうとした。そのため，正確なボウラーは，バッツマンがウィケットキーパー（ポジションの1つ）とスクウェアレッグ（ポジションの1つ）の間の範囲内にしか打てないようにし，得点機会を大幅に減らすことができた。結果として，ゲームはかなりゆっくりとしたペースになった。これは今日においても攻撃的なバッツマンを抑えるために使われている戦略である。しかし，Bradmanの優れた能力に対してはこの戦略は有効ではなく，敏捷性・抜群の反射神経・機敏なフットワークを発揮し，ウィケットをさらす形でラインの外側に立つことにより，オフサイドのフィールドに打つことが可能だった。このような方法は3つのスタンプすべてをボウラーにさらすことになるため，才能のないバッツマンには有効ではなかった。しかし，Bradmanは必要以上のリスクを冒さずにこの方法を成功させた。

（4） 守備位置の変更

　伝統的な守備体系では，ウィケットの両側に野手を配置する（ボウラーの計

画された攻撃陣形と大体一致する)。この守備体系では，無防備な箇所が多くできてしまい，コントロールが悪いボウラーは多く失点する可能性がある。理想的な戦略は，すべての野手を限定されたスペースに配置し，バッツマンがそこにボールを打ち込んでしまうようにボウラーが投球することであろう。これはコントロールの良いボウラーにとって（1956年に Laker が変化球を投げアウトを誘発するレッグトラップを多用したことに証明されるように）堅実な戦略である。しかし，Bradman レベルの独創的なバッツマンは，がら空きのオフサイドに打ち込む驚異的なバッティング方法を編み出した。

(5)「ボディーライン」投法の導入

　上記の(3)，(4)の組み合わせは得点機会を制限する解決策を提供するが，最終的にはバッツマンのアウトを取らなければならない。Bradman に対しては，(3)，(4)のいずれの戦術も役に立たないかもしれない。しかし，それを組み合わせることが解決策に結びつく可能性がある。「レッグセオリー（内角投法）」はボウラーの投球方法を決定付けるが，バッツマンが空中にボールを打ち上げないためにボールの高さのコントロールが重要になる。1932年のイングランドのキャプテンの Douglas Jardine や，同時代で最も優れたボウラーであった Harold Larwood によってレッグセオリーは見事に実践されたため，Jardine-Larwood 投法と呼ばれる。

　極端な速球は，バッツマンの対応を困難にし，Bradman でさえ手こずった。バッツマンの喉や胸郭にめがけて早めにバウンドするボールにより，バッツマンが得点することが極めて困難になる。バッツマンはボールが当たることを避けて凡打してしまうため，近くの守備によるレッグトラップに捕まってしまうことになる。もしインフィールド（内野）を超える打撃をしようとするならば，レッグサイド（打者の内側）とウィケットの後ろに深く陣取った多くの野手達の堅い守備に阻まれる。ほとんどの野手をウィケットキーパーとミッドウィケット（ポジションの1つ）間の範囲内へ集中（バットのそばに5人，バウンダリー（クリケットフィールドの一番外側の縁）のそばに3人）させることで，バッツマンのほとんどの打球がカバーされる。得点機会は，バッツマンにとってリスクのある方法で打撃を試みるか，甘い投球を待つことに限定される。

この攻撃形式はイングランドに4対1での優勝をもたらしたという意味では「成功」であり，Bradmanがそのシリーズでたった1センチュリー，トータルで396ラン（平均はたったの56.57ラン）しか得点できなかったことから，「Bradman問題」の適切な解決策であるとみなされた。それでもBradmanは紳士的な方法（テニスのようなショットを打つためにラインの外側を移動する）でプレーしようとした。その結果，Bradmanには輝かしい見せ場もなく，チームを勝利に導くこともできず，活躍機会のないまま試合は終了してしまった。

しかし，このバッツマンをめがけてボールを投げる投法は，バッツマンが身体を怪我するリスクが高いことから，紳士的でなく，スポーツマンシップに反していると見られた。JardineとLarwoodが，オーストラリア戦の選手として再度選ばれることはなかった。後の1934年のテストシリーズでは，イングランドの試合は友好的で，「バウンサー（通常より手前でバウンドしてバッツマンの胸または頭の高さに投げられる速球）」が投げられることはなかった。そこでBradmanは再び活躍し，758ラン（平均94.75ラン）を得点した。レッグセオリー投法の成功は，試合のルールをさらに変更させることとなった。その内容は，ウィケットの後ろに配置されるレッグサイドの野手の数と，1オーバーで投げることができるボウラーの近くでバウンドするボールの投球数の制限である。

（スポーツの話をしてきたが，）研究に対する教訓は，法・モラル・倫理・職業的な事情への考慮が必要だということである。その事情によって，研究の実施または研究結果の実務への適用が阻止されることもある。

6. 経度問題…解決策の実施

海上での経度の測定には，現在地点の時間とグリニッジ子午線または他の基点の時間の両方を正確に測定することが求められる。経度15度（経度1度は赤道上の約111km）で1時間の時差があるため，時差により地域別の経度の測定（24時間で360度回転する地球の自転が構成要素となる）が可能となる。現地時間の測定は，日中は問題ないが，正確な時計がない場合，基点における時間を知ることが重要な問題として残る。

経度を測定できないことは重大な問題を引き起こす。Dava Sobelの著書 *Lon-*

gitude（1995）で詳述されているように、船が難破したり、行方不明になったりすることは日常的であり、位置を確認するために「交易路」上のいつも同じ緯度線を横切って進むことが必要となり、交易路上で待ち構える海賊の犠牲となる船も多かった。Huygensは1660年代に用いられていた振り子時計を用いて、海上での経度測定の可能性を立証しようとしたが、天候が良い場合のみ可能だった。Isaac Newton卿は「解決の1つの『方法』は、時計の時間を正確に保つことである。しかし、船の移動、気温や湿度の変化、緯度の違いによる重力の違いにより、正確な時計を作ることができない」（Sobel 1995, p.52で引用）と述べている。Newtonは、代替的な解決策として、機械を用いた解決策ではなく、天文学的な少なくとも科学的な解決策を考えていた。

（1） 従来の方法

従来の方法は「推測航法」と「コンパスによる航法」に限られていた。推測航法では、風速と風向きの影響の計算に加え、船の速度を考慮して推測する。この方法は、優れた船舶操縦術・信頼できる地図・運に依存していた。コンパスによる航法では、磁石が示す北と北極星が示す「本当の」北の対比が重要となる。相対的な位置計測により、経度測定に時間測定が不要となった。しかし、コンパスの針は航海中安定せず、信頼できないことが広く知られている。加えて、地磁気の変化にも影響を受けた。

（2） 日食などのデータ

日食などのデータは役に立つであろうと考えられていた。日食と月食は、他の地域での観測時期が予想される場合、経度を知る手がかりとなる。しかし、そのような状況は滅多になく、現実的な航法の助けとはならなかった。Galileoは、木星食は頻繁に起こるため予測可能であり、特定の地点で経度を測定する正確な手段となることを立証した。しかし、航海中は夜空が澄んでいたとしてもこの方法を用いることはできなかった。

（3） 月距法

月距法は、日中は月と太陽、夜は月と星の距離を測定することより経度を測

定する。月により特定の星が隠れて見えなくなることを予測するために，月の軌跡と個々の星の位置の詳細なデータが必要となる。月の軌道の複雑さが，この方法の進歩を遅らせた。Flamsteed の死後，1725年の星表の出版により，ようやく可能になった。それでも，経度を計算するのに 4 時間を要した（後に Maskelyne の1766年の航海暦の出版により，30分でできるようになった）。

月距法は正確な経度の計算を理論上可能とする手法であることが明らかとなった。また，標高と距離（日中は月と太陽，夜は月と星）を測るために，1731年に四分儀（後の六分儀）が発明されたことで，実用的な手法となった。これにより，船と地上の特定地点との時差の推定が可能になった。しかし，それでも次のような様々な要因により，正確な測定はできなくなった。

- 霧または厚い雲で覆われる天候。
- 1か月に約6日間，月が太陽に近づいて見えなくなる。
- 1か月に約13日間，月が（地球を挟んで）太陽と反対側にある。

John Harrison は直接的な問題の解決を図った。Newton の見解に疑問を持ち，1日にコンマ数秒も狂わないほど正確な時計の製作を進めた。摩擦の問題を解決し，潤滑油の注入と分解掃除が必要ない時計を開発した。二元金属を使用する非腐食性素材も使用することで，温度変化と錆の問題を克服した。革新的な平衡メカニズムの採用により，記録的な悪天候下においても測定が影響を受けなくなった。

Harrison が死去した1776年には，彼が発明した時計はまだ珍しく，高価（£200超）であった。一方で，良質な六分儀と月暦表は合わせて£20ほどで購入できた。この価格差によって，1800年代初めに Arnold・Earnshaw の小型クロノメーターが大量生産されて手頃な価格で販売されるまで，「月距法」による計測が利用され続けた。

研究計画の実行と研究結果の実務への応用には，適時性と入手可能な資源のコストの両方を考慮することが重要である。

これらの3つの例の状況は大きく異なるが，それぞれ新しい理論の展開，実行可能な解決策の展開とその実施に関係する。すでに推察したとおり，研究過程は単純ではなく体系的ではなく明解でもない可能性がある。常に共通するの

は「理論」と「妥当性」が果たす極めて重要な役割である。優れた理論は優れた結果を生み出し，他の研究との比較により結果の信頼性と妥当性の両方を評価することができる。次節では，理論についてより詳細に考察し，会計研究の望ましい特性である信頼性と妥当性についても検討する。

7. 戦略的管理会計

　会計研究を通じて，実務的な問題の特定・明確化・解決法を見出すことができ，そのためには研究課題の注意深い明確化・仮説の構築・代替的な実施戦略が必要とされる。John Harvey-Jones (1992, Harvey-Jones and Massey 1990)（近年大ヒットした「リアリティ」番組の元祖テレビシリーズの *Troubleshooter* のトラブル解決役）は，ビジネス上の実務的な問題を調査するアプローチ方法を明らかにした。彼は現場で他者と積極的に協力し，その活動はアクションリサーチの形を採っているように見える。しかし，その方法はアクションリサーチの分野における「優れた方法」とはかけ離れている。Harvey-Jones は，後続シリーズ (*Troubleshooter 2*) で適用した体系的な方法を，最初のシリーズ中に開発したようである。この方法の中核となるのは，公表された財務書類の分析と現場における経験的観測に基づく主要な研究課題の明確化である。興味深いことにこの方法は，調査対象となる組織で CEO が採る方法とは滅多に一致しない。観察を深め，他の組織の業績も参考にすることにより，仮説の構築と望ましい結果をもたらす代替的な解決法の開発が可能となる。提案により，参加する組織の経営上層部との衝突がしばしば起きる。特に初期の段階で，組織文化の重要性や採用されうる解決策が過小評価または見落とされたと思われる場合に衝突が起こる。図2.8で示された Harvey-Jones による問題解決のアプローチは，図2.9における課題解決と改善の機会のためのより一般化されたフレームワークを提供する。

　このアプローチは，後にコンサルティング志向の「リアリティ・エンターテイメント」企画を多く生み出した。例えば，Gerry Robinson は *Troubleshooter* のリバイバル番組 *I'll show them Who's Boss* (2000) とその書籍版 Robinson (2004) において，同族経営の欠点を分析している。そこで，彼は経営のために重要な

図2.8 Harvey-Jones アプローチによる問題解決

- 公表された書類 → 歴史的データ
- 経営陣 → 目的
- 現場 → 現場の観察
- 仮説検定 → ベンチマークの設定
- → 戦略
- 解決策の実施 → 解決策

図2.9 一般化されたプロセス改善手順

目的	企業目的に合致する，バリューチェーンの各段階における目標・手段
現場の観察	財務的・競合上・マーケティング・環境上の影響分析
ベンチマークの実施	相対的に競争力のある領域とその信頼性を判断するための，競合他社の業績に関する同様の分析
代替的な戦略	最適な攻撃的・防御的戦略の立案・実施
成果の評価	財務・非財務測定値を用いた監視
会計システムへの含意	より目的適合的な内部管理を構築するための，新しい情報源・測定値・報告実務

6要素を強調している。それらの6要素とは、リーダーシップ・戦略形成・従業員の関係・余裕の確保・主要問題への重点的な取り組み・コミュニケーションである。他企業の分析や解決事例は、例えばBBCによる *Trouble at the Top* (2004), *The Ferocious Mr Fix It* (2006), SkyOneによる *Badger or Bust* (2007) において取り上げられている。ここでは、既存の理論に基づかないが、体系的・戦略的なアプローチは確かに存在する。受容される実証的な研究手順においては、1つのケースだけを取り上げるのではなく、広範な準備段階が必要であるが、その点以外はこのアプローチと非常に似通っている。本章では、検証可能な仮説を設定するために必要な理論と文献に焦点を当て、第3章における詳細な議論の基礎となる研究手順の個々の要素を特定している。

さらに学習するための推奨文献

Ahrens, T. and Chapman, C. (2006) 'Doing Qualitative Field Research in Management Accounting: Positioning Data to Contribute to Theory', *Accounting, Organizations and Society*, Vol. 31, No. 8, pp.819-41.

Foster, G. (1986) *Financial Statement Analysis*, 2nd Edition, Prentice Hall, Englewood Cliffs, NJ.

Gill, J. and Johnson, P. (2010) *Research Methods for Managers*, 4th Edition, Sage, London.

Lapsley, I. (2004) 'Making Sense of Interactions in an Investigation of Organisational Practices and Processes', in C. Humphrey and B. Lee (eds), *The Real Life Guide to Accounting Research*, Elsevier, London, pp.175-90.

Lee, T.A. (2004) 'Accounting and Auditing Research in the United States', in C. Humphrey and B. Lee (eds), *The Real Life Guide to Accounting Research*, Elsevier, London, pp. 57-62.

Ryan, R., Scapens, R.W. and Theobald, M. (2002) *Research Method and Methodology in Finance and Accounting*, 2nd Edition, Thomson, London.

Trotman, K.T. (1996) *Research Methods for Judgment and Decision-making Studies in Auditing*, Coopers and Lybrand, Melbourne.

Watson, J.D. (1968) *The Double Helix*, Penguin Books, New York.

第3章
理論・文献・仮説

本章の内容
- 理論の基盤
- 文献の調査
- 関係性のモデル化
- 仮説の構築
- 妥当性の問題

　会計研究を遂行する上で必要な3つの特性として，理論・信頼性・妥当性について見てきた。本章では，これらを含め次の5つ（適切な理論・信頼性・構成概念妥当性・内的妥当性・外的妥当性）の特性について見ていく。これらの特性にはトレードオフがあり，同時にすべてを満たすことはできないため，選択と妥協が必要となる。本章において，優れた研究に必要なこれらの特性について引き続き検討することにより，第4章で特定の研究課題に対する最適な研究アプローチを選択することが可能になる。

1. 理論の基盤

　用語の混乱を避けるために，概念が不明瞭で，定義が相互に関連している用語を定義する。

- **理論**は，一連の仮説群，または，1つ以上の仮説に根拠を与える包括的な概念である。第1章では，理論を，様々な観察結果を正当化する「一連の暫定的な説明」と述べた。ある関係が存在するという仮説を立てるには，それを裏付ける理論が必要

となる。理論的裏付けがない仮説には説得力がない。
- **仮説**は，2つまたはそれ以上の概念または変数間で仮定される関係（多くは因果関係）である。仮説は検証可能であるべきであるが，仮説が多くの抽象概念からなる場合は，直接検証できないかもしれない。
- **概念**は，直接観察または測定できない抽象的アイデアであり，測定可能な指標を得るために，何らかの方法で「操作可能」にしなければならない。操作可能とするためには，その概念の適切な代替変数を識別するか，または，その概念を新たに測定する構成概念を開発する必要がある。
- **構成概念**は，概念の間接的な測定値であり，通常，複数の質問という形で測定される。その構成概念に対する有効かつ信頼可能な回答群の合計が，その概念の測定値となる。
- **変数**は，様々な値をとる観察可能な項目である。変数は，直接測定可能か，または直接測定できない場合には，代理（代替）変数を使用することで間接的に測定可能となる。変数には，通常，独立変数（説明変数），従属変数（被説明変数），緩和変数（条件付きの影響を与える），媒介変数（疑似影響を与え，コントロールする必要がある）がある。
- **信頼性**は，同様の研究手段を用い，同様の条件の下では，同様の結果が得られるという一貫性をもたらす。したがって，同じ手段を用いれば，同じ調査主体（参加者）からは，同一の条件の下では，同じ結果が得られるはずである。
- **妥当性**は，研究が当初の目標を達成した程度を測るもので，通常，構成概念妥当性・内的妥当性・外的妥当性がある。これらについては，本章と以降の章で取り上げる。

ここでは，重要な会計文献を引用しながら，これらの用語について説明する。詳細な説明は，後の章で行う。会計研究で用いられる**理論**は，その出所が，会計分野ではなく，経済学（やファイナンス），行動科学や社会学の理論にあることが多い。例えば Smith and Taffler（2000）は，ディスクロージャーの特質を検証する際，企業の好業績と業界の中でも最良の経営を行っているという「シグナル」を市場に送ることを予想して，シグナリング理論を用いている。この理論を**仮説**構築の基礎として用いて検証を行うことで，楽観的な記述的ディス

クロージャーの内容が，企業の財務業績と直接関連することを示した。インセンティブとシグナリングに関する研究は，Spence(1973)が最初に展開し，それ以降多くの会計・ファイナンス分野の研究で用いられてきた。

　Brownell(1982)は，経営者の望ましいリーダーシップ属性の1つとして，「予算関与」と名付けた**概念**を確立した。この概念は直接測定できないため，操作可能とするためにMilani（1975）の**構成概念**を用いた。これは，予算設定への影響・関与・参加を測定する多面的な手法で，予算関与を測定できる指標と考えられている。

　エージェンシー関係を検討した研究（例えば，Watts and Zimmerman 1978)の多くは，調査における変数の1つとして「政治的影響力」を用いている。しかし，この**変数**を直接観察し測定するのは困難なため，企業規模（資産または従業員数によって測定）が代理変数として用いられる。

　用いられた研究手段の**信頼性**が，会計研究において議論されることはほとんどない。調査質問票を用いた研究の場合のみ，クロンバックの α 係数を用いて，データ収集手段の信頼度を確認する。妥当性を検討する際は，信頼性と**構成概念妥当性**のトレードオフ，**内的妥当性**と**外的妥当性**のトレードオフを考慮しなければならない。したがって，上記のBrownellの研究では，広く用いられているMilaniの手法を用いている。この手法ではクロンバックの α が一貫して高くなるため信頼性に疑いはないものの，予算設定への「参加」を測定しようとしているにもかかわらず，この手法では「影響」や「関与」も測定してしまうため，構成概念妥当性には疑いが残る。したがって，用いる構成概念が，求められるものを正確に測定していない，または，限定的にしか測定していない可能性がある。図3.1は，構成概念妥当性を確立するにあたり検討しなければならない問題を示している。

　ここでは，まだ定義していない概念間の一連の関係を明らかにする理論から解説していく。これらの関係には，明確な定義が難しく，直接測定できないものもある。最初に，概念の代理変数となりうる観測可能な変数を探すことから始める。例えば，「欠勤」は，経営学分野の文献において，「士気」や「チーム精神」という概念の代理変数として用いられる。これが代理変数として不適当であると考えるならば，その概念を測定できる構成概念を特定することで，別

図3.1 構成概念妥当性の探究

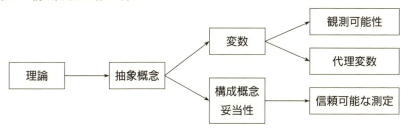

の代理変数を探す必要がある。観念的には，私達が求めるものを正確に測定するための確立された構成概念が存在し，信頼性と構成概念妥当性を兼ね備えているはずである。しかし実際には，次のようなジレンマに直面することが多い。それは，的を射ていないが確立された構成概念（構成概念妥当性に欠ける）を用いるか，または，的を射た改良された一連の質問を考案し，新しいまたは適した手法（信頼性に欠ける）を開発するかという問題である。信頼性と構成概念妥当性のトレードオフは会計研究によく見られる問題であるが，ここでは内的妥当性と外的妥当性のトレードオフについて見ていくこととする。

内的妥当性があれば，因果関係を明確にすることができるため，確信を持って対立仮説を棄却することができる。つまり，他のすべての影響要因をコントロールしているため，何が原因で何が結果かがわかる。このシナリオは，実験室条件下で厳重な管理のもと実施される実験にのみ真に適合するが，それは非現実的である。その結果には，**外的妥当性**が全く伴っていない可能性がある。「現実の世界」に一般化することができず，単に実験室内でのみ適合する。これはもう1つの重要なトレードオフであり，外的妥当性（と現実主義）を高めるために内的妥当性を損なう（関係性への確信が低くなる）ことに妥協しなければならないかもしれない。

構成概念妥当性と内的妥当性は，いずれも優れた理論に全面的に依拠している。したがって，理論に裏付けられかつ測定手法に実際にリンクした適切な概念を用いて研究デザインを設計することが重要となる。以下では，会計研究者が利用可能な様々な理論をまず簡単に紹介し，後に詳細に検討する。

会計理論を大別すると，規範理論（あるべき論）と実証理論（現実解釈や将

来予測)がある。財務会計における先駆的研究(例えば,Littleton 1933, Paton and Littleton 1940)の多くは,特に利益決定を目的として,あるべき適正な会計実務を確立するために実務慣行を具体的に論じた。これらの研究では,新しい会計情報に対する経営者や投資家の意思決定の内容を実証的に検証し,実証理論を展開することはほとんどできなかった。Ryan et al. (2002, p.68)は,実証研究の動向には次の3つの流れがあることを示した。

- エージェンシー理論を用いた財務会計や生産経済学を用いた管理会計に適用されるミクロ経済理論
- 社会学・認知心理学・意思決定理論を適用して展開されてきた行動会計学(監査判断の分野で用いられることが多い)
- コンティンジェンシー理論やシステム理論などの組織理論

Ball and Brown (1968)の会計情報と株式市場の反応を関連付ける画期的な論文は,規範的会計研究の牙城を見事に崩し,新しい形態の会計研究方法をもたらした。この点に関して,Abdel-Khalik and Ajinkya (1979)は会計研究において科学的アプローチを採用することが望ましいとし,Ryan et al.(2002, p.35)もまたその重要性を指摘した。しかし,それに反対する意見もあり,Tomkins and Groves (1983)は,より適切な会計処理方法を論じることの重要性を主張した。この新しい形態の会計研究方法は,会計実務家と会計学者の乖離をもたらし,この乖離は,今なお拡大し続けているように思われる(例えば,Jayazeri and Cuthbert 2004)。

次に,会計研究への適用が可能な,経済学・ファイナンス・社会学・心理学・組織行動論における検証可能な理論を見ていくことにする。すべての理論を網羅しているわけではないが,他の専門分野から適用可能な理論を紹介する。

(1) 経済学

初期の研究者(例えば,Canning 1929, Edwards 1938)は,所得決定の代替アプローチを構築するために演繹法による経済分析を用いた。その後,Bedford (1965)の規範的研究成果と結びつけられた理論展開により,所得決定の概念的枠組みが提供された。初期の段階では,企業の新古典派理論においては,次の

基本的前提に基づく経済学の枠組みが確立されていた。すなわち，合理的で利益を最大化する個人が，確実な状況の下で自由に入手可能な情報を用いて意思決定をするという前提である。このような基盤は大きな成果をもたらし，例えば，適切な前提（例えば，線形計画による解決，CVP 分析，割引キャッシュ・フロー）の下で利益最大化の結果をもたらす実務上の規範的な意思決定モデルの開発に結び付いた。しかし，新古典派理論は，一般理論の大きな変更や，重要な前提の緩和をしなければ，個人の行動についての指針とはならない。

- Friedman (1953) は，理論の目的は検証できる予測を立てることであるという実証主義経済学の観点を確立した。その際，Friedman は，理論が非現実的な前提に基づいていても，検証できる予測結果が得られる限り問題ないと示唆した。この見解は，Watts and Zimmerman (1986) に代表される会計の実証主義アプローチに弾みをつけた。
- Simon (1959) は，「限定合理性」の概念を開発し，行動の「最大化」ではなく「満足化」の考えを生み出し，この概念は Cyert and March (1963) によってさらに展開された。
- Demski and Feltham (1976) は，情報経済学理論の研究を行った。
- Watts and Zimmerman (1978) は，プリンシパル・エージェント関係の一部として，（それ自体は新古典派的概念である）経営者の利己的動機の概念を展開し，経営者と株主間や経営者と従業員間の「契約の束」と名付けられる関係を提唱した。
- Williamson (1979) は，行動が特定の方法で組織化される理由と，その選択の方法を説明する経済組織理論を構築し，意思決定過程に関する会計研究に示唆を与えた（例えば，Spicer and Ballew 1983）。
- Macintosh (1994) は，Marx と Engels が提唱した政治経済学の伝統に基づく労働プロセスのパラダイムを詳述した。この見方は，経営者は管理会計情報とコントロール・システムの利用者であると同時にそれに振り回される立場でもあるとし，*急進的構造主義者*の伝統における会計研究の潮流をもたらした（例えば，Tinker 1980）。

これらの展開は，特に，意思決定過程，意思決定者の動機，会計情報の利用法に関する会計研究に幅広く影響を与えてきた。また，財務会計の意思決定有

用性アプローチの勃興とともに,特に1970年代以降,会計の概念フレームワーク(規律に根拠を与える知識体系)を追い求めて,実証的な研究が促進された。

(2) ファイナンス

ファイナンスは経済学の分野の1つとみなされることもあるが,ファイナンス分野の進展が会計研究に重要な影響を及ぼしてきたため,個別に取り上げる。ファイナンス理論の進展は,特に財務管理,企業政策,投資家行動の研究に影響を及ぼしてきた。

- Markowitz(1952)のポートフォリオ・リスクの研究は,Sharpe(1964)と資本資産評価モデル(CAPM)を導いた。これは,会計情報の提供による株式市場の反応を検証した先駆的研究である Ball and Brown(1968)の基礎となった。
- Modigliani and Miller(1958)は,資本構成に関連するリスクについての理論を展開した。
- Fama(1970)は,株価情報の処理に伴う市場の効率性の考えを展開した。
- Black and Scholes(1973)は,不確実性条件下における意思決定を扱う手法として,オプション価格モデルを公式化した。
- Jensen and Meckling(1976)は,負債と資本のトレードオフに関するエージェンシーコスト問題を初めて検討し,会計方針の選択とそれに続く管理会計研究への流れを形作った(Baiman 1982参照)。
- Spence(1973)に続き,Ross(1977)は,ファイナンスにおけるインセンティブ・シグナリング理論を提唱し,それによって財務報告の自発的開示に関する研究分野が生まれた。
- Myers(1977)に続き,Scott(1981)は,金融経済学の伝統を踏襲し,キャッシュ・フローに基づく企業破綻理論を展開し,破綻予測の初期の研究結果(例えば,Altman 1968, Beaver 1966, Taffler 1983)に根拠を与えた。

(3) 心理学

- Locke(1968)は,アリストテレスの「最終的な因果関係」概念に基づき*目標設定理論*を展開し,複雑な目標・パフォーマンス関係(個々の活動は,目標の性質・範囲に

よって条件付けられる）を提示した。Chong and Johnson (2007) や Lehmann et al. (2009) は，会計研究にそれを応用した。
- Bem (1972) は，行動の後に自己の態度を自覚するという*自己知覚理論*を展開した。このことは，インタビューに基づく会計研究において後知恵バイアスが発生することからも明らかである。
- Kahnemann and Tversky (1972) は，不確実性条件下における意思決定を説明するには，適切な行動理論の展開が必要であるとした。そのような理論の登場は，意思決定ヒューリスティックス（経験則）や意思決定プロセスに関する会計研究（例えば，Joyce and Biddle 1981, Smith 1993) の流れを導いた。

（4） 社会学

- Bandura (1977) は，人間は観察と直接経験の両方を通じて学習することを示した*社会的学習理論*を展開し，個人の知覚は教師・同級生・メディアの影響を受けるとした。Hamilton and Troiler (1986) は，個人の意思決定過程に社会的学習理論がどのように影響を与えるかを，社会化と過去の個人的経験の影響を通じて示した。これは，会計の固定概念の展開と維持に関する研究に影響を与え，それは会計学者の雇用にも影響を与えた（例えば，Friedman and Lyne 2001, Smith and Briggs 1999)。
- Freeman (1984) は，組織の利害関係者を識別するステークホルダー理論を展開し，経営者による多様なグループの利害への対処法をモデル化した。会計研究において，Magness (2008), Kelly and Alam (2008), Van der Laan et al. (2008) の研究は，それぞれ財務会計，管理会計，企業の社会的報告の研究分野においての例として挙げられる。
- *正統性理論*は，Plato の「社会契約」や Thomas Hobbes の「啓発された利己心」に関する17世紀の論文に由来する。そこでは，企業は，容認できる社会構造と一致した望ましい方法で行動するであろうとみなされている。近年，Rawls (1971) が，社会の構成員が求める相互に有益な合意に関して正統性理論を一般化し，会計や他分野へ応用した。O'Donovan (2002), Campbell (2003), Chen et al. (2008), Rapkin and Braaten (2009) は，正統性理論を適用した興味深い例である。

- Berry et al. (1985) は，社会学やコンフリクト理論に基づくケーススタディ・アプローチを採用し，全国石炭庁における組織的プロセスの複雑さを調査した。Campbell (1965) は，*現実的コンフリクト理論*が希少な物的資源の競争にどのように影響を与えるかを最初に示した。また，Tajfel and Turner (1985) は，*コンフリクト理論*をさらに修正し，地位や名声のような希少な社会的資源を包含する*社会的アイデンティティ理論*を展開した。
- Callon (1986) や Latour (1986) は，社会ネットワーク内における人的（非人的）活動の相互依存関係を強調する*アクターネットワーク理論*を展開した。社会が人間の努力に応じて発展可能であるように，アクターは，ネットワークを生み出す，関係のある影響因子すべてにリンクされる。その概念を説明する良い例が，ペニシリンの開発や商業化に関与する「アクター」についての Henry Harris 卿の1998年の引用にある。「Fleming なくして Chain や Florey はなく，Florey なくして Heatley もなく，そして，Heatley なくしてペニシリンの発明はない。」Fleming はペニシリンの存在を確認したが，それを分離することはできなかった。Florey と Chain は分離に成功したが，Heatley の技術的成果なくしては，今日のペニシリンはなかった。Alcouffe et al. (2008) は管理会計において，Gummerson (2007) はケーススタディ研究において，アクターネットワーク理論を用いた例である。

（5） 組織行動論

　Robbins (1995) は，組織行動における3つのレベルの研究対象，すなわち個人・グループ・組織システムを観察し，それぞれの理論的枠組みを構築した。個人レベルのモデルは主に心理学の影響を受けているが，グループや組織レベルのモデルは社会学や社会心理学の影響を受けている。これらは，会計研究の発展に大きな影響を及ぼした。

　個人レベルのモデルは，例えば学習・動機付け・個性・知覚・トレーニング・リーダーシップ・職務の満足度・意思決定・業績評価・姿勢・行動の影響が知識にもたらす貢献に加え，経歴との関連にも着目する。この分野で生み出された理論は，会計学に応用できる可能性がある。

- Kelley (1972) は，行動が何を意味しているのかをもとに人々を理解しようとする

*帰属理論*を展開した。これは，上司による部下の業績査定に関する管理会計研究（例えば，Mia 1989）で用いられている。

- Festinger（1957）は，態度と行動の関係，個人と組織におけるそれらの不協和の影響を説明する*認知的不協和理論*を展開した。この理論は，対立する情報または利用者ニーズに適合しないメッセージを扱う会計研究（例えば，Smith 1998b, Smith and Taffler 1995）で用いられている。
- 動機付け理論の初期の研究者（例えば，Herzberg 1966, McClelland 1967, Maslow 1954）は，成果の動機付けとなる様々な内在的・外在的報酬を明らかにした。その後，認知心理学に依拠した*期待理論*（Vroom 1964, Lawler 1973）は，動機付けの説明として広く受け入れられるようになり，行動は魅力的な報酬を得る可能性に依存するとした。この理論は，Ronen and Livingstone（1974）の会計研究で用いられ，部下は，行動が内在的・外在的満足をもたらすことが期待される状況においてのみ努力することを示唆した。その後，その理論は，予算の動機付けに影響する主要な行動変数を探索するために（例えば，Ferris 1977, Rockness 1977），また，会計選択の観点から（例えば，Watts and McNair 2008, Clor-Proell 2009）用いられた。
- Giddens（1984）は，人間の行動は既存の社会構造（人間の行動により修正可能な構造）の文脈の中で行われることを示唆した*構造化理論*を展開した。De Sanctis and Poole（1994）は*適応的構造化理論*を提案し，その理論では，グループ意思決定支援システムにおいて技術が用いられる。会計研究に応用した例としては，Macintosh and Scapens（1990）やJack and Kholeif（2007）が挙げられる。

グループレベルのモデルは，集団力学とプロセス・コミュニケーション・行動と態度の変化・規律・役割・地位・権力・対立の影響が知識に与える貢献に着目する。

- Argyris（1952）とBecker and Green（1962）は，予算編成への集団力学の影響を調査するためにコンティンジェンシー理論を用いた。
- Barrow（1977）は，リーダーシップについてのコンティンジェンシー理論を展開し，状況に応じてリーダーシップのスタイルを変化させることで，リーダーシップの成功とその結果としてのグループ行動が導かれることを説明しようとした。

- Vroom and Yetton (1973) は，コンティンジェンシー理論の変形であるリーダー参加型モデルを開発し，リーダーシップ行動を意思決定への参加と関連付けるとともに，与えられた課題（タスク）の構造の重要性を強調した。この理論は，予算設定などの分野における会計研究に役立つ。

組織システムレベルのモデルは，組織文化と変化・構造と階層・対立と権力構造の影響に加え，人的資源の管理方針や職務設計におけるこれらの関係が知識に与える貢献に着目する。

- 組織理論を扱った研究者（例えば，Burns and Stalker 1961, Woodward 1965）は，環境変数と組織変数間の関係について調査した。会計研究者は，これらの変数を拡張し，環境（例えば，技術・不確実性），組織（例えば，構造・仕事の複雑性・権力分散・監督方法・仕事に関連するストレス），会計変数（例えば，業績評価・予算への参加）間の関係を検討した。その狙いは，「特定の環境と結びつく会計システムの特徴を明らかにし，その適合関係を実証する」（Otley 1980, p.414）コンティンジェンシー理論を生み出すことにあった。このような研究により，会計実務と環境的・組織的要因間の関係が明らかにされ，管理会計を中心とした知識体系の確立に貢献した（Otley 1984参照）。
- その他の組織論を扱った研究者（例えば，Ouchi 1977, Perrow 1970, 1972, Thompson 1969）は，システム理論の代替的枠組みを提示し，管理構造の役割と部下の行動について検討した。これにより，会計情報システムの歪みを対象とした予算管理に関する会計研究（例えば，Birnberg et al. 1983）が発展した。

他の研究方法も，同様に，個人・グループ・組織ごとに異なる理論的アプローチを採っている。それゆえ，（行動的・心理学的期待に基づく）実験的方法は，主として，個人の行動を測定するために用いられる。アンケート調査は，個人の回答に基づいて，考え方や好みを明らかにするために用いられる。ケーススタディは，組織の変化を探るために用いられる。しかし，組織行動論の研究では，一貫して比較的少数の従属変数に焦点が当てられることに注意が必要である。ここでは，生産性・常習的欠勤・離職率・仕事への満足度が優先され，他の要因すべてが排除される。Staw (1984) は，仕事上のストレス・イノベーショ

ン・個人の意見の相違といった新しい従属変数に着目すべきであると主張した。この分野の先行研究レビューを行った Briers and Hirst（1990, p.374）は，コンティンジェンシー理論の会計文献も同様に，4つの主要な従属変数（機能障害行動・業務遂行能力・予算実績・部署の実績）のみが研究の対象とされてきたことを示した。このように会計研究は，関連分野の理論的発展に大きく依存していることがわかる。

　Ashton et al.（2009, p.202）は，財務会計，報告，コーポレート・ガバナンス，監査分野で刊行された論文で用いられている理論を幅広く調査した。そして，エージェンシー理論，シグナリング理論，ステークホルダー理論，正統性理論，制度理論，社会学的・言語学的理論が特に用いられていることを示した。この他にも用いられている理論は多数あるが，それらは他分野から借用または盗用されたものである。しかし，博士学位候補者や学位論文では安全な選択肢を取りがちで，コンティンジェンシー理論，エージェンシー理論または**市場競争力学理論**（例えば，Porter 1980, 1985）が用いられることが多い。代替理論を考案して現象を説明しようとする試みはほとんどなく，他の理論を検証しようとする試みはさらに少ない。このように，学位候補者は会計の先行研究を踏襲しており，単一の現象に対して複数の理論を適用している論文や，代替理論の適用可能性を検証している論文はほとんど見当たらない。Ittner et al.（2003）は，貴重な例外である。

　しかし，「真の」会計理論は存在しないのであろうか。Malmi and Granlund（2009）は，会計における理論が，会計研究者から「真の」理論であると認識されていることはほとんどないと述べており，会計研究者はむしろ他分野の理論を借用しがちである。これは独自理論を持たない会計学という分野の劣等感に過ぎないかもしれない。また，規範的会計研究の終焉，そして会計研究者，特に財務会計の研究者が自身の理論を持っていた時代の終焉かもしれない。実際，Inanga and Schneider（2005）によれば，会計研究は，その結果があまりにも一般的で実務家の役に立たないために，会計実務または会計理論の発展にほとんど貢献していないと結論付けられている。Ittner and Larcker（2002）と Luft and Shields（2003）は共に，実務家に有用であることを示すためには，会計研究は会計選択が業績に与える影響を扱わなければならないと主張している。

Ashton et al.（2009, p.203）は，特に管理会計システム（MAS）の設計と企業業績との関連に関して，管理会計でコンティンジェンシーに基づく研究が継続されていることを述べている。彼らは，近年の研究に4つの主要なテーマを見出した。

- 組織の業績（通常，収益性）における予算編成とMASの影響
- 報酬体系と報奨制度の設計
- コスト見積の数学的プログラミング
- MAS議論の，企業や事業戦略への拡張

Malmi and Granlund（2009）によれば，必ずしも規範的である必要はないが，実務に有用な新しい理論が求められている。これまでにない従属変数（例えば，社会的平等，環境の持続可能性）に焦点を当てるか，「実績」に基づく従属変数を使用するならば，特に管理会計分野のテーマ（例えば，組織的報奨制度）に焦点を当てることを提案している。

Luft and Shields（2003）は，管理会計研究の因果関係に関する先行研究を調査し，用いられている理論と手法を整理している。それによると，経済学，組織理論，コンティンジェンシー理論，社会学，心理学に由来する理論が多い。管理会計上の問題の検証に際しては，プリンシパル・エージェント理論，情報経済学理論，構造化理論，アクターネットワーク理論，期待理論，目標設定理論がよく用いられていると述べられている。これについて，Malmi and Granlund（2009）は，管理会計の研究者が自身の（規範的な）理論を適用できていないことを指摘している。彼らは，活動基準原価計算（ABC），バランスト・スコアカード（BSC），総合的品質管理（TQM），価値創造経営（VBM）をそれぞれ，間接費の配分，管理システムの設計，品質コストの削減，効果的な意思決定の規範理論であるとみなしている。それぞれの「理論」が適用される状況を特定し，精緻化することができれば，実務を説明・予測するための理論として展開できる可能性があると強調している。しかしこれは挑戦的な課題であり，活動基準原価計算（ABC）（例えば，Jones and Dugdale 2002）やバランスト・スコアカード（BSC）（例えば，Kaplan and Norton 1992, 2004）についての文献において見られる新しい課題への対処が必要となる。

2. 文献の調査

　文献を調査するにあたり，根本的な2つの問いに答えなくてはならない。それは「どこから始めるか」と「何を探すか」である。家系図を作り上げるように，関連があり，興味深く，極めて重要であろう過去の研究を整理したいが，その文献をどうやって探せばよいのであろうか。家系図の場合には，そこに偉大な先祖を位置付け，彼らの特徴から我々自身の技能や個性を見出そうとする。いずれの場合にも，既知のことから未知のことへ，過去へさかのぼっていく必要がある。先祖を位置付けるために，出生・結婚・死亡の記録を調べ，親類関係を明らかにする。同様に，先行研究の方向性を位置付けるには，最近の文献を掘り下げ，過去の重要な研究を識別する必要がある。文献研究は，広範な研究テーマから始めることもあるし，焦点のはっきりした研究課題から始めることもあるであろう。文献研究は，影響力のある学術誌を特定し，その分野で論文が掲載された重要な研究者を識別するのに役立つであろう。その後に，包括的な文献検索に進むことができる。例えば，研究課題が環境問題と企業の記述的情報開示の影響についてであれば，まずは，Adelberg, Courtis, Jones, Smith, Taffler の先行研究に焦点を当て，*Accounting and Business Research* や *Accounting, Auditing and Accountability Journal* といった学術誌を読むべきであろう。

　主要な研究者の論文を見ると，「参考文献」の箇所から，その分野の他の重要な研究者や，よく引用されている影響力が大きい研究が明らかになる。そういった文献には必ず目を通す必要がある。それらは研究課題の基礎となり，ほとんどの研究課題においては，そのような極めて重要な文献が2～3本は存在する。

　過去20年程度の重要な文献を網羅できれば，その参考文献から最近の文献を効率的に調査できる。このようにして，その分野で引用されている他の論文を知ることができる。ただし，これらの論文のすべてが自分の研究と関連しているわけではない。そこで，論文タイトルや要旨から，さらにその論文を読み込むかどうかを判断する。判断が難しい場合には，「導入」の部分を読み，自分の研究と関連していれば，全文を読む必要がある。

　このような手順により，文献調査にありがちな誤りを避けることができる。これは，他の分野（例えば，心理学）で掲載されている研究課題に関連する論

文を探すにあたって非常に重要である。データベース検索で重要な学術誌の最新（刊行予定）号や学会論文集を補完することで，文献調査の網羅性を高めることができる。現在では，オンラインの情報源の活用により，この作業ははるかに容易となっている。データベースを用いることで，学術論文(例えば，ABI Inform, EBSCO, Science Direct, Google Scholar, Emerald)，新聞記事（例えば，LexisNexis），公表された学会論文（学会論文集の目次）の文献調査を行うことができる。しかし，オンラインのデータベースのデータ量に差があることや，昔（例えば1980年代以前の）の論文が含まれていないこともあり，必要な文献すべてを調査する簡単な方法はなく，図書館所蔵の定期刊行物や図書館相互利用サービスを通して，必要な論文のコピーを入手することが必要である。

　時間を浪費しないために，次の重要事項の確認が必要である。

- **先行研究でなされたことは何か**　先行研究と同じ研究や，新しい貢献が全くない研究はすべきでない。
- **先行研究でなされていないことは何か**　陳腐化しておらず，真剣に取り組む価値があるが，これまで無視されてきた興味深いテーマはないか。
- **先行研究で不十分なことは何か**　理論的・方法論的な欠陥はないか。発見に矛盾するところはないか。過去の直感に反する研究結果と異なる状況（例えば，理論・業種・国・研究方法）で分析することによって，新しい結果に結びつく可能性はないか。

　Knopf (2009) は，政治学の観点から文献調査の目的を要約している。会計の文献調査においては，次の7項目が重要な目的となる。

1　過去の文献において研究された課題と研究されていない課題
2　既存の研究の結論
3　先行研究において合意されていること，矛盾していること
4　適用されてきた理論と分析手法
5　発見の信頼性と関連する解釈の妥当性
6　文献の質全般（どの雑誌に掲載されたか。既存の知識体系への貢献の有無。）
7　今後の研究の可能性をもたらす先行研究の穴はあるか

このように，既知の証拠（すなわち，現在の知識体系の境界）が重要であると同時に，何が未知であるかも重要で，これが今後の研究につながっていく。実証研究で一貫性がなく矛盾した結果が見られるならば，結論が合意されていない分野がわかる。

関連する先行研究で用いられている理論的枠組みを確認することで，その分野の研究の将来性を知る手がかりとなり，自身の研究にも役立つ。理論により，関係性の正当化が可能になり，実証研究により，関連性の測定，影響を有する変数の識別が可能となり，これが概念的モデルの基礎となる。

文献調査の結果を論文にまとめるときには，その限界を理解しておく必要がある。それは，読んだ文献すべての要約ではなく，読んだ関連のある文献すべての要約でもない。それは，論理的に秩序立てられ，批判的で，研究課題に直接関連していなければならない。そして，実施しようとしている研究に対して，重要な先行研究が持つ意味を記述するべきである。実際に，学位候補者が先行研究レビューを執筆しているときには，指導教授として「先行研究レビューの書き直し」を勧める。学位候補者は読んだ文献すべてを含め，冗長な先行研究レビューを執筆し，後で削除することを渋るため，このような断固とした対応が必要なのである。仮説を念頭に置いて先行研究を見直すことによって，仮説の構築に直接・間接に影響を与えたすべての文献を特定しなければならない。それ以外の文献を先行レビューに含める必要はなく，含める場合には理由が必要である。Easterby-Smith et al.（2008）は，先行研究レビューは，研究を正当なものにする調査活動であり，研究テーマを洗練させ，研究を根拠付け，研究を意義深くするために不可欠なものであるとしている。Lee and Lings（2008）は，先行研究レビューは，過去の研究の単なる記述ではなく，批判的・内省的に行うことで価値を生み出すものでなければならないと強調している。先行研究レビューの詳細は，第10章（におけるアーカイバル研究の箇所）と第11章（における学位論文の執筆の箇所）でそれぞれ述べている。

変数の定義と測定の問題については第2章で検討したが，ここで，図2.6に基づき，概念図式をより具体的に検討することは重要であろう。

3. 関係性のモデル化

　基本的な関係性とは，調査対象の2変数間の関連であり，その関係性は他の変数の影響も受ける。この段階では，「関連」しかなく，基盤となる理論なしには因果関係の方向を仮定することはできない。従属変数と独立変数を入れ替えることで，双方の因果関係を考慮し，競合仮説が排除できるまで検討を続ける。第1章で取り上げた自発的開示の水準の例を図示したのが図3.2であり，このような相互因果関係を示している。

　企業の自発的開示の水準と，その企業をフォロー（分析・報告・投資助言）する証券アナリストの数には関係がある。いずれの方向の因果関係も成立し，次のような相反する説明が可能である。

- 企業は，追加的情報の自発的開示を選択することで，実践的・革新的・先駆的取り組みを「シグナリング」している。
- 企業は，アナリストからの多くの情報要求にさらされており，アナリストと企業の両方の便益に応えている。

　両方の説明が正しいということはほとんどない（しかし可能性はある）ので，理論が反証され，適切な因果関係の方向が確立するのを待つことになる。共変動していることは明らかであるが，どちらか一方の事象が先行している可能性がある。アメリカの Lang and Lundholm（1996）の研究結果は，情報開示の質の向上の後に，アナリストのフォローのレベルが高くなることを示唆している。しかし，Walker and Tsalta（2001）は，イギリスのデータを用いて，アナリス

図3.2　自発的開示と相互因果関係

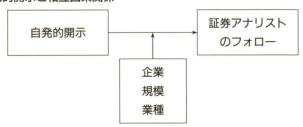

ト予測が活発に行われるのに伴って情報開示が増加するという反対の結果を報告しており，議論の余地があることを示している。その後の研究結果（例えば，Lang et al. 2003）は，最初の Lang and Lundholm（1996）を支持しているようである。

モデルにおける「影響」変数の性質について，さらに検討する必要がある。その明確な役割の厳密な特定は重要である。なぜなら，それは変数のコントロールと，統計分析の結果の解釈に影響を与えるからである。影響変数が，「媒介する」可能性がある場合には，図3.3に示すようなモデルになる。

図3.3 媒介変数と因果関係

独立変数と従属変数の間には，もはや直接的な関係は存在しない。その代わり，媒介変数は，1つめの（左の矢印の）関係では従属変数に，2つめの（右の矢印の）関係では独立変数となっている。図3.4は，このような関係の一例であり，ある会計イノベーションの導入が，非財務数値による業績測定の採用と実施に与える影響を示している。ここでは，イノベーションそのものではなく，財務業績全般の改善に新たに焦点が当てられている。このようなモデルの統計分析では，偏回帰アプローチが用いられる。

図3.4 媒介変数としての非財務数値の採用

また，図3.5 に示すように，従属変数と独立変数の関係が他の変数の値によって変化する場合には，影響変数は「緩和」効果を持つ。

図3.5 緩和効果のある因果関係

先ほどの例に当てはめると，会計イノベーションの影響は，図3.6のように，緩和変数の値によって変化するかもしれない。

図3.6　企業規模・業種・文化が業績に及ぼす緩和効果

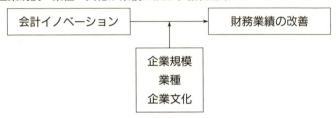

その関係性は企業規模の影響を受けると考えられる。例えば，その関連性は一定以上の規模の企業に見られることがある。測定誤差を小さくするために，2値変数（すなわち，大規模・小規模企業）を用いる場合には，緩和変数を用いた回帰分析 (MRA) が最適な分析手法であり（その手法について，詳しくはHartmann and Moers 1999参照），それはコンティンジェンシーモデルを用いた研究で広く用いられている（例えば，Dunk 1993, Mia 1989）。

影響変数が，各変数に重要な影響を直接及ぼす場合には，対象となる関係とは無関係であるかもしれない。これは，図3.7に示すように「剰余変数」と呼ばれる。

図3.7　剰余変数の影響

例えば，その関係性に影響を与えるものとして経済情勢がある。会計イノベーションの水準と財務業績の改善度はどちらも，景気上昇による影響を受けるであろう。図3.8に示すように，対象となる変数間の関係性を検証するには，部分相関を検証するか，ある特定の経済情勢の単一期間でデータを収集することで，景気循環の影響をコントロールする必要がある。これにより，その関係性はサンプルデータ収集期間の経済情勢の下でしか説明できないため，必然的に，分

析結果の外的妥当性が脅かされる可能性がある。

図3.8　剰余変数としての経済情勢

これらの単純なモデルが，複数の説明変数を追加することにより複雑になれば，その同時効果を検証する必要が出てくる。例えば図3.9で示すように，企業破綻は，通常，少なくとも4つの財務変数（収益性・リスク・流動性・運転資金の各測定値）と関連しており，他の企業固有の特質にも影響を受ける（例えば，Taffler 1983）。さらに，破綻の「タイミング」を説明するためには，別のモデルが必要となる。

図3.9　複数の独立変数

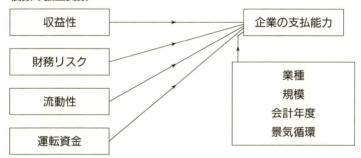

分析すべき「最終」モデルは，これらのモデルよりもはるかに複雑となる。実際，指導教授としての筆者の経験では，学位候補者は，「万物の理論」から始まるような高度に複雑なモデルを構築しようとする。このようなモデルの検証は，学生には時間的にもデータ量の大きさからも不可能である。そこで，指導教授が，モデルの改良を手助けし，研究の焦点を絞るよう助言することが必要になる。いずれにしても，分析が実施可能かどうかは，対象とする変数をどのように測定するかによって決定される。測定と検定の問題については，第4章のデータ収集と第5章の解析手順の箇所で詳述する。

4. 仮説の構築

　仮説は検証可能でなければならない。仮説を検証するためには，直接観察可能でなくとも，何らかの方法で測定可能である必要がある。そのため，分析可能な値に置き換えることのできる「比」（乗法的）尺度や「間隔」（連続的）尺度が測定尺度として用いられることが多い。しかし，会計研究においては，順序（順位を伴う）尺度や名義（特に，はい・いいえの2値）尺度が一般的であり，その分析手法もある。理論と首尾一貫した研究課題を考案し，研究デザインを特定したならば，検定する1つかそれ以上の仮説を構築する必要がある。理論と先行研究をもとに仮説を構築する必要があり，それは，既存の研究結果に基づき実行可能性が高いことが前提となる。既存の実証結果をもとに，これから検証しようとすることに取り組むため，そこには常に飛躍がある。関連する文献すべてを網羅していたとしても，仮説の設定に際しては大胆さが必要なこともあり，批判を受けやすく，この飛躍には不安を感じるものである。研究者がこの飛躍について慎重である場合，検定可能な予測の形をとる仮説の形式ではなく，予期されることについての「命題」を確立しようとするかもしれない。

　仮説は，通常，帰無仮説または対立仮説の形をとるが，査読者がどちらを好むかは学術誌により異なる。帰無仮説（H_0）は，対象となる変数間に関係が存在しないことを仮定する。そして，帰無仮説が合理的な仮定ではないことを統計的に示すために，十分な証拠を集めようとする。もし，因果関係の方向性を示すための重要な結果が得られなければ，現実的な代替案として帰無仮説を受け入れざるをえない。

　対立仮説（H_1）は，方向性を持った（多くは因果）関係の存在を仮定しており，得られた証拠によって，有意な関係がない（帰無仮説）ことと矛盾する結果を示さなければならない。仮説と関連する有意性検定の例については，第5章の定量的側面を扱う箇所において詳述する。

　仮説検定においては，次のどちらかの誤りが発生する可能性がある。

　　第1種の過誤とは，帰無仮説が真であるにもかかわらず棄却してしまうこと。
　　第2種の過誤とは，帰無仮説が偽りであるにもかかわらず採用してしまうこと。

法律上の話に例えると，無実の人を有罪にすることを第1種の過誤といい，真犯人を無罪にすることを第2種の過誤という。倒産予測において，破綻企業を正常企業に分類してしまうことは第1種の過誤に該当し，正常企業を破綻企業に分類してしまうことは第2種の過誤に該当する。一般に，第1種の過誤の可能性をなるべく小さくすることが（より深刻またはリスクが高いために）重要であるため，仮説検定では，第2種の過誤よりも第1種の過誤への対策が強調される。第2種の過誤の可能性を小さくすると，第1種の過誤の可能性が大きくなり，容認できない。したがって，倒産予測において，第1種の過誤は実質的に確認されないが，第2種の過誤は多く存在する。現状の第1種の過誤のレベルを維持した上で，第2種の過誤のレベルを下げることは，会計研究者にとっての課題である。

仮説が支持されなければ，別の方法による結果の説明を検討する必要がある。また，矛盾が生じる場合には，自身の結果や研究課題に対して懐疑的である必要があり，その場合データを追加で収集するか，研究をやり直すことも覚悟しなければならない。

5. 妥当性の問題

妥当性の問題については，第7～10章にかけて検討する各手法の箇所で詳述するが，データ収集の議論に入る前に，全体の概要を理解しておくことは有用であろう。信頼性と構成概念妥当性のトレードオフについてはすでに述べたが，内的妥当性と外的妥当性のトレードオフについては追加の説明が必要である。内的妥当性の脅威は，研究上の誤りから生じるものである。最も基本的な誤りは，モデル構築の際に起こり，関数の関係性を誤って設定することや，重要な影響変数または説明変数を排除することによるものである。しかし，サンプルの潜在的なバイアスを回避するには，かなりの努力を必要とする。つまり，測定機器間の誤差や測定機器の変更による誤差といった**機器**に起因するバイアスを回避するために，同一の機器を測定機器として使用することが求められることもあるが，改ざんや指示上の誤りはコントロール不可能である。同様に，参加者を集めるときやグループ分けする時の，**選択**の問題もある。長期的な研究

やデータ収集を複数回行う研究においては，時間の経過に伴う問題も発生する。例えば，脱落（**死亡**），疲労や熱意の衰え（**成熟**），物質の比較不能性（**時の経過**），反復測定が行われる際の一連の検査の影響（**検定**）による問題である。この問題を回避するためには研究を短期かつ一度の訪問で実施することが望ましいが，それが取り組んでいる研究課題の要件と相容れない場合には，より複雑な解決策を必要とする。対象の無作為抽出は，会計研究ではほとんど行われていないが，将来的には無作為性を取り入れるとともに，潜在的に影響を与えている区分（例えば，年齢・性別・経験）を測定する必要があるであろう。

外的妥当性を有するとは，研究結果が，他の対象（企業・国）や異なる時点の人々にも適用可能ということである。内的妥当性を最大限に高めると，人工的条件のもとでしか適用できない（その結果は，その研究で設定された時間・状況・参加者・場所でしか妥当性を持たない）。外的妥当性を高めるように仮定を緩和すれば，必然的に内的妥当性が脅かされることになり，これは会計研究者にとって今なお課題である。

変数の定義やコントロール方法の問題を解決してもなお，用いるべき最適な研究方法を十分に理解した上で選択することが必要となる。研究方法は，次の5つに大きく区分される。

- 科学的推論とモデル構築
- アーカイバルデータと二次情報源を用いた歴史的研究
- その分野における幅広い調査を要するケーススタディ
- 結果の統制と深みに欠けるが，通常は大規模サンプリングを伴う調査
- その分野における実験，一般的には実験室条件下における実験

研究方法の選択において，（内的・外的）妥当性の問題は極めて重要であり，続く各章では，それぞれの方法について検討している。統制や構造と，その現実世界への適用の間には，トレードオフが存在する。高度に構造化され厳密に統制された条件下では，特定の変数の影響（内的妥当性）が明確になるが，人工的な実験室条件下では，一般化の機会（と外的妥当性）が減少する。実験室条件下では，現実世界と比較して，はるかに単純な設定とならざるをえず，変数や情報量は少なくなる。さもなければ，ほとんどの実験は実行不可能となる。

会計分野においては，本来の実験的研究に相当するものはほとんどなく（ただし，Bloomfield and O'Hara 1999はそれに近い），実験的会計研究のほとんどすべては準実験的研究とみなすのが適当であろう。単純化した実験環境が，実際の意思決定環境での実際の予測に役立つかどうかは，重要な問題として残っている。

さらに学習するための推奨文献

Ashton, D., Beattie, V., Broadbent, J., Brooks, C., Draper, P., Ezzamel, M., Gwilliam, D., Hodgkinson, R., Hoskin, K., Pope, P. and Stark, A. (2009) 'British Research in Accounting and Finance (2001-2007): The 2008 Research Assessment Exercise', *The British Accounting Review*, Vol. 41, pp.199-207.

Ball, R. and Brown, P. (1968) 'An Empirical Evaluation of Accounting Income Numbers', *Journal of Accounting Research*, Vol. 6, pp.159-78.

Hartmann, F.G.H. and Moers, F. (1999) 'Testing Contingency Hypotheses in Budgetary Research: An Evaluation of the Use of Moderated Regression Analysis', *Accounting, Organizations and Society*, Vol. 24, pp.291-315.

Ittner, C.D. and Larcker, D.F. (2002) 'Empirical Management Accounting Research: Are We Just Describing Management Consulting Practice?', *European Accounting Review*, Vol. 11, No. 4, pp.787-94.

Jones, T.C. and Dugdale, D.A. (2002) 'The ABC Bandwagon and the Juggernaut of Modernity', *Accounting, Organizations and Society*, Vol. 27, No. 1/2, pp.121-63.

Kahnemann, D. and Tversky, A. (1972) 'Subjective Probability: A Judgment of Representativeness', *Cognitive Psychology*, July, pp.430-54.

Knopf, J.W. (2009) 'Doing a Literature Review', *Political Science and Politics*, Vol. 39, No. 1, pp.127-32.

Luft. J. and Shields, M.D. (2003) 'Mapping Management Accounting: Graphics and Guidelines for Theory Consistent Empirical Research', *Accounting, Organizations and Society*, Vol. 28, No. 2/3, pp.169-249.

Malmi, T. and Granlund, M. (2009) 'In Search of Management Accounting Theory', *European Accounting Review*, Vol. 18, No. 3, pp.597-620.

Ryan, R., Scapens, R.W. and Theobald, M. (2002) *Research Method and Methodology in Finance and Accounting*, 2nd Edition, Thomson, London.

第4章
データ収集

●本章の内容●
- 研究方法の選択
- サンプル選択
- 測定に関する問題
- データ管理
- 定性的研究
- 言語プロトコル

本章では，第7章（実験），第8章（サーベイ），第9章（フィールドワーク），第10章（アーカイバル）で説明している各方法で利用される定性データと定量データの収集と分析を取り扱う。数値計算に自信がないためか，単に数字を扱うことを敬遠しているのか，多くの研究者が（間違いなく困難な）定性的方法を採用している現状があるため，本章では，定量データに重点を置く。本章の目的の1つは，各統計手法が最適となる状況を説明することによって，代替的な定量的手法をめぐる混同を回避することにある。

論理的な順序に従って，第5章でデータ解析と記述統計，有意性検定をめぐる諸問題を考察する前に，この第4章でまずサンプル選択と測定に関する問題を検討する。本章でこれから述べていくように，データ解析と検定の段階で生じる問題の多くは，サンプル選択や測定をめぐる諸問題への不注意により起こる。

1. 研究方法の選択

　いかなる状況でも「最適」な研究方法がたった1つしか存在しないわけではない。研究課題やデータの入手可能性に加え，何をしたいのかによって，研究方法の選択は変わってくる。大規模な定量データ（クロスセクションまたは時系列）を入手できるならば，ある変数の変化によって他の変数がどのように変化するかを見るために，関連性を示すモデルを構築して回帰分析手法を利用することが可能となり，研究方法の選択に伴う多くの課題を解消することができる。このような研究を行うには，信頼性のある二次データを利用したアーカイバル研究方法が適している。

　個人がある特定の状況下で**何**をするのか，個人がどのような意思決定を行うのか，または個人がどのような情報を利用するのかなどを知りたい場合は，実験的研究が適している。想定可能な状況に制約があることや単純化が避けられないことを認識しなければならないが，因果関係を特定するために変数をコントロールすることが可能である。

　サーベイ方法は，意見・好み・信条といった他の方法では容易に収集できない事実情報を見出すために，**人々がどのようなことを考えているのか**を知りたい場合に適している。質問の提示方法により，アンケートやインタビューで信頼できる回答を得られる可能性は左右される。

　これらの各方法では，普遍の真理の存在を推論するために，観測値の平均と分散を用いてサンプルから母集団を一般化しようとする。しかし，ある関連性がどのような場合に保たれるのかまたは保たれないのかといった，経験的一般化を行うことはできない。これは，フィールドワーク研究やケーススタディ研究において可能となる。これらの方法では，母集団を代表していないサンプルを対象とし，状況をより良く分析するために，これら以外の方法では考慮されない例外や外れ値を活用することができる。こうした分析は，実際上有益であるだけでなく，多様な媒体における活発な議論をもたらす興味深いものであることが多い。

　ケーススタディ研究は，特に次のような場合に有用である。

- 変数が多く，定量化が難しく，変数間の相互関係が明確でないためモデル化できないなど，対象となる状況が複雑な場合。
- ある事象に対して実際の反応や反応の変化を分析できる機会がある場合。
- 固有の状況の可能性が高く，事象と文脈の間の相互作用が，過程と結果の両方にとって決定的に重要な意味を持つ場合。

ケーススタディ研究の大きな利点は，誰に対して，どのようにインタビューするかをコントロールできる点にある。第8章では，次に示しているような調査回答者に関する疑念を述べている。

- 誰が実際にアンケートに回答したかを知ることができないのではないか。
- 実際の回答者はアンケートに回答するのに適任でないのではないか。
- （回答率を向上させるために）データ収集を協賛団体に委託している場合には，協賛団体が通常アンケートの配布と収集の両方に責任を負っている。しかし，研究者は，サンプルがどのように抽出されたのかを知ることができないし，サンプルが無作為かどうかや母集団を代表しているかどうかについても確証を持てない。

ケーススタディにおいて，研究者は，研究過程全体から見て最適なインタビュー相手を選択するであろう。Barrett et al. (2005) は，すべての回答者に画一的なインタビューを実施することは適切でないため，インタビュー対象者の選定方法と質問内容をどのようにして決定したのかを論じている。

後述の章で，結果的に得られたデータの妥当性をある程度確保しつつ，最初から有益な選択ができるように，上述の各研究方法（アーカイバル研究・実験的研究・サーベイ研究・フィールドリサーチ）について詳細を述べる。

2. サンプル選択

サンプル（標本）の無作為抽出は一般的に望ましいと考えられているが，無作為抽出をしても母集団を代表する「有用」なサンプルであるとは限らない。企業を無作為抽出した場合であっても，業界を代表するサンプルが必ずしも得られるわけではない（破綻予測研究では，企業の無作為抽出により，実際に破

綻したケースを入手することは不可能に近い)。抽出枠から20個ごとにサンプルを選ぶといった系統的標本抽出法がよく用いられるが，この方法によっても前述の問題は必ずしも解決できない。いくつかのグループに分けて，グループごとに無作為標本抽出または系統的標本抽出を行う直接標本抽出法を用いることができる。統計的手法の前提となる仮定が満たされないこともあるが，重大な不都合が生じることはほとんどない。すでに指摘したとおり，サンプルを増やす必要に迫られる場合があるが，入手できるほとんどのサンプルは，(実験的研究では)自発的な参加者であり，(フィールドリサーチでは)研究者の都合で集められたため，無作為とは程遠い。

最適なサンプルサイズは，費用対効果に基づいて決定されることが多い。時間と資金の両面から収集可能な最大のサンプルサイズが望ましいが，研究実施にかかる費用が増加することが多い。サンプルサイズが大きくなるにつれて，一般的に，研究結果は母集団をより代表するようになり，統計的有意性も向上する。研究者は，研究課題に必要な検定を行えるだけのサンプルサイズを確保しなければならず，最低限必要なサンプルサイズをあらかじめ知っておかなければならない。

大規模サンプルを利用できるならば，高度なパラメトリック検定が利用できるが(第5章参照)，多くの場合，このような検定を行うには，データが特定の分布に従っていなければならない。外れ値が存在するためにデータが特定の分布に従っていない場合には，データ変換すなわち「外れ値変換」をするといった操作が必要となる（例えば，Taffler 1983, McLeay and Omar 2000)。こうした外れ値は除去するか，外れ値を最も近い外れ値でない観測値に変換するといった外れ値変換を行うことが可能である。外れ値を完全に除去してしまうとデータに与える影響が大きい小規模データの場合や，ケースのマッチングをしている場合には，外れ値変換は特に有効である。

サンプル選択の問題は，その次の段階である研究方法や最適な仮説検定の方法の選択にあたって重要である。有意性についてのパラメトリック検定を行うには，独立の無作為標本が正規分布から抽出されたという仮定を満たさなければならない。こうした条件が実際に満たされることはほとんどないため，厳密にはノンパラメトリック検定を選択しなければならない。同様に，第7章で説

明する実験的方法を用いるには，無作為抽出や被験者の実験への協力が必要である。こうした無作為抽出基準を満たすことができない場合には，「真の」実験を行えない場合がある。

3. 測定に関する問題

Kidder and Judd（1986）は，測定尺度を名義・順序・間隔・比尺度の4種類に区別して，各尺度について最適なデータ分析方法を説明している。例えば，回帰分析のような手法は，数量的な順序データには適用できるが，水準ではなく（例えば，製造業・小売業・金融業などの）分類を示す名義変数には適用できない。この場合は，分散分析（ANOVA）が適当である。リッカート尺度は複雑で，厳密には順序変数であるが，比較的多数（すなわち，実際上は多くの場合5～7つ）に分類されかつ平均化も可能であるため，分析上は間隔変数として扱われることが多い。

- **名義** （例えば，男性・女性，製造業・小売業・その他などの）順序を持たず，相互に排他的かつ全体として見ると包括的な分類。この分類が0か1以外の値をとる場合，最小二乗法（OLS）では，この分類を順序変数として取り扱ってしまうため，回帰分析においてこの分類を独立変数として利用する際には注意が必要である。この種のデータを利用する場合に最も一般的な統計的有意性検定はカイ二乗検定である。ファイやクラメールのVは，関連性を見るのに最適な指標である。
- **順序** （例えば，大・中・小などの）順序のある，相互に排他的な分類。この種のデータに対しては（例えば，スピアマンのρのような）順序法が関連性を見るのに最適な方法であり，統計的有意性の検定方法は（例えば，マン・ホイットニーのU検定のような）ノンパラメトリック法に限定される。順序データに対して（例えば，t検定やF検定のような）パラメトリック法を利用することは，理論的には正しくないが，研究者の中には，結果はそれほど違わないことを理由にこの方法を採用する者もいる。名義変数や順序変数はともに，非計量的変数と呼ばれることが多い。
- **間隔** 同じ間隔は同じ意味を持つが，比の関係は存在しない(すなわち，点数2.0は点数1.0の2倍の大きさを意味しない)，相互に排他的かつ順序のある分類。例え

ば，気温30度は15度の2倍の暑さではなく，Z値4.0は1.0より4倍統計的に有意ということを意味しない。積率相関係数（ピアソンのr）が関連の度合いを測定するのに用いられ，有意性についてはパラメトリック検定が行われる。

- **比** （例えば，年齢・身長・体重・金額といった）同じ間隔が同じ意味を持ちかつ倍数が倍の関係を意味する連続データ。この場合も，ピアソンのrは，関連の度合いを測定する指標として適切であり，有意性についてはパラメトリック検定も利用することができる。間隔尺度や比尺度は共に，計量的変数と呼ばれることが多い。

会計分野では，データの多く（特に貨幣単位の変数）が比尺度である。しかし，行動的・組織的研究において大量データが得られることは稀である。会計研究においては，異なる測定尺度の変数を同時に用いる際に，最適な分析手法が採れないという問題が生じる。解決策としては，比尺度変数と分析対象の他の変数を同時に用いるために，比尺度変数の情報量を低めて，分析においてノンパラメトリック法を適用できるようにすることも多い（例えば，コンティンジェンシー研究においては，資産のデータは，与えられた課題の複雑さなどの行動データと同時に処理するために，大・小や大・中・小に変換されることが多い）。認識しておかなければならないことは，これにより尺度の持つ情報量が低められてしまい，適用可能な検定方法も限られてしまうことである。データが比尺度であり，かつ（財務比率や株式収益率といった）財務変数であったとしても，正規分布していることは稀であり，そもそもパラメトリック法が利用できる前提を逸脱していることもある。このような場合には，（サンプルが2種類の場合）マン・ホイットニーのU検定や（サンプルが複数の場合）クラスカル・ウォリス検定などのノンパラメトリック法（詳しくは第5章参照）を用いる必要があるかもしれない。

順序尺度については，会計研究では，様々な評定尺度がしばしば採用される。

- **線形（図式縮尺とも呼ばれる）** 例えば，「とてもそう思う」「全くそう思わない」とその中間の点は示されているが，文字では示されていない。回答者は連続尺度の両極を選ばない傾向がある（すなわち，1から7までの尺度の場合には，被験者は2から6の範囲で回答する傾向がある）。
- **項目別（分類尺度とも呼ばれる）** 線形と同様であるが，「とてもそう思う」「そう思

う」「どちらともいえない」「そう思わない」「全くそう思わない」といった順序を表す分類が示されている。実際には，「どちらともいえない」の代わりに，「賛成でも反対でもない」という表現が用いられることが多い。

- **比較** 測定尺度は，比較することができるように，特定の達成レベルによって評価される。
- **複数項目**（リッカート尺度が最も一般的に採用される） リッカート尺度上に点数が示されていることにより，各項目は同じ概念を測定できる。この結果，各項目・項目群が与える影響や多重共線性が存在するのかどうかを調べやすい。
- **意味差判別法** 意味差判別法はOsgood et al.（1957）が考案した方法で，用語の意味を個人がどのように知覚しているのかを測定するために用いる。回答者は，7段階の二極尺度を使って，良い・悪い，受動的・能動的，積極的・消極的などの両極の間の点を選択する。この方法は，会計分野（例えば，Houghton 1987, 1988）で，会計用語の理解度を測定するために用いられる。

　測定尺度によって，最適な分析手法が決定される。後述するように，比尺度変数以外は，ノンパラメトリックの統計的手法を用いる必要がある。変数が正規性を満たしていなければ，最小二乗回帰の前提を逸脱し，測定誤差が存在すれば，モデルの構築に際して最適と思われる方法が採用できない場合がある。

4. データ管理

　本来は，データ収集，特にデータ分析を行う前に，データ管理の問題に対処する必要がある。（例えば，実験・調査・文献資料などの）様々な情報源から大量の定量データや定性データを入手することができる。データの正確さを立証し，データの情報源や内容を追跡調査できるための記録システムが最初から必要である。データ収集過程のすべてを保存し，「絶対何も捨てない」というルールは重要である。このルールは，最終的な実験手順や回答済アンケート用紙に限らず，個人的なメモや「ポストイット」，試行版の実験手段，公表前の論文の草稿にも当てはまる。これらはすべて，研究過程が厳密に進行するよう，原資料を再確認しなければならない場合に，記憶を助けるものとなりうる。ほとん

どの大学では，研究手順に関する倫理綱領において，録音テープや関連する記録などの研究の原資料を7年間安全に保管しておくよう求めている。

　データ収集に先立って，変数を正確に定義して覚えやすい変数名をつけておく必要がある。複雑なアンケートの場合には，回答を記録するためにどのようにコード化するかを定めておく必要がある。初期段階でこのような問題に対応し，どのように解決したかを正確に記録しておく必要がある。これにはコンピュータの利用が可能であるが，同時に最新の技術に潜む危険には常に注意しなければならない。

　現在では，例えば表計算ソフトウェア（例えば，Excel）やデータベースソフトウェア（例えば，Access）を利用すれば，膨大な数値データを処理することが可能である。これらのソフトウェアを利用すれば，より高機能の統計パッケージソフト（例えば，SPSS）に頼らなくても，統計的記述を行うことも可能であるし，既存の変数を変換して新たな変数を作成することも可能である。しかし，次のような誤りが生じる危険がある。

- 欠損値はソフトウェア上でどのように処理されるか。空白はゼロとして扱われるのであろうか。この点を確認しておく必要がある。
- データの入力ミスをどのように確認するか。理想的には，データを2回別々に入力してそれらを照合し，間違いがないかどうかを確認するべきであるが，現実にはこのようなやり方は費用も時間もかかる。このような入力ミスは，キーボードの操作を誤ることによって生じることがほとんどであり，無作為検査や目視によってミスを発見できることが多い。または，データが異常であることを目立たせる確認用の列を作ることもできる（例えば，比率分析では，流動資産比率と当座比率の両方を計算して，これら2つの比率の間に直感で理解できる関係が存在しているかどうかを確認する）。他にも，基本的な記述統計を利用して，各列の平均や標準偏差を計算し，平均の両側3倍の標準偏差の範囲を求めることもできる。これにより，どのデータ項目がこの範囲を超えているかが明らかになるため，値が外れ値であるか入力ミスかをすぐに確認できる。入力ミスであれば訂正する必要があり，外れ値であれば研究結果を歪めかねない極端な外れ値の処理方法を決める必要がある。
- データの破損をどのように回避するか。複数のファイルを様々な場所に保存すると

ともに，オリジナルファイルは決してみだりに変更してはならない。表計算ソフトウェアのファイルを一から作り直す羽目になった経験者は誰でも，これに同意するであろう。データを並び替える際に右端の列の範囲指定を忘れてしまうことはよくあり，データがずれてしまうと分析結果が意味をなさないため，データの並び替えを繰り返し行う場合には，特に注意しなければならない。

ナラティブ・データの管理に際しては，固有の問題が生じる。比較的少数のケースを取り扱っているならば，(例えば，ナラティブ・データごとに異なる色の紙を利用するなどの) 手作業による解決策が，個々のケースを記録して必要に応じて全体を総合する上で効率的な手段であろう。長文で大量のナラティブ・データの記録の場合には，データを分類したりキーワード検索を可能にしたりするために (例えば，NUDIST などの) 専用のソフトウェアの利用が必要となることが多いであろう。

会計専門家であれば，変更を記録して文書化する際に気を付けなければならない基本的な原則を当然よく知っており，会計研究者も研究過程におけるこのような側面に特に習熟しておかなければならない。

5. 定性的研究

定性的研究におけるデータ収集は，定量的研究におけるデータ収集とはかなり異なるので，別途ここで検討する。アンケート調査，インタビュー，フィールドワークに関しては，第8章と第9章がこの節の内容を補足している。

大規模データを定量的に分析する場合には，複雑な予測モデルを構築することが可能である。しかし，こうしたモデルにおいて，データの生成方法，または，その数量的な結果を導くことになった誘因・価値観・文脈が考慮されることは稀である。定性的研究では，現実の状況下で「対象者」の行動を調査し，「対象者」が職場環境や職場での出来事に対してどのように対応したかとその理由を質問することにより，この隔たりを埋めようとする。こうした調査は理論を欠いているわけではない。理論に立ち返ることは，研究課題を発展させ，望ましいデータ収集方法のための中立的な出発点となる。価値判断に基づかない

処理は存在せず，研究者は，調査手段とケーススタディの対象者の両方に深く関与している。こうした価値判断に基づく関与のすべてに対して，科学は中立であるべきだとする姿勢は，断固として否定されなければならない。第2章で示した（DNAの解明などの）例や，第3章で示した（ペニシリンの開発などの）例の他，気象変動学における論争（例えば，Leake 2009）のどれを見ても，倫理・政治問題や資金調達の考慮が研究方法や研究者相互の交流に影響を与えていることがわかる。

　定性的研究者は，自分達の分野は神聖であり，数字により汚染されるべきでないと考えるかもしれないが，これは誤りである。なぜなら，ケーススタディの研究者は，すでに十分な定性的結果をさらに充実させるために，多くの場合，様々なデータを利用しているからである。例えば，Lys and Vincent（1995）は，主要な組織構成員から得たインタビュー・データだけでなく，年次報告書や株価データの他，新聞も利用している。これらの重要な情報を事前に調査しておくことで，彼らの研究は，定性データと定量データの両方を利用し，かつ両方の観点からの理論を適用した「充実した情報に基づいた」ケーススタディとなっている。同様に，Modell（2005）は，管理会計研究の妥当性を高めるために，ケーススタディとサーベイの両方を適用した三角測量アプローチを試みている。その結果，この論文は，両者を適用しなかった場合よりも将来の発展が期待できる優れたものとなっている。

　定性的研究を実施するには，費用も時間もかかることが多い。特に研究から得られる潜在的利益が不明確であるならば，外部からの資金調達は困難である。また，研究課題の不明瞭さ，調査対象者の不公平な扱いの可能性，対象者が調査に参加することによる将来の組織の発展が妨げられる可能性があるならば，倫理承認も意味のないものとなりかねない。Saunders et al.（2009, p.481）は，質的分析を，箱の中の絵を知らないままジクソーパズルを完成させることになぞらえている。それゆえ，研究者は，断片をつないで最終的な絵を思い浮かべることができるように，（すなわち，ジクソーパズルの場合には，色や形といった）類似する特徴を関連付けようとする。

6. 言語プロトコル

Slovic (1969) は，判断の行使にかかわるデータ収集の方法に，言語プロトコルを利用するための基礎を提示している。被験者は，利用する情報の内容やその情報の利用方法に関して自分自身が実際に何をしているのかを詳細に述べるなど，自分自身が考えていることを声に出すという課題に取り組む。被験者の発言は音声レコーダーに記録されることが一般的である。こうした言語プロトコルの内容から，各被験者の意思決定プロセスや問題解決行動を調査するための基礎を得ることができる。結果として得られるフローチャートは，多数のフィードバックが繰り返される複雑なものであることが多く，意思決定にかかわる条件付アルゴリズムの発展に役立つ。同じく結果として得られるモデルの精度は，モデル予測と被験者による実際の結果を比較すること，すなわち「人対人モデル比較」によって測定できる場合が多い。言語プロトコル分析 (VPA) は，会計分野ではほとんど利用されてこなかった。言語プロトコル分析により，非常に情報量の多いデータが入手可能となるが，実施には手間がかかり，必要となる資金も大きくなる。研究者は常に課題の遂行を観察していなければならず，例えば，1人の被験者にかかりきりになり，必要に応じて被験者が意思決定過程全般を話し続けるよう働きかける必要もある。

Larcker and Lessig (1983) は，意思決定精度に基づく投資意思決定についての回帰モデルを改善するために，実験的な課題を実施した後の意思決定に関する回顧的なプロトコルを利用している。同時言語プロトコル分析を利用した最も初期の会計研究の1つである Bouwman (1984) は，熟達した意思決定者と未熟な意思決定者の意思決定過程を比較している。Anderson (1985) や Harte and Koele (1995) も，同時言語プロトコル分析によって意思決定前の行動について信頼できる情報を得ることが可能であると示唆する証拠を提示している。Anderson (1988) は，調査過程，意思決定にかかった時間，意思決定の結果，注目した情報に焦点を当てて，証券アナリストによる新規株式公開 (IPO) に関する調査に際して言語プロトコル分析を行っている。

Boys and Rutherford (1984) は，取得原価と時価の両方の数値が利用可能な場合，投資アナリストが時価会計情報を企業業績評価にどのように利用するか

を調査しており，言語プロトコル分析の利用例を提示している。このようなアプローチは，国際会計基準（IAS）に基づく情報の利用を調査する際に有益であろう。最近では，Anderson and Potter（1998）が，回帰分析も言語プロトコル分析もどちらも意思決定行動を分析するモデルの構築に有用で，両者は相互補完的な方法であると述べている。Anderson and Potter（1998）は，言語プロトコル分析の結果に基づいて各人の意思決定行動のモデルを構築しているが，言語プロトコル分析ではよくあるように，サンプルサイズが4人と非常に小さいために，この研究結果を一般化することは難しいということに留意する必要がある。

　結論としては，多くの被験者を確保することが可能で，被験者の考えを必要なだけいくらでも詳細に評価できるならば，言語プロトコル分析は，意思決定過程を解明する強力な手段となりうるが，まだ十分には活用されていない。

さらに学習するための推奨文献

Modell, S. (2005) 'Triangulation between Case Study and Survey Methods in Management Accounting Research: An Assessment of Validity Implications', *Management Accounting Research*, Vol. 16, No. 2, pp.231-54.

Saunders, M., Lewis, P. and Thornhill, A. (2009) *Research Methods for Business Students*, 5th Edition, Prentice Hall, Harlow.

第5章
データ分析

> **本章の内容**
> - 記述統計
> - サンプル平均の差
> - 関連性の測定
> - 分散分析
> - 多変量モデルの構築

　第4章ではサンプル選択や測定に関する問題について考察したため，続く本章では，データ分析や記述統計の他，必要に応じて有意性検定に関する諸問題を考察する。後述のように，データ分析や有意性検定の段階で生じる問題の多くは，サンプル選択や測定の問題に最初にほとんど注意を払っていなかったために生じる。

1. 記述統計

　統計的検定で行おうとすることは，本質的に非常に単純であり，**観測値**と**期待値**を比較して，この差異が偶然起こったものであるとみなすには大きすぎるのか否かを判断することである。2つのグループ間の差異がグループ内差異よりも大きければ，偶然起こったものとはみなすことのできない統計的に**有意な**差を認めることになる。しかし，グループ間差異が小さいならば，観測された「差」はランダムに生じたものであり，これらのサンプルは共通の母集団から抽出されている可能性があると考えるであろう。
　観測差異が有意か否かを判断するための基準が必要であり，ここに統計学が

登場する。検定の手続きは，次のような段階で行われる。

- 帰無仮説を設定する。
- サンプルの大きさや特徴の他，測定尺度を考慮して，最適な統計的検定手法を特定する。
- 有意水準（ほとんどの場合5％か1％である）を選択する。
- 適切な検定統計量を選択する。
- 変数の「観測値」と「期待値」を比較して，これら2つの間の差異について検定統計量を計算する。
- 適切な統計的分布と自由度（df）の下での検定統計量の棄却値を見る。ここで，dfは，サンプルサイズと，推定のためにサンプルを利用した当該係数値（パラメータ）の数の差である。
- 「検定統計量」と「棄却値」を比較して決断を下す（一般的には，「検定統計量」が「棄却値」よりも大きければ，有意差がないという帰無仮説が棄却される）。

　統計的検定は，**パラメトリック検定**と**ノンパラメトリック検定**の2つに大別することができる。両者は，分析中のデータが従っている分布に関する仮定が異なる。パラメトリック検定では，データが平均と標準偏差によって決定され，滑らかで釣り鐘型の対称的な曲線を持つ正規分布から抽出されていることが必要である。ノンパラメトリック検定では，従っている分布に関するそのような仮定を必要とせず，平均や標準偏差ではなく，度数・順位・符号の向きといった観点から関連性が説明される。パラメトリック検定の方が，検出力が高いため利用されることが多いが，データの質や依拠している仮定に何らかの疑念がある場合には，代わりにノンパラメトリック検定が利用される。厳密にはこのような判断が必要とされるが，標準的な統計手法は，依拠している仮定から逸脱していても実際は非常に頑健であるために，結果には違いがないことが多い。

　サンプル数が極めて少ない場合は本質的には記述的研究が行われるであろうが，このような場合でさえ，分析結果の完全性を担保することができる検出力の高い統計的手法を用いる余地がある。記述的研究では，たとえ仮説検定やモデル構築を伴わない場合であっても，単純割合・クロス集計・関連性の測定を記録することが多い。知りたいのは，**観測**値が**期待**値と有意に異なっているか

表5.1 測定水準別有意性検定の概要
(Cooper, D. and Emory C.W. 1995より加筆修正)

測定水準	1標本	2標本		3標本以上
		対応のない	対応のある	対応のない
名義	カイ二乗検定	カイ二乗検定	―	カイ二乗検定
順序	―	マン・ホイットニーのU検定	符号検定	クラスカル・ウォリス検定
間隔比	t検定 Z検定	t検定 Z検定	対応のあるt検定	分散分析 (ANOVA)

どうか，逆に関連性が全く認められず単純統計からこうした推論を導くことが許容されるかどうかである。表5.1は，典型的な記述的研究において利用可能な統計的検定の概要を示している。

表5.1は，Cooper and Emory (1995, p.445) を参考にしているが，会計文献でよく利用されているノンパラメトリック検定のみを示している。Cooper and Emory は，(順序尺度の1標本の組み合わせに適用される) コルモゴロフ＝スミルノフ検定やラン検定，(対応のある順序尺度の標本に適用される) ウィルコクソンの符号付順位和検定，(対応のある名義尺度の標本に適用される) マクネマー検定の利用などについても論じているが，ここでは，これらについては考察しない。

（1） 観測比率

まず，観測値の比率が要件を満たす1標本を利用する。観測比率の有意性を検定するために正規分布を仮定してZ検定を利用することができ，図5.1で詳述している。

実際には，次のような質問に答えることになる。すなわち，100の観測値からなる1標本から算出された64％という比率は，実際に50％の比率を有する母集団からたまたま抽出された標本ではないと確信できるほどに十分大きいのであろうか。

図5.1　比率の有意性検定

観測比率［O］　サンプルサイズ n = 100の観測値のうち，64%
期待比率［E］　50%
　　帰無仮説は，差異は存在しない，である。
　　すなわち，p = 0.50
　　　　　　　q = (1 − p) = 0.50
平均 = np = 100(0.50) = 50
標準偏差 = $\sqrt{npq}$ = $\sqrt{100(0.50)(0.50)}$
　　　　　= 5.0
サンプル平均の95%信頼区間
　　50 ± (1.96)5.0 = 50 ± 9.80
　　したがって，40.20から59.80までの範囲が帰無仮説と矛盾しない。
しかし，64%という観測比率はこの範囲を超えており，帰無仮説と矛盾しないとするには受け入れがたいほど大きく，帰無仮説を棄却することになるため，64%は有意な結果である。
　　これらのデータに対して同等の結果を示すZ検定は，次のとおりである。
検定統計量　$\dfrac{[O] - np}{\sqrt{npq}} = \dfrac{64 - 50}{5.0} = 2.80$
棄却値　$Z_{0.05} = 1.96$
　　検定統計量（2.80）が棄却値（1.96）を超えているため，有意水準5%で帰無仮説を棄却する。

（2）クロス集計表

対応行列を作り出すためのクロス集計表は，最もよく用いられる分析手法である。行列の各々のセルに焦点を当てることによって，**観測**度数とカテゴリー間に関連性がない場合の**期待**度数を比較することができる。カイ二乗検定は，5%水準で実施することが多い。カイ二乗検定を利用するためには，どのセルも1未満の期待値ではならず，期待度数が1未満のセルは稀（すなわち，5つのセルにつき1つ未満）でなければならない。これが当てはまらない場合には，カイ二乗検定を適用できるように，小規模サンプルを補正するか行列の数を減らすことによっていくつかのセルを統合する必要がある。図5.2では，会計方針の変更についての「観測値」と「期待値」を比較して，この検定方法を詳述し

図5.2　度数差についてのカイ二乗検定

観測度数［O］（Smith et al. 2001の図2aより抜粋）

企業の監査主体		会計方針の変更		
		変更なし	変更あり	合計
	ビッグ8	97	118	215
	ビッグ8以外	94	58	152
	合計	191	176	367

$a = 2$ 行
$b = 2$ 列

期待度数［E］（監査人と会計方針の変更の間には関連性がないと仮定）

$\frac{(191)(215)}{367}$	$\frac{(176)(215)}{367}$
$\frac{(191)(152)}{367}$	$\frac{(176)(152)}{367}$

≡

111.9	103.1
79.1	72.9

検定統計量

$$\chi^2 = \Sigma \frac{(O-E)^2}{E} = \frac{(14.9)^2}{111.9} + \frac{(14.9)^2}{79.1} + \frac{(14.9)^2}{103.1} + \frac{(14.9)^2}{72.9} = 9.98$$

有意水準5％の場合のχ^2値の棄却値 $= \chi^2_{(a-1)(b-1), 0.05} = \chi^2_{1, 0.05} = \underline{3.84}$

ている。

　検定統計量（9.98）が棄却値（3.84）よりも大きいので，監査人区分と会計方針の変更との間には関連性はないという帰無仮説を棄却することができる。

（3）　相関係数

　関連性の測定については後述するが，観測された相関係数は本当に関連性があると確信できるほど十分に大きいのか，という単純な質問に答えることが必要である。すなわち，1対のわずか17の観測値からなるサンプルに基づいて算出された0.554という係数は，有意な関連性が認められるほど十分に大きいのであろうか。0.554という係数からは強い関連性があるようには見えず，サンプルサイズも比較的小さいが，図5.3に示すように，この0.554という係数は偶然起こっ

図5.3 相関係数の有意性検定

> 図5.7のデータについては，相関係数 r ＝ 0.554 である。
> （サンプルサイズ n ＝ 17に基づいて算定）
> 平均値（r）＝ 0.554
> 標準偏差 ＝ $\sqrt{\dfrac{1-r^2}{n-2}} = \sqrt{\dfrac{1-(0.554)^2}{15}} = 0.2150$
> 検定統計量 ＝ $\dfrac{\text{平均}}{\text{標準偏差}} = \dfrac{0.554}{0.2150} = 2.577$
> t統計量の棄却値 ＝ $t_{n-2, 0.05} = t_{15, 0.05} = 2.131$
> 　検定統計量が棄却値よりも大きいので，母相関係数がゼロであるという帰無仮説を棄却する。
> 　つまり，r ＝ 0 をとりうる値として含まない95％信頼区間は，0.554 ± (2.131) (0.2150)，すなわち0.096から1.012である。

たと考えるには大きすぎる。

2. サンプル平均の差

1対の変数間の平均値の差の検定は，会計研究では広く用いられている。対象とする測定水準やサンプルが選択された方法に応じて，各種の検定を行うことが可能である。

（1） 独立サンプル

図5.4では，正規母集団から独立サンプルとして抽出された比尺度データからなる，それぞれサンプルサイズ17の（X）と（Y）についての計算結果を示している。知りたいことは，これらのサンプルが同じ母集団から抽出されたと判断できるほど十分に類似しているかどうかということである。各サンプル内に存在する差異と比較して，2つのサンプルの平均の差を検定することによって，これを確かめることができる。2つのサンプル間の差異が，2つの各サンプル内の差異よりも大きければ，これらの2つのサンプルは別々の母集団から抽出されたと推測して帰無仮説を棄却する。

図5.4 平均差についてのt検定

(1) X	(2) Y	(3) X^2	(4) Y^2
13	16	169	256
14	18	196	324
15	19	225	361
17	21	289	441
18	20	324	400
26	27	676	729
28	17	784	289
29	24	841	576
30	12	900	144
27	23	729	529
31	11	961	121
32	22	1024	484
33	23	1089	529
34	35	1156	1225
36	25	1296	625
37	38	1369	1444
39	40	1521	1600
$\Sigma X =$ 459	$\Sigma Y =$ 391	$\Sigma X^2 =$ 13549	$\Sigma Y^2 =$ 10077

$n_1 = n_2 = 17$
$N = (n_1 + n_2) = 34$

平均

$$\bar{X} = \frac{\Sigma X}{n_1} = \frac{459}{17} = \underline{27}$$

$$\bar{Y} = \frac{\Sigma Y}{n_2} = \frac{391}{17} = \underline{23}$$

$$\overline{(X+Y)} = \frac{\Sigma X + \Sigma Y}{n_1 + n_2} = \frac{850}{34} = 25$$

サンプル分散

$$S_X^2 = \frac{\Sigma X^2 - n_1 \bar{X}^2}{n_1 - 1} = \frac{13549 - 17(27)^2}{16} = \underline{72.25}$$

$$S_Y^2 = \frac{\Sigma Y^2 - n_2 \bar{Y}^2}{n_2 - 1} = \frac{10077 - 17(23)^2}{16} = \underline{67.75}$$

$$検定統計量 = \frac{\bar{X} - \bar{Y}}{\sqrt{\frac{S_X^2}{n_{1-1}} + \frac{S_Y^2}{n_{2-1}}}}$$

$$= \frac{27 - 23}{\sqrt{\frac{72.25}{16} + \frac{67.75}{16}}} = \underline{1.352}$$

棄却値 $t_{n_1+n_2-2, 0.05} = t_{32, 0.05} = \underline{2.04}$

検定統計量（1.352）＜ 棄却値（2.04）であるので，5％の有意水準ではグループ間には有意な差はないという帰無仮説を棄却できない。

（2） 対応のある場合

　サンプルが独立でなく同一の研究対象（人であることが多い）の事前と事後の状況を示している場合には，検出力の高い統計的検定が利用可能な反復測定を行うことができる。対応のある場合のt検定は，被験者間差異をコントロールできるために，事前と事後の間には持ち越し効果はないと想定した上で，観測された差異は処置（条件）の差によって生じたとみなすことができる。この場合には，2つのサンプルの間にゼロではない差異を観測できるが，この差異の

図5.5 対応のある場合の平均差のt検定

(1) X	(2) Y	(3) d = (X − Y)	(4) d²	n = 17
13	16	−3	9	
14	18	−4	16	
15	19	−4	16	平均
17	21	−4	16	$\bar{d} = \dfrac{\sum d}{n} = \dfrac{68}{17} = \underline{\underline{4}}$
18	20	−2	4	
26	27	−1	1	サンプル分散
28	17	11	121	$S_d^2 = \dfrac{\sum d^2 - n\bar{d}^2}{n_1 - 1}$
29	24	5	25	
30	12	18	324	$= \dfrac{1272 - 17(4)^2}{16}$
27	23	4	16	
31	11	20	400	$= \underline{\underline{62.5}}$
32	22	10	100	
33	23	10	100	
34	35	−1	1	
36	25	11	121	
37	38	−1	1	
39	40	−1	1	
		Σd = 68	Σd² = 1272	

方向は同じでありかつ偶然起こったとはみなせないほど十分に大きいのであろうか。

　図5.5では，2つのサンプル間のスコア差（dスコア）を列3に示し，その平均と標準偏差を計算している。帰無仮説は「母平均＝ゼロ」であり，検定統計量は次のとおりである。

$$\text{検定統計量} \quad \dfrac{\bar{d} - 0}{\sqrt{\dfrac{S_d^2}{n-1}}} = \dfrac{(4)(4)}{\sqrt{62.5}} = \underline{\underline{2.02}}$$

棄却値　　$t_{n-1, 0.05} = t_{16, 0.05} = \underline{2.12}$

　対応のある場合で検定の検出力が高いにもかかわらず，検定統計量は棄却値を超えていないので，5％の有意水準では帰無仮説を棄却できない。

（3）　ノンパラメトリックな代替方法

　サンプリングが無作為でない場合，得られたサンプルは母集団を代表していない可能性がある。母集団の分布に関する仮定が保証されない場合には，パラメトリック検定は信頼できない可能性があるため，ノンパラメトリック検定を行う必要がある。図5.5のデータを再度利用すると，伝統的なt検定の結果を歪める恐れのある測定誤差が存在する可能性があるためにこのデータを順序データとみなすならば，ノンパラメトリックな代替方法として**符号検定**（事前と事後の対応のある場合）や**マン・ホイットニーのU検定**（独立サンプルの場合）を利用することができる。

①　符号検定

　対応のある場合における正の差異の数と負の差異の数を確認するために，図5.5の列3を用いる。その結果，17の対のうち，9つの負の差異，8つの正の差異があり，分析から除外される同値（変化のない場合）はないことがわかる。

　帰無仮説に依拠すれば，正負の符号はそれぞれ，$17 \div 2 = \underline{8.5}$個であると期待される。

　検定統計量は，次のとおりである。

$$\text{検定統計量} \quad \frac{\text{観測値} - \text{期待値}}{\text{標準偏差}} = \frac{9 - 8.5}{\sqrt{17\left(\frac{8.5}{17}\right)\left(\frac{8.5}{17}\right)}} = \underline{0.243}$$

棄却値　　$Z_{0.05} = \underline{1.96}$

　検定統計量（0.243）が棄却値（1.96）を下回っていることは明らかであり，先ほどと同じく帰無仮説を棄却することはできない。

② マン・ホイットニーのU検定

図5.6では，サンプルの値の順位に基づくマン・ホイットニーのU検定の方法を示している。

検定統計量は，次のとおりである。

$$\text{検定統計量} \quad \frac{\Sigma R_x - \bar{U}}{\sqrt{S_U^2}} = \frac{257.5 - 297.5}{\sqrt{842.92}} = \underline{1.38}$$

$$\text{棄却値} \quad Z_{0.05} = \underline{1.96}$$

図5.6 平均差についてのマン・ホイットニーのU検定

(1) X	(2) Y	(3) R_X	(4) R_Y
13	16	32	29
14	18	31	25.5
15	19	30	24
17	21	27.5	22
18	20	25.5	23
26	27	16	14.5
28	17	13	27.5
29	24	12	18
30	12	11	33
27	23	14.5	19.5
31	11	10	34
32	22	9	21
33	23	8	19.5
34	35	7	6
36	25	5	17
37	38	4	3
39	40	2	1
		$\Sigma R_X = 257.5$	$\Sigma R_Y = 337.5$

$n = 17$
$m = 17$

平均

$$\bar{U} = \frac{n}{2}(n+m+1)$$
$$= \frac{17}{2}(35) = \underline{297.5}$$

分散

$$S_U^2 = \frac{nm(n+m+1)}{12}$$
$$= \frac{(17)(17)(35)}{12}$$
$$= \underline{842.92}$$

したがって，棄却値（1.96）は検定統計量（1.38）を十分に上回っているため，帰無仮説はやはり棄却できない。

厳密に言えば，マン・ホイットニーのU検定を行うためには，正規近似をするために，nまたはmのうちの一方が20よりも大きくなければならない。図5.6では，サンプル数はそれぞれ17で，20に近似しているため，結果にはほとんど影響はないが，技術的な正確性の確保のために，次のような小規模サンプル検定を行う。

$$U_X = nm + \frac{n(n+1)}{2} - \sum R_X = (17)(17) + \frac{(17)(18)}{2} - 257.5 = \underline{184.5}$$

$$U_Y = nm + \frac{m(m+1)}{2} - \sum R_Y = (17)(17) + \frac{(17)(18)}{2} - 337.5 = \underline{104.5}$$

これら2つのU値のうち小さい方（$U_Y=104.5$）を，マン・ホイットニー表から得られる棄却値（n=m=17の場合には87）と比較する。この場合には，帰無仮説を棄却するためには，検定統計量が棄却値よりも小さくなければならず，104.5は87を上回っているため，やはり帰無仮説を棄却することはできない。

3. 関連性の測定

最適な関連性の測定も，表5.2で示しているように，測定水準によって決定される。以下では，この表に示されている各測定について考察する。

表5.2　測定水準別の関連性の測定

測定水準	関連性の測定
名義	ファイとクラメールのV
順序	スピアマンのρ（ロー）（順位相関係数）
間隔と比	ピアソンのr（積率相関係数）

（1） ピアソンの積率相関係数（r）

相関係数行列は，ほぼ間違いなく，最も有益な予備的情報である。相関係数行列は，次の3つの不可欠な役割を果たす。

- 関連性について，直感的に正しくかつ回帰方程式における当該変数の符号と一致する方向を示す。
- 従属変数と高い相関があるものは，説明力の高い説明変数となりそうな変数を示す。
- 競合する説明変数間の関連性の強さを定量化することによって，多重共線性の問題の可能性を示す。

図5.7では，間隔データと比尺度データの係数を計算しており，＋1（完全な正の相関）から－1（完全な負の相関）までの範囲の値を示している。

この係数の統計的有意性は，図5.3で示したとおりである。この相関係数の2乗は決定係数（R^2）と呼ばれ，別の変数の変化によって説明することのできるある変数の変化の割合を示している。したがって，rは0.554，すなわちR^2が0.307であるということは，Xの変化によってYの変化の30.7％を説明することができる（逆もまた同様である）。変化のうち残りの69.3％は，現時点では説明できず，他の変数も含めた多変量の因果モデルを構築するまで説明できない。

（2） スピアマンの相関係数（ρ）

すでに述べたように，データやそのデータが抽出された母集団の性質がわからない場合には，順位法を利用するのがよい（図5.8参照）。

測定誤差の存在を疑っている場合には，連続データを順位に変換（それに伴いピアソンのrからスピアマンのρに変更）することが適切である。ρは，データの変換によって影響を受けず，外れ値を処理する必要がなく，外れ値に関連する問題に公正に対処することができる。ρの唯一かつ重大な欠点は，同順位に関することであり，小さいサンプルの中に同順位があまりも多く含まれていると，係数の大きさを歪める可能性がある。図5.8から明らかなように，スピアマンの相関係数は，計算が簡単でかつピアソンの積率相関係数と類似した値を算出する。

図5.7 積率相関係数（ピアソンの r）

(1) X	(2) Y	(3) XY	(4) X^2	(5) Y^2	
13	16	208	169	256	n = 17
14	18	252	196	324	
15	19	285	225	361	平均
17	21	357	289	441	$\bar{X} = \frac{\Sigma X}{n_1} = \frac{459}{17} = \underline{\underline{27}}$
18	20	360	324	400	
26	27	702	676	729	$\bar{Y} = \frac{\Sigma Y}{n_2} = \frac{391}{17} = \underline{\underline{23}}$
28	17	476	784	289	
29	24	696	841	576	サンプル分散
30	12	360	900	144	$S_X^2 = \frac{\Sigma X^2 - n_1 \bar{X}^2}{n_1 - 1}$
27	23	621	729	529	
31	11	341	961	121	$= \frac{13549 - 17(27)^2}{16}$
32	22	704	1024	484	
33	23	759	1089	529	$= \underline{72.25}$
34	35	1190	1156	1225	$S_Y^2 = \frac{\Sigma Y^2 - n_2 \bar{Y}^2}{n_2 - 1}$
36	25	900	1296	625	
37	38	1406	1369	1444	$= \frac{10077 - 17(23)^2}{16}$
39	40	1560	1521	1600	$= \underline{67.75}$
ΣX = 459	ΣY = 391	ΣXY = 11177	ΣX^2 = 13549	ΣY^2 = 10077	ピアソンの $r = \frac{\Sigma XY - n\bar{X} \cdot \bar{Y}}{\sqrt{(n-1)^2 \cdot S_X^2 \cdot S_Y^2}}$

$$= \frac{(11177) - 17(27)(23)}{\sqrt{(256)(72.25)(67.75)}}$$

$$= \underline{0.554}$$

図5.8 順位相関係数（スピアマンの ρ）

(1) X	(2) Y	(3) R_X	(4) R_Y	(5) d ($R_X - R_Y$)	(6) d^2	n = 17
13	16	17	15	2	4	
14	18	16	13	3	9	
15	19	15	12	3	9	
17	21	14	10	4	16	
18	20	13	11	2	4	
26	27	12	4	8	64	
28	17	10	14	−4	16	
29	24	9	6	3	9	
30	12	8	16	−8	64	
27	23	11	7.5	3.5	12.25	
31	11	7	17	−10	100	
32	22	6	9	−3	9	
33	23	5	7.5	−2.5	6.25	
34	35	4	3	1	1	
36	25	3	5	−2	4	
37	38	2	2	0	0	
39	40	1	1	0	0	
					$\Sigma d^2 = 327.5$	

n = 17の場合

$$\rho(\text{ロー}) = 1 - \frac{6\Sigma d^2}{n(n^2-1)} = 1 - \frac{6(327.5)}{17(288)} = \underline{0.5987}$$

（3） ファイとクラメールの V

　図5.2では，監査人区分を会計方針の変更に関連付けているデータについて帰無仮説を棄却することができた。図5.9で示される非常に低い関連性の測定値は，図5.2ですでに示した発見事項を反映している。分割表が各軸の順に並べられた一連の分類を反映している場合には，カイ二乗検定は，（例えば，グッドマン・クラスカルのガンマ統計量やケンドールのタウ統計量といった）代替的方

図5.9 分割表における関連性の測定

図5.2の2×2分割表について
ここでは

a	b		97	118
c	d	≡	94	58

そして $\chi^2 = 9.988$ で $N = (a + b + c + d) = 367$

<u>クラメールのV</u> $= \sqrt{\dfrac{\chi^2}{N \times \min[r-1, c-1]}}$ ここでrは行，cは列

$= \sqrt{\dfrac{9.988}{367 \times 1}} = \underline{0.165}$

関連性の非常に低い測定は，セル間の大きな差異を反映している。

<u>ファイ係数</u> $= \dfrac{ad - bc}{\sqrt{(a+b)(c+d)(a+c)(b+d)}} = \dfrac{(97)(58) - (118)(94)}{\sqrt{(215)(152)(191)(176)}}$

$= \underline{-0.165}$

関連性の非常に低い逆向きの測定は，セル間の大きな差異を反映している（2×2分割表のクラメールのVとファイ係数による）。

法よりもわずかに検定力が低い。付録2（Smith et al. 2001の論文）の注でケンドールのタウ統計量を利用しているが，それ以上の考察を行わない。

4. 分散分析

　ここで，表5.1を簡単に見直してみると，比尺度データまたは順序データの複数の独立サンプルに適用される分散分析とクラスカル・ウォリス検定という，注目すべき2つの検定が残っていることに気づく。図5.10では，3つのサンプルの例を考察している。

　それぞれ10の大きさを持つ3つのサンプルは，元々は正規分布から抽出されている。解決したい疑問は，これらの3つのサンプルは同じ母集団から抽出されたとみなすことができるかどうか，サンプル間の差異が同じ母集団から抽出されたとみなすには大きすぎるかどうかということである。サンプルの各対の組み合わせについてt検定をそれぞれ行うことによって，この疑問に答えるこ

図5.10　一元配置分散分析（ANOVA）

処置の結果

サンプル（Y_1） （$n_1 = 10$）	サンプル（Y_2） （$n_2 = 10$）	サンプル（Y_3） （$n_3 = 10$）	観測値合計 $n_1 + n_2 + n_3 = N = 30$
32	35	44	
30	38	46	
35	37	47	
33	40	47	
35	41	46	
34	35	43	
29	37	47	
32	41	45	
36	36	48	
34	40	47	
$\Sigma Y_1 = 330$	$\Sigma Y_2 = 380$	$\Sigma Y_3 = 460$	$\Sigma(Y_1 + Y_2 + Y_3) = 1170$
平均：$\bar{Y}_1 = 33$	$\bar{Y}_2 = 38$	$\bar{Y}_3 = 46$	$\bar{Y} = 39$
分散：$S_1^2 = 4.6$	$S_2^2 = 5.0$	$S_3^2 = 2.2$	

ここで，$S_i^2 = \dfrac{\Sigma(Y_i - \bar{Y}_i)^2}{n_i}$　ただし，$i = 1, 2, 3$

サンプル間分散 $= \dfrac{\Sigma n_i(\bar{Y}_i - \bar{Y})^2}{K - 1}$　ただし，$K = $ サンプルの数

$= \dfrac{10(33 - 39)^2 + 10(38 - 39)^2 + 10(46 - 39)^2}{3 - 1} = \underline{430}$

サンプル内分散 $= \dfrac{\Sigma n_i S_i^2}{N - K} = \dfrac{10(4.6) + 10(5.0) + 10(2.2)}{30 - 3} = \underline{4.37}$

検定統計量 $= \dfrac{\text{サンプル間分散}}{\text{サンプル内分散}} = \dfrac{430}{4.37} = \underline{98.4}$

F値の棄却値 $= F_{K-1, N-K, 0.05} = F_{2, 27, 0.05} = \underline{3.37}$

（すなわち，自由度2（分子）と自由度27（分母）の場合の5％の有意水準）

　検定統計量（98.4）は，棄却値（3.37）よりも大きいため，帰無仮説を*棄却す*る。3つの処置による結果には有意差がある。

とは可能であるが，これは効率的な方法ではなく，各サンプルが独立であることがわかっていない場合には適切な方法でもない。そこで，3つのサンプル間の変動がこれらの各サンプル内の変動よりも大きいかどうかを明らかにするために，一元配置分散分析という単独の検定を行う。

図5.10に示した分析は，帰無仮説を棄却してサンプルが異なる母集団から抽出されているに違いないと推察できるほど，サンプル間分散がサンプル内分散よりも十分に大きいことを示している。

分散分析は，会計研究では，処置（treatment）の主効果と処置間の交互作用によって説明される有意性や分散比を測定するためのモデルとしてAshton (1974) が初めて採用した。分散分析は，各群の大きさが等しく，主効果と交互作用の両方について不偏推定を行う必要がある場合に，多重共線性や不均一分散の問題を排除するための手段として，その後広く普及した。理論的には，要因デザインは何次元にも拡大することができるが，実際にはすぐに手に負えなくなる。3次元や4次元の交互作用ともなると，理論構築への貢献は制約されたものになるため，それらの交互作用を十分に説明することができない。分散分析を行うためのデータの二分化は，測定誤差の影響を減少させるが，情報の消失を招く可能性がある。

表5.3は，分散分析の結果の一般的な表示方法である。表5.3は，図5.10のデータについて，変動要因・自由度・平方和・平均平方・F検定統計量の計算値を含む。

表5.3　分散分析表

変動要因	自由度	平方和	平均平方	検定統計量
モデル	2	860	430	98.4
残差	27	118	4.37	
全体	29			

ここで仮定を緩めると，図5.11に示すケースのようになる。そこでは，図5.10と同じ3つのサンプルを用いているが，データの質に関する懸念から，データを比尺度ではなく順序尺度として扱い，ノンパラメトリックな方法を採用して

図5.11 複数サンプルのクラスカル・ウォリス検定

Y_1	順位	Y_2	順位	Y_3	順位
32	3.5	35	9.5	44	22
30	2	38	16	46	24.5
35	9.5	37	14.5	47	27.5
33	5	40	17.5	47	27.5
35	9.5	41	19.5	46	24.5
34	6.5	35	9.5	43	21
29	1	37	14.5	47	27.5
32	3.5	41	19.5	45	23
36	12.5	36	12.5	48	30
34	6.5	40	17.5	47	27.5

$\Sigma R_1 = 59.5 \qquad \Sigma R_2 = 150.5 \qquad \Sigma R_3 = 255.0$

検定統計量 $= H = \dfrac{12}{N(N-1)} \Sigma \dfrac{T^2}{n} - 3(N+1)$

ここで，T = 各列の順位の合計
n = 各サンプルにおけるケースの数，N = すべてのケースの数（30）
K = サンプルの数（3）

$H = \dfrac{12}{30(29)} \times \dfrac{(59.5)^2 + (150.5)^2 + (255)^2}{10} - 3(31)$

$= \dfrac{12}{870} \times \dfrac{91215.5}{10} - 93 = 125.81 - 93 = \underline{32.81}$

しかし，（このケースの場合のように）同順位となる数が多い場合には，(すなわち，サンプル1には7つ，サンプル2には9つ，サンプル3には6つ）修正係数「C」が適用される。ここで，$C = 1 - \Sigma \dfrac{t^3 - t}{N^3 - N}$

すなわち，$C = 1 - \dfrac{(7^3-7) + (9^3-9) + (6^3-6)}{30^3 - 30} = 1 - \dfrac{1266}{26970} = \underline{0.96}$

修正検定統計量 $= \dfrac{H}{C} = \dfrac{32.81}{0.96} = \underline{34.17}$

棄却値　$\chi^2_{K-1, 0.05} = \chi^2_{2, 0.05} = \underline{5.99}$

　検定統計量（34.17）は棄却値（5.99）を十分に超過しているため，やはり帰無仮説を棄却する。

いる。これは，実際の値ではなくデータの順位とクラスカル・ウォリス検定の利用が必要であることを意味している。まず，同順位がある場合には平均の算出に注意を払った上で，すべてのサンプルの観測値を（1から30の）順に並べる。次に，各サンプルの順位を合計して，検定統計量を計算する（図5.11参照）。

検定統計量は棄却値を超えているため帰無仮説を棄却し，各サンプルは別の母集団から抽出されたと推測される。

5. 多変量モデルの構築

データの測定水準や関連する変数が果たす役割（従属変数か説明変数か）に応じて，表5.4で示す様々なモデルの構築方法が利用できる。

表5.4は，Cooper and Emory（1995，p.521）のフローチャートの抜粋である。コンジョイント分析や正準相関分析は，会計研究ではほとんど用いられない（主としてマーケティング研究で見られる）ため，これ以上述べない。潜在変数のための線形構造方程式モデル（LISREL）は，どのセルに配置しても恣意的になるため，表5.4から省略されている。潜在変数のための線形構造方程式モデルには，パス解析と構造方程式モデリングなどが含まれ，名義・順序・間隔・比の各尺度の従属変数と独立変数を扱うことができる。

表5.4 測定水準別多変量モデルの構築方法の概要
(Cooper, D. and Emory, C.W. 1995 から引用)

		独立変数	
		名義と順序	間隔と比
被説明変数	名義と順序	コンジョイント分析	判別分析
		正準相関分析	ロジット・プロビット
	間隔と比	多変量分散分析（MANOVA）	正準相関分析
		重回帰	重回帰

（1） 回帰分析

時系列分析によって鍵となる変数の傾向を予測することは可能であるが，実際にはこれだけでは十分でない場合がある。適切な管理活動を通じて将来の値に影響を与えたいならば，どの変数が鍵となる変数の値に影響を与えるのかを知る必要がある。要するに，鍵となる変数がどのように，なぜ変化するかを示すことができるような説明可能な関係を構築するために，変数間の関連性の程度やこれらの変数間の何らかの因果関係を立証したいのである。

因果モデルの本質に応じて，次のような様々な形態の回帰分析が採用される。

- （一般的な因果関係のための）最小二乗回帰
- （単純な条件関係のための）ダミー変数付き最小二乗回帰
- （緩和変数のための）緩和変数を用いた回帰
- パス解析（媒介変数のための偏回帰）

2つの変数(X, Y)が存在する単純な状況では，縦軸上にYをとり横軸上にXをとる散布図を見れば，2変数間の何らかの線形関係の強さを知ることができる。Y＝a＋bX という形の線形関係が存在すると推測できるであろう。「a」と「b」のパラメータの値を特定するために，各点の位置をうまく平均して各点が回帰する平均値を求めて，各点からの距離が最短となる直線を引く必要がある。

最小二乗(OLS)回帰は，当てはめた直線から各点が垂直にどの程度離れているかを測定し，各点と直線の距離の二乗の合計が最小となる最適な直線を見つけることによって，この問題を解決する。この直線は，サンプルの観測値に基づく予測値であること示すために「ハット」($\hat{\ }$)を付け加えて，$\hat{Y}=\hat{a}+\hat{b}X$ と示される。直線は，各点の直線からの垂直距離($Y-\hat{Y_i}$)に応じて当てはめられており，ここで$e_i=Y-\hat{Y_i}$は，当てはめの「誤差」を示している。

次の2つの条件を同時に満たすような最小二乗法による回帰直線が求められる。

1. $\sum e_i = 0$
 正と負の誤差は厳密に均衡しなければならない。
2. $\sum e_i^2$は最小である。
 直線からの垂直距離の二乗和を可能な限り小さくする。

$\sum e_i^2$ を最小化する「a」や「b」のパラメータの特定は，微積分を利用して次のように導き出すことができる。

$$\hat{b} = \frac{\sum X_1 Y_1 - n\overline{XY}}{\sum X_1^2 - n\bar{X}^2}$$

n 対の観測値について，

$$\hat{a} = \bar{Y} - \hat{b}\bar{X}$$

例えば，図5.7のデータにより，X の変化によって引き起こされる Y の変化を正当化できる理論が存在するという前提の下で，次のような形の回帰方程式が導かれる。

$$\hat{Y} = 37.48 + (0.5363)X$$

上の公式に頼らなくても，ほとんどの表計算ソフトウェアでは，線形性の存在をグラフで示すだけでなく，回帰係数や相関係数も計算できる。

図5.7からピアソンの相関係数は r=0.554 であり，また図5.3からこの相関係数が5％水準で有意であるといえる。しかし，r=0 であったとしても，そのことは関連性が存在しないことを必ずしも意味するものではなく，単に確固たる線形関係が存在しないことを意味するに過ぎない。例えば，X と Y の間に環状の関係がある場合には，完全な非線形の関係が存在しているとしても線形の相関係数は r=0 となる。

同様に，相関係数がゼロでなかったとしても，線形関係が存在することを必ずしも意味しない。2つの全く関連性のない変数であっても，小さいがゼロではない偽りの相関係数が偶然生じることは回避できない。図5.3に示したような有意性の統計的検定は，こうした小さいがゼロではない値が，ゼロの母集団からゼロではない標本推定値が算定されるほど十分に小さいのかどうかを明らかにする。

パラメータの推定値の有意性の統計的検定を行う際に，サンプルサイズが30を超えている場合には，次の比率がこの条件を満たしていれば，標本推定値が統計的に有意となる（すなわち，関連性がないという推定が偶然であるとしてしまうのには大きすぎるという）目安になる。

$$\frac{標本推定値}{推定値の標準誤差（se）} > 2$$

このとき標準正規偏差（Z値）は，1.96（このとき自由度1のカイ二乗値 χ_1^2 は，1.96の2乗の3.84）となる。サンプル数が少ない場合には，t値の概算値はだいたい2.0で，（自由度1のとき $F=t^2$ となるため）自由度1，nのF値はだいたい4.0となる。

これらの棄却値（t検定の場合には2，F検定の場合には4）は，使用するサンプル数（n）やデータを利用して推定されるパラメータ数（k）によって変わる。(n−k) の値が小さくなるほど，t検定やF検定の棄却値は大きくなる。

最小二乗回帰法は，n個の観測値を持つ有限のサンプル数に基づいて推定された関係から実在する $Y_i = a + bX_i + \mu_i$ を推定しようとする。この関係における誤差項 μ_i は，方程式の残差 e_i によって推定される。

最小二乗法による当てはめは，次のようないくつかの仮定に基づいており，これらの仮定を逸脱すると，信頼できない方程式となる可能性がある。

1　μ は確率変数である。
2　μ の平均値はゼロである。
3　μ の分散は一定である。
4　変数 μ は正規分布に従う。
5　異なる観測値からの確率項（μ_t, μ_{t-1}）は独立である。
6　μ_i は説明変数から独立している。
7　説明変数は誤差なく測定される。
8　説明変数間に線形相関はない。
9　変数の集約は適切に行われている。
10　特定された関連性は，一意的な数学的関係を有する。
11　関連性は正確に特定される。

分析にあたってこれらの仮定は，2つのグループに便宜上大別される。最初の6つの仮定（1～6）は，残差項 e_i によって推定される誤差項 μ_i に関連している。残りの5つの仮定（7～11）は，説明変数の性質に関連している。限ら

れたデータしか入手できない場合には,検証するのが難しい仮定がいくつかある。実際の分析においては,仮定の2,3,5,6,8が特に重要である。

仮定2は$\bar{\mu}=0$であることを意味しており,また仮定6は$r_{\mu \cdot x_i}=0$であることを意味している。これらのいずれかの仮定から逸脱している場合には,パラメータの推定値は不偏性・一致性を持たず,最小二乗法は,より大きなサンプル数でも改善できず,誤った答えを導いてしまう。実際上は,$\bar{e}_i=0$となるように回帰を当てはめ,仮定6を確かめるためには$r_{e^2 \cdot x_i}$を見るだけでよい。

仮定3は,S_{μ}^2が一定であることを意味しており,これは,k個のパラメータの推定を行う当てはめられた回帰方程式の$\sum e^2/(n-k)$で推定される分散によって確かめられる。この仮定が満たされない場合には,不均一分散が存在しており,パラメータの推定式や関連する有意性検定が効率的でない場合がある。仮定5は,$r_{e_t \cdot e_{t-1}}=0$であることを意味しており,時系列データにのみ適用される。この仮定が満たされない場合には,自己相関が存在し,パラメータの値も分散もどちらも誤って推定してしまうことになる。最も重要なことは,仮定8が$r_{x_1,x_2}=0$であることを意味していることである。この条件から逸脱している場合には多重共線性が存在し,その影響が重大な場合には,やはりパラメータの推定値は不偏性も一致性も持たないことになる。

仮定7からの逸脱は,会計研究では,見落とされてしまうことが多い問題である。これは,**潜在的説明変数**(すなわち,直接的には測定することができないが,複数の項目を測定することで発見できる変数)を扱っている場合に特に問題となる。例えば,行動学的研究や組織研究においてよく見られる組織の有効性,仕事に対する満足度,予算編成への参加といった変数を用いる場合にも問題となるであろう。変数を測定するのに用いられる手段のクロンバックのαの値が1より小さい(そして必ずそうなる!)場合には,測定誤差が存在している。現実的には,αの値が0.8であれば,別の理由で受け入れられることもあるが,測定誤差が重要であれば,回帰係数は不偏性を持たない,または,統計的有意性の検定が効率的に行われない可能性がある。Shields and Shields(1998)は,このような状況では重回帰法は適切でない可能性があり,構造方程式モデリングがより適切であろうと指摘している。

回帰方程式を当てはめた後,最小二乗の仮定からの逸脱を検証するために少

なくとも3つの検定を行う必要があり，これらの検定はいずれも，最小二乗法の方程式を誤って定式化しているかどうかの証拠を提示する。

- X変数間の相関係数の大きさを調べる。
- どの説明変数についても相関係数「$r_{e^2 \cdot x_i}$」が統計的に有意でないことを確かめることによって，説明変数（X_i）が残差（e_i）からは独立で不均一分散が存在しないことを確かめる。グラフで見ると，各説明変数について相関係数が統計的に有意であることは，例えば，X_i が増加するにつれて e_i が増加するような関連性があることを示す V 字型の X-Y 軸上の散布図から明らかである。
- 時系列データについて，「$r_{e_t \cdot e_{t-1}}$」が統計的に有意でないか，または表に示されたダービン・ワトソンの d 統計量が許容範囲にあるかを確かめる。グラフで見ると，十分な期間についての e_{t-1} に対する e_t のプロットは，ランダムでなければならないが，（プロットが明らかな増加傾向や減少傾向を示しているため）正の関連性があったり，（プロットが鋸歯上の形を示しているため）負の関連性があったりする場合もある。いずれの場合も，鍵となる変数が回帰方程式に含まれていないことを示している。

多変量を扱う場合には，2つ以上の説明変数があるため，次のような事項を同時に確かめつつ，方程式の説明力（R^2）を改善することを試みる。

- 係数には統計的有意性がある。
- 係数と標準誤差は比較的安定している。
- 係数の符号は直観的に正しい。

次のような線形関係を当てはめるべきでないという説得力のある証拠がない限り，線形関係を当てはめることから始める。

$$Y = a + bX_1 + cX_2 + dX_3 + \cdots$$

目的（例えば，SPSS を用いた Burns and Burns 2008）によっては，方程式の説明力を増加させ，かつ各々の変数が統計的に有意である限り方程式に追加変数が現れる，変数増加または変数減少ステップワイズ回帰の手続きを採用することができる。その結果として得られる方程式は，次のような条件を満たさなければならない。

- 可能な限り最も高い説明力を持つ（無視できるぐらい説明力を持たない変数を除くために修正済み R^2 を利用することができる）。
- 適切な検定によって組み入れられたすべての変数が統計的に有意であることを確認できた変数の組み合わせを持つ。
- 最小二乗回帰を利用するための仮定からの逸脱がないことを示す。

図5.12は，統計ソフトウェアからの典型的な回帰結果の出力を示している。ここで用いられているデータは，Smith (1997) における小売業の売上高の業績と店の特徴を関連付けているチャリティーショップのケーススタディから抜粋している。アウトプットの鍵となる特徴は，次のとおりである。

- 売上高と十分な関連性のある（R=0.684）3つの説明変数（内装・支援者・人口）を含んでいる。
- 0.468という R^2 は，56のケースからなるこのサンプルについて売上高の変化の46.8%が3つの独立変数によって説明されることを示している。
- 修正済み R^2 =0.438。R^2 は，方程式に含まれる説明変数が増加することによる R^2 値の増加による影響を調整することによって，モデルの当てはまり具合を反映するように修正されている。
- 標準誤差=17.984であり，これは，推定された回帰線上のY値と，Y（売上高）の実際の値との標準偏差である。
- 分散分析は，全体としての回帰係数（すなわち，方程式全体）が統計的に有意である（F=15.272は，0.000の水準で有意である）ことを示している。
- Bの列は，方程式の回帰係数を示しており，方程式は次のように表される。
  売上高=8.946+(6.039)×内装+(0.112)×人口+(0.920)×支援者
- ベータの列は，ゼロの切片項と標準化された回帰係数を示している。Bの標準誤差は，サンプルの各回帰係数のばらつきの測定値である。
- t列は，各変数について「B÷Bの標準誤差」の比率を計算することによって，各回帰係数の統計的有意性を示している。その有意性の程度も示されている。

図5.12 チャリティーショップのケーススタディについての回帰結果の要約

モデルの要約								
R	R^2	修正済み R^2	推定の 標準誤差	変化統計				
				R^2変化	F 変化	自由度1	自由度2	F 変化の 有意性
.684	.468	.438	17.984	.468	15.272	3	52	.000

予測変数：(定数項)，支援者，人口，内装

ANOVA

	平方和	自由度	平均平方	F	有意性
回帰	14819.081	3	4939.690	15.272	.000
残差	16818.929	52	323.441		
合計	31638.010	55			

予測変数：(定数項)，支援者，人口，内装
被説明変数：売上高

係数

	非標準化係数		標準化係数		
	B	標準誤差	ベータ	t	有意性
(定数項)	8.946	6.6447		1.383	.172
内装	6.039	1.646	.407	3.668	.001
人口	.112	.042	.269	2.651	.011
支援者	.920	.280	.363	3.282	.002

被説明変数：売上高

（2） 緩和変数を用いた回帰分析（MRA）

通常の重回帰方程式は，次のとおりである。

$$Y = a_0 + b_1 X_1 + c_2 X_2 + e$$

一方，緩和変数を用いた回帰分析の重回帰方程式は次のようになり，追加的な「交差（交互作用）」項を含んでいる。

$$Y = a_0 + b_1 X_1 + c_2 X_2 + d_3 (X_1 \times X_2) + e$$

積項（$X_1 \times X_2$）は，Y と X_1 の関連性に対する X_2 の「緩和」効果を表している。すなわち，Y と X_1 の関連性は，X_2 の値に依存している。変数 X_1 と X_2 は主効果を表しており，（$X_1 \times X_2$）は，2方向の交互作用効果を表している。

「d」の係数が統計的に有意である場合には，（X_1 が X_2 と Y の関連性に対して有意な緩和効果を有するのと同様に）変数 X_2 は X_1 と Y の関連性に対して有意な緩和効果を有する。さらなる説明変数を方程式に追加することによって，3方向の相互作用効果や4方向の相互作用効果も評価することが可能である。

会計研究において，緩和変数を用いた回帰分析は，コンティンジェンシー研究の，特に予算行動に関連して広く利用されてきた（例えば，Brownell 1982, Otley 1980）。Hartmann and Moers (1999) は，緩和変数を用いた回帰分析法を適用することに対する批判とともに，この方法を用いた研究の実例を示している。

潜在的（すなわち，観測できない）説明変数が存在している場合には，緩和変数を用いた回帰方程式にさらなる問題が生じる。この場合には，交差項は，重大な測定誤差を含んでいる可能性があり，このような状況ではこの種の回帰分析は推定のための最適な方法ではないことが示唆される。

（3） 構造方程式モデリング

Bollen and Long (1993) は，構造方程式モデリング（SEM）を，パス解析・部分最小二乗法・潜在変数を伴う構造方程式モデリングを含む包括的分類であり，これらの各方法はそれぞれ次のような状況では最小二乗回帰の望ましい代替方法であるとみなしている。

- 伝統的な重回帰は，1つの従属変数といくつかの説明変数の場合にしか適用できない。パス解析（Pedhazur 1982参照）は，1番目の方程式では従属変数であった変数が2番目の方程式では説明変数となることができるように，変数間の相互関係の分析を容易にすることで，このような制約を取り除く。しかし，Maruyama (1998) は，1方向の因果関係しか許容されないというパス解析にも伝統的な回帰法にも共通する問題を発見している。いずれの方法も，ある特定の関係の強さを推定することはできるものの，方向性については何も示しておらず，因果関係を決定するには理論に頼らざるを得ないままである。パス図は，パス係数が線形関係における「直接」効果と「間接」効果の両方を指し示すようにパス係数を分けて，理論と合致するように変数間の因果関係を示す。パス解析は，特に変数の正規性，関連性の正しい特定化，多重共線性の不存在といった回帰分析に関連する一般的な仮定のすべてに依存している。Chong and Chong (1997) は，会計研究においてパス解析を行った実例を提示している。
- 部分最小二乗法（PLS）は，構造方程式モデリングの厳しい仮定を満たせない場合の代替的方法であるという点で，「廉価版の」構造方程式モデリングとみなされる。部分最小二乗法は，理論が弱い，サンプル数が小さい（100未満），データが正規性の仮定から逸脱している傾向にあるといった場合に，よく用いられる。理論が弱い場合には，部分最小二乗法は「ソフトモデリング」と呼ばれ，説明目的よりは予測目的のために利用されることが多い。「潜在」変数は，因子分析において複数の観測変数が属するテーマを表している因子名と似ている（しかし同じではない）理論的な構成概念である。「潜在」変数化することは，測定誤差が生じないことを意味している。部分最小二乗法では潜在変数を設定しても，この変数が伝統的な意味で潜在的ではなく，単に観測変数を重み付けした上で線形に組み合わせたものであることを意味しているに過ぎないという点で，技術的な観点からも批判を受けている。現在では，会計研究においても部分最小二乗法を利用した多くの事例がある（例えば，Ittner et al. 1997, Smith and Chang 2009）。

構造方程式モデリングの発展は，Anderson and Rubin（1949）が一連の確率方程式の形をとる1つの方程式体系のパラメータを推定する際に最尤法を利用することを最初に論じたことに端を発している。潜在変数間の関連性を説明す

るために Jöreskog (1969) が提言した2段階の方法は，一般に受け入れられている（例えば，Hair et al. 1995, Schumacker and Lomax 1996, Kline 1998)。

1　測定変数とその構成概念（潜在変数）の関連性を明らかにするために共分散構造の確証的因子分析を利用している測定モデル
2　一連の線形方程式により因果関係を示すパス図に表現された構造方程式モデルの展開と推定

　構造方程式モデリングは，多重共線性が存在する場合であっても説明が可能である。通常は既存の理論と合致する2つ以上の因果モデルを検証して，どのモデルが最も適合するかを決定する。構造方程式モデリングのソフトウェアは，モデルの適合度を改善するための修正を提案するという点では有用であるが，このような修正が理論的に正当化できるかどうかは，研究者に委ねられている。Hult et al. (2006) は，構造方程式モデリングには約300の観測値があることが理想であるが，実際は推定される各パラメータについて約20の観測値があれば分析が可能であると指摘している。

　（推定の方法・サンプル数・利用するソフトウェアなどの）あらゆる状況のもとで利用可能な，構造方程式モデルの適合度指標を1つに絞り込むことはできない。したがって，ほとんどの公表論文では，いくつかの適合度指標が報告されており，Fogarty et al. (2000) では，8つもの異なる適合度指標が報告されている。Smith and Langfield-Smith (2004) は，モデリングソフトウェアの種類によって調査の対象となる関連性が影響を受ける可能性があるため，利用したモデリングソフトウェアを明らかにすることが重要であると指摘している。例えば，Collins et al. (1995) が理論的な理由から潜在変数のための線形構造方程式モデルを利用して明らかにした関連性のいくつかは，AMOS ソフトウェア（Byrne 2001参照）では発見できないであろう。構造方程式モデリングソフトウェアによって「モデル形成アプローチ」が可能となり，理論的な理由により当初は含められていなかったが，評価対象となる追加的なパスが提示されるようになった。そのため，有意でないパスを取り除くことによってモデルの適合度が極端に悪くならない場合を除き，有意でないパスが取り除かれてしまうことが多く，このアプローチの利用における「データマイニング」への批判が後

を絶たない。そのような批判に対応して，Jaworski and Young (1992)，Smith et al. (1993)，Baines and Langfield-Smith (2001) はすべて，当初のモデルから，理論や論理に抵触しない範囲でモデルの当てはめを改善するためのパスの加減を行っている。

Smith and Langfield-Smith (2004) は，会計研究における構造方程式モデリングを利用した研究の調査を行い，その数は会計学以外の行動科学と比較すると依然として低い水準にとどまっているものの，この手法が次第に普及していることを指摘している。

（4） 判別分析

前節で述べた最小二乗回帰法を利用するには，連続的に測定可能な従属変数が必要である。しかし，説明・予測したい変数が連続変数の性質を持たない場合もあるであろう。従属変数が，高・中・低，良・悪，成功・失敗などの分類尺度である場合がある。これらの分類は，(1，2，3) や (0，1) といったダミー変数を割り当てることによって定量化することができるが，この場合，従属変数が取ることのできる値はこれらの非連続の値のみである。説明変数の値が変動しても，従属変数は連続的には変動せず，単にその分類が別の区分に変わるだけである。こうした状況では，単純な回帰法は利用できず，代替的な方法が必要である。線形判別分析 (LDA) は，次のような場合に利用できる。

- 特定されたグループを明確に区分できる。
- 説明変数が正規分布にほぼ従っているか，ほぼ従うように変換できる。これにより，より厳しい「多変量正規性」を検証することが難しい場合でも，「単変量正規性」は確保される。
- 説明変数間に多重共線性が存在しない。

Z値が各分類を示すように，次のような方程式を構築する。

$$Z = a + bX_1 + cX_2 + dX_3 + \cdots$$

次に，各変数をグループ分けできるように1つの（または複数の）線形方程式を設定する。例えば，破綻予測の場合，利益・負債・流動性を表す財務比率

を利用した3変数の判別モデルは，利益率をY軸，流動性をX軸，負債をZ軸と表すことができる。考察対象の企業の変数はそれぞれ，3つの比率の組み合わせを示す空間中に点として表され，判別分析は，すべての破綻企業が1つの平面に，すべての健全企業がもう1つの平面で表されるように，空間の中に平面を位置付けようとする。最適な平面の方程式は，すべての企業をどちらか側に正しく分類できなかったとしても，次のように表される。

$$Z = a + (b \times 利益) + (c \times 流動性) - (d \times 負債)$$

ここで，b, c, dは，各比率に割り当てられた重み付けであり，aは，その値によって破綻グループと非破綻グループの間の分かれ目を決定付ける定数項である。

そして，Zは，次のような合成関数の値である。$Z > 0$は，財務的に健全な状態に対応している。$Z < 0$は，財務的に困窮している状態に対応しており，ここでは，企業の財務内容は過去に破綻した企業の財務内容に類似している。

負の点数は，必ずしも倒産の前兆を示しているわけではないが，当該企業の財務内容が過去に破綻した企業と似ているという意味で，財務的に困窮していることを示している。したがって，負の点数は，将来破綻がほぼ確実にこの困窮グループから生じると見込まれるため，このグループの企業には注意が必要であるという早期の警告を発している (Smith 2005, p.263)。

線形判別分析（例えば，Altman 1968, Altman et al. 1977, Taffler 1983）またはロジット分析（例えば，Ohlson 1980, Zavgren 1985）といった多変量解析法は，一連の財務比率に基づいて破綻企業と非破綻企業を最適に区別できるようなモデルを構築するために利用されてきた。そのモデルは，企業が破綻しそうか，財務的に健全であるかを分類（予測）するのに利用できる。通常，これらのモデルは，高い精度で破綻企業と非破綻企業を区別することができ（例えば，Altman 1993, pp.219-20, Taffler 1995），実務上広く利用されている（例えば，Altman 1993, pp.218-19, Taffler 1995）。

Taffler (1983) の当初のモデルは，(Agarwal and Taffler 2007によれば) 次のように表すことができる。

$$Z = 3.2 + 12.18X_1 + 2.5X_2 - 10.68X_3 + 0.0289X_4$$

ここで，

X_1 = 税引前利益 ÷ 流動負債

X_2 = 流動資産 ÷ 負債合計

X_3 = 流動負債 ÷ 資産合計

X_4 = 与信不要期間 = $\dfrac{\text{当座資産} - \text{実質負債}}{\text{営業費用（日次）}}$

$= \dfrac{(\text{流動資産} - \text{棚卸資産} - \text{流動負債}) \times 365}{\text{売上高} - \text{税引前利益} - \text{減価償却}}$

Smith and Taffler (2000) は，2つのグループの線形判別分析の文脈においてナラティブな内容に基づく破綻企業と非破綻企業の分類について詳述している。彼らの判別関数は，次のような形をとる。

$$Z = d_0 + d_1 v_1 + d_2 v_2 + d_3 v_3 + \cdots$$

ここで，Zは判別スコアであり，$\{v_j\}$ は分析に含めるために選択された変数であり，$\{d_j\}$ は2つのグループの間の分かれ目となる基準を表している定数項 d_0 を前提とした上での最適な係数である。

破綻企業を非破綻企業に分類してしまう第1種の過誤の費用 C_1 と非破綻企業を破綻企業と分類してしまう第2種の過誤の費用 C_2 の差分費用や，企業母集団における潜在的な破綻企業の割合 p_1 と支払能力のある企業の割合 p_2 の差分割合を考慮に入れるために，d_0 は $\ln\left(\dfrac{p_1}{p_2} \cdot \dfrac{C_1}{C_2}\right)$ となるように修正される。

Altman (1993, pp.254-63) は，アメリカの商業銀行の貸付意思決定について，p_1/p_2 の比率が2/98であり，C_1/C_2 の比率が約31倍であるという経験的証拠を提示している。

二次判別分析 (Altman et al. 1977)，ロジット分析やプロビット分析（例えば，Ohlson 1980, Zavgren 1985），ノンパラメトリック法である再帰分割 (Frydman et al. 1985) やニューラルネット（例えば，Altman et al. 1994）などの代替的な多変量解析法は，多くの研究で詳述されている。しかし，伝統的な線形判別分析と比較して，これらのアプローチが優れているとの証拠は存在

しない。おそらく伝統的な線形判別分析が極めて頑健であるからであろう（例えば，Bayne et al. 1983）。

理想的には，分類モデルを「手元の」別のサンプル（ホールドアウト・サンプル）に適用して，どの程度予測（分類）が可能かを見ることによって，そのモデルの有効性を検証する必要がある。モデルが別のサンプルではうまく機能しない場合には，(1)モデルがサンプルに依存している，または，(2)手元の別のサンプルが抽出された母集団を代表していない，という2つの可能性がある。データ，特に対応のあるサンプルを収集することは困難であるため，手元に別のサンプルがあることはほとんどない。この問題への解決法は，モデルが基づいている状況を変えることによって，そのモデルの有効性を検証することである。

モデルの検証は，真の誤分類の可能性についての不偏推定値を提示する，Lachenbruch (1967) のジャックナイフの差し出し検定法を利用して行われる。この方法では，(n_1+n_2)判別関数は，大きさ n_1 と n_2 の観測値を持つ元々のデータサンプルから毎回異なる1つの観測値を差し出した上で計算され，その後この差し出された1つの観測値を残りの (n_1+n_2-1) 個のケースから計算された関数を使って再分類する。m_1個とm_2個の観測値が2つの各グループにおいてそれぞれ誤分類されたとすると，m_1/n_1とm_2/n_2の値は真の誤分類の可能性のほとんど不偏な推定値を提示する。

Simnett and Trotman (1992) は，財務的困窮モデルがあまり利用されない3つの主な理由を特定している。

- モデルの利用者が正式な訓練を受けていないこと。
- モデルに内在する統計的仮定に対する批判。
- 判別に役立つと広く認められている非財務的変数が含められていないこと。

多くの研究で特に3番目の事項に焦点を当てる必要がある。財務的業績を評価するにあたってこのモデルの潜在的有用性を示す証拠は限られているものの（例えば，Smith and Graves 2005），このモデルの利用に際して直面している困難を打開するために，さらなる研究が必要とされる。

(5) ロジット分析とプロビット分析

判別分析については，データが判別分析を適用するための主要な仮定を逸脱しているときには，最適な方法でない場合がある。

- 説明変数は，多変量正規分布に従うと仮定されている。しかし，破綻予測で利用される財務比率などの多くの財務変数は，正規分布していない（Eisenbeis 1977, McLeay 1986）。0が下限の変数は，必然的に非正規分布である。
- サンプルは，そのサンプルが属している母集団から無作為に抽出されたと仮定されている。破綻という事象は稀であり，破綻のケースがあったとしても無作為抽出サンプルはそのようなケースをほとんど含まないために，無作為抽出の条件は，破綻予測研究ではほとんど満たされない。ケース選択において広く利用されているマッチドペア法では，この仮定は満たされない。
- グループの共分散行列は，線形分類法を利用する場合には等しくなければならないが，この仮定が満たされることは稀である。

ロジスティック（ロジット）回帰とプロバブリスティック（プロビット）回帰は，こうした制約となる仮定を必要としないため，前述のように予測結果はあまり異ならないかもしれないが，より適当な推定方法である場合が多い。重要なことは，ケースを対応させないサンプリング技法では，企業破綻の分析に含めるべき産業や景気変動などの変数を含めることができることである。多くの研究者（例えば，Ohlson 1980, Zmijewski 1984, Koh 1991, Lennox 1999）が，会計分野においてロジット法とプロビット法を採用している。ロジスティック回帰モデルは，次のようにモデルを推定する。

$$\mathrm{Log}[P_i/(1-P_i)] = a + B_1X_1 + B_2X_2 + \cdots B_kX_k$$

ここで，P_iは，研究対象としている事象の確率である。

LeClere (2000) は，確率の弾力性が，倒産確率に対して独立変数が与える影響の最良の指標を提示することを明らかにした。Ohlson (1980) に続いて，Shumway (2001) は，倒産確率に基づいて財務的困窮をモデル化するために，次のようなロジスティック回帰を利用している。

$$\text{LN (オッズ比)} = -7.811 + (4.068)X_1 - (6.307)X_2$$
$$- (0.158)X_3 + (0.307)X_4$$

ここで,

$X_1 = \text{TL/TA}$
$X_2 = \text{NI/TA}$
$X_3 = \text{CA/CL}$
$X_4 = \text{LN (AGE)}$

NI/TA (純利益の変数) の－6.307という係数からわかることは, $e^{-6.307} =$ 0.0018であり, その他の変数が一定の場合, NI/TA が1単位増加すれば, 倒産確率は0.18％減少するということである。

破綻予測以外では, Trubik and Smith (2000) が, 小口金融業務における顧客離れを説明するモデルの構築のためにロジスティック回帰を利用している。ここでは, 顧客であり続けるかそれとも離れるかの確率を検証するために, 次のような4変数のモデルを利用している。

$$\text{LN (オッズ比)} = -7.9439 + (0.7031)X_1 + (3.8607)X_2$$
$$+ (2.4333)X_3 + (0.9933)X_4$$

ここで,

$X_1 =$ 銀行における口座保有年数
$X_2 =$ 手数料免除のレベル
$X_3 =$ 銀行が扱う金融商品の保有数
$X_4 =$ 利用している販路

判別分析の場合と同様に, 分類するための分かれ目は, 誤分類の相対費用によって決定される。破綻予測モデリングの場合には, 誤分類の過誤の第1種と第2種の相対費用によって, 分かれ目が決定される。顧客離れの例では, 研究により明らかになったのは, 新規顧客の勧誘費用と既存顧客の引き止め費用の比は10対1であり, 分かれ目の値は0.05であったので, これは銀行の顧客の

83.2％が正しく分類されたということを意味している。

（6） 多変量分散分析（MANOVA）

　相関があると考えられる複数の従属変数に対して連続して分散分析を採用すれば，推定値が信頼できない可能性がある。こうした状況では，すべての変数とそれらの相関関係を同時に検証する多変量分散分析（MANOVA）を利用する方がよい。多変量分散分析は，2つ以上の従属変数を扱うことができることを除いて，分散分析と同じ基本原理に基づく。分散分析と同様に，多変量分散分析は，グループ内分散とグループ間分散を比較することによってグループ間の差異を測定するためにF検定を利用する。

　多変量分散分析は，いくつかの母集団の多変量平均（重心）の間の差異を，差異がないという帰無仮説に基づいて評価する。帰無仮説が棄却される場合には，差異が生じた原因を特定するために，次のような追加の分析が可能である。

- 各従属変数に対する一変量のF検定
- 重判別分析

　このような分析で利用される従属変数は，相互に相関している必要があり，そうでない場合には多変量分散分析を利用することが正当化できないため，別々にF検定を行う分散分析の方がより適切である。

　本章で説明した分析手法と取り扱った範囲は限定的であり，すべてを網羅しているわけではない。会計分野の学術誌，特に定量的アプローチが好まれる学術誌を調べれば，本章で説明したよりも複雑な分析手法や検定方法があることがわかるであろう。しかし，本章で考察してきた分析手法や検定方法は，依然として最も幅広く使用されている。定量的方法で用いられる数学は手強いものとなりうるので，単純な仮説検定により得られる効果を無視する研究者さえ出てきかねない。しかし，本章で最も重要なことは，間違いなく最も定量的でない次の点に集約される。

- 測定値と比較できるような,「期待」度数や結果の予測を可能にする理論の認識
- サンプル選択の基本原理
- 測定問題

　複雑さを増す実験デザインに対処するための複雑な計算や洗練された方法自体は副次的であり,それらを基礎として有意性検定やモデル構築に存在する可能性を明らかにすることの方が重要である。

さらに学習するための推奨文献

Agarwal, V. and Taffler, R.J. (2007) 'Twenty-five Years of the Taffler Z-score Model : Does it Really Have Predictive Value?', *Accounting and Business Research*, Vol. 37, No. 4, pp.285-97.

Baines, A. and Langfield-Smith, K. (2003) 'Antecedents to Management Accounting Change : A Structural Equation Approach', *Accounting, Organizations and Society*, Vol. 28, No. 6, pp.675-98.

Burns, R.P. and Burns, R. (2008) *Business Research Methods and Statistics Using SPSS*, Sage, London.

Hartmann, F.G.H. and Moers, F. (1999) 'Testing Contingency Hypotheses in Budgetary Research : An Evaluation of the Use of Moderated Regression Analysis', *Accounting, Organizations and Society*, Vol. 24, pp.291-315.

Smith, D. and Langfield-Smith, K. (2004) 'Structural Equation Modeling in Management Accounting Research', *Journal of Accounting Literature*, Vol. 23, pp.49-86.

Smith, M. (2005) *Performance Measurement and Management*, Sage, London.

第6章
会計の研究倫理

- 本章の内容 -
- 倫理に関する質問
- インフォームド・コンセント
- 倫理ガイドライン

　医学研究の名のもとに第二次世界大戦中になされた残虐行為は，一般に認められた研究倫理規定の開発を促し，その動きは医学分野から他のすべての研究分野へと広まっていった。しかし，そのような規定を経営分野の研究に導入することは，過大な要求で，研究活動を不当に制限し，医学分野のみに留めておくべきであるとすら考えられている。そのような姿勢は，倫理ガイドラインの根本的な目的とそれらがもたらす便益に対する無知から生じるものである。

　非倫理的な研究者による残虐行為が，医学分野において最も見られるのも確かである。Dooley (1995, p.24) はアメリカのタスキギー梅毒実験について報告しており，そこでは，梅毒の罹患率が非常に高い隔離された黒人社会において，1970年代に至るまでの40年間にわたり縦断研究が行われた。研究者達は，ペニシリンによる効果的な治療が広く利用可能であったにもかかわらず，自身の研究業績を重視して，被験者（患者）に治療をあえて受けさせず，それによる死亡事例を報告しなかった。

　これは極端な例かもしれないが，特に被験者がコントロール不可能な研究関連事象が存在する場合には，すべての分野において，被験者の不利益になるような行動を研究者が選択する可能性が残されている。例えば，会計教育の分野では，2つに分けた学生グループに対して全く異なる指導方法を用い，指導方法の相対的な優位性を評価するというフィールド実験が考えられる。しかし，

仮にこの実験が相当な期間（例えば，10週間）にわたるとして，2週間後に一方の指導方法が他の方法より明らかに優れていることがわかった場合，一方の学生グループが不利益を被ることが明らかであるにもかかわらず，倫理上，実験を続けるべきであろうか。ここで重要なのは，その実験によって参加者の将来が脅かされないことである。倫理上考慮すべき事項は，このような例に限らず，非常に広範であり，公正・信用・服従といった問題が関係してくる。

オーストラリアの国立保健医療研究審議会は，次の3つの基本的原理の見地から研究倫理の範囲を明記している。

- 研究参加者の幸福と権利の保護。
- 研究者のコミュニティや人類のためになるまたはなるであろう研究の促進。
- 人が関わるすべての研究に関連する倫理上考慮すべき事項に対する国による評価基準の規定（NHMRC 2000, p.3）。

1. 倫理に関する質問

Agnew and Pike（1994, p.273）からヒントを得た，以下の「倫理に関する質問」は，会計研究における倫理問題をめぐる混乱と誤解を調査しようとするものである。次のそれぞれのシナリオにおいて鍵となる人物が倫理的に振舞っているかどうかを判定しなさい。

1　教授Aは，従業員へインタビューを実施するために，デルタ社のCEOに協力を求めた。CEOは従業員から別途に許可を求めないという条件で同意した。CEOは協力し，従業員は業務の一環としてインタビューに応じることになる。A教授はこの条件を受け入れた。

2　博士学位候補者Bは，香港で会計担当者達に対してインタビューを実施している。彼女は，インタビューの終了時にインタビュー用紙に署名を要求することは参加者に対して失礼であり，面子を失わせる行為であると主張している。彼女の指導教員である博士Cは，文化的な違いのため，この場合には倫理ガイドラインが遵守される必要はないことに同意している。

3　准教授Dは昇進審査を受けており，昇進を確実にするために，自身が指導する大

第6章 会計の研究倫理　　117

学院生に対して，自らの教育・研究・指導の水準の高さについて証明するように求めた。

4　教授Eは，多くの修士課程と博士課程の大学院生を指導している。教授Eは通常，（合計5時間未満の）研究の構想に関する指導，分析結果に関する指導，論文の草稿のチェックを行う。教授Eは必ず自分が第一著者となる形での共著を要求する。

5　准教授Fは，性別と自尊心が会計上の意思決定に及ぼす影響に関する偽装（deception）実験を行った。事前にすべての被験者は，偽装実験であること以外の実験に関する必要条項や目的を可能な限り伝えられ，実験への参加をいつでもやめられることも伝えられた。1つめの会計に関する課題が与えられた後に，ジェンダー役割指向の評価が行われた。すべての女性被験者は，実際の結果とは関わりなく，男性性指向を有するという結果が伝えられた。すべての男性被験者は，女性性指向を有するという結果が伝えられた。その次に，自尊心の測定と会計に関する2つめの課題が与えられた。実験終了時に，被験者に対する実験参加への謝意が述べられ，実験結果の詳細な報告が約束された。2か月後に，被験者は偽装実験の内容もすべて含む実験報告書を受け取った。

6　博士Gは，ある組織の異なる所在地における業績と経営管理システムの関係を調査するフィールドスタディを行っている。各所在地には他の所在地を上回る成績を残そうという所在地間の友好的なライバル関係が存在する。博士Gは業績や予算の情報は開示しないが，組織構造と経営スタイルの違いについては求められれば話をしている。

7　ある会計研究所の所長は，最も優れた助成金獲得者の1人が重大な非倫理的行為を行っていることに気がついている。倫理基準への違反を幾度も警告したにもかかわらず，その行為は改まっていない。所長は，もうそれ以上の行動を起こさないことを決めた。

8　博士Hのコンピュータ会計コースでは，長期にわたる多肢選択式実験への参加が求められている。成績の向上を期待して，間違いをした学生の指には軽度の電気ショックが加えられる。実験の内容を知ったある学生は実験の中止を要求したが，博士Hは聞き入れず，この実験は科目履修の必須条件であると博士は主張する。

9 教授Jは，大学の会計学部への入学適性を判定するため，10年生（高校1年生）を対象に，学力・モチベーション・創造力・個性・数量的思考能力を調査する研究者チームの代表者である。何校かの校長は，生徒すべての個別成績の開示を要求してきた。研究者チームは，参加校との良好な関係を維持するために情報を提供した。

10 博士Kは，会計情報開示レベルの変化に対する投資アナリストの反応を調査した大規模研究の結果を発表した。結果の発表後，証券取引所より，データを再検証して結果を確認するために研究データを利用させてほしいとの申し出を受けた。博士Kは，コンピュータの故障によってデータの一部が消失したという理由で要求を拒否した。

　これらの行為は，会計研究に関する倫理ガイドラインの典型的な違反事例と考えられる。なぜなら，人である被験者との許容される関係が何らかの形で維持されていないからである。

1 「インフォームド・コンセント」の原則は，倫理的な研究を実施する際の基本となる。デルタ社の従業員には，解雇のリスクなしに実験に参加しないという選択肢が与えられていないように思われる。このことから，教授Aは，この条件では，研究プロジェクトを続行すべきではない。

2 「西洋の」ガイドラインを他の文化に移植することには，必ず困難が伴う。研究学位のために別の国でデータ収集を行う場合には，所属している大学の倫理ガイドラインの遵守が実務上の困難を伴うとしても，それを遵守しなければならない。

3 特殊な状況（指導する者と指導される者という関係）のために，不当に弱い立場に置かれている学生に証明を求めてはならない。

4 研究業績は，関与する個人の貢献を反映したものでなければならない。教授Eが掲載された最終版の論文に対して重要な貢献をしていない限り，彼は共著者となってはいけない。学位論文を基礎とする研究論文は，通常，学位論文の執筆者が第一著者になると思われる。

5 教授Fは倫理問題に配慮していたが，偽装から生じる個々の参加者への潜在的に不利な結果を取り除こうとはしなかった。偽装の存在を最終的に明らかにすることで，被験者が感じる怒りや憤慨への配慮が欠けていた。

6 博士Gは，研究の過程で組織の異なる所在地から得た情報に関する守秘義務に違反した。
7 所長は，非倫理的な行為に対し，倫理基準や会計専門職の実務に関する委員会にこれらの非倫理的な行為について報告する職務を放棄した。
8 研究者は，いかなるときも，研究への参加拒否や離脱についての個人の自由を尊重しなければならない。博士Hは，この場合，単位取得の必須条件を満たすための代替的な選択肢を学生に提供しなければならなかった。その研究はまた，身体的苦痛から被験者を保護する倫理的な基準に違反している可能性がある。
9 教授Jが高校に提供した情報について，使用制限の指示が全くないので，このような情報提供は非倫理的である。情報が被験者に不利な形で利用されるという可能性が全く考慮されていない。
10 いったん研究結果が公表されれば，参加者に対する守秘義務が遵守・保護されている限り，データを他の専門家に対して公開することをためらってはならない。この事例のような研究の再検証を可能にするために，研究者は安全にデータを保管する義務がある。

これらのシナリオは架空のものであるが，実際の社会においてもこのような状況に類似する事例は多くあり，研究者に懸念を抱かせるであろう。研究者は倫理的な事柄について妥協するか，または研究努力の成果を犠牲にするかのどちらかを選択しなければならない。

2. インフォームド・コンセント

経営分野の研究においても，医学分野の厳格なガイドラインが適用され，その遵守が徹底されている。実験参加者の書面による同意と自発的な参加の規約が必要である。参加者を伴う研究は大学倫理委員会の承認が必要である。インタビュー・アンケート・フォーカスグループ（市場調査のために抽出された消費者グループ）・観察によるデータ収集を伴う研究などがその対象となるであろう。実際，実務家との非公式な専門的会話は倫理承認を必要とすることはほとんどないが，データ収集の手段として組織的に研究に利用されるならば，倫

理承認が必要となるであろう。たとえ参加者がいなくても，診療記録または公的には入手不可能な機密情報（例えば，記名情報）にアクセスすることにつながるアーカイバル研究は倫理承認を必要とする。研究を行うため，他の組織による同意が必要な場合には，従業員・顧客・所有権情報へアクセスするための（CEO または CEO に準ずる者からの）書面による組織的承認が必要である。例えば，必要に応じて研究目的で学生と接触する場合，参加による危険が全くないとしても，学部長と学校長，またはその一方からの書面による許可が必要となるであろう。インフォームド・コンセントと匿名性は，その過程において最優先される。

　これらの中には，極めて大きな問題をはらんでいるものもある。研究を実施するために現場へアクセスするための許可を得ることさえ，ますます難しくなっている。企業は研究の実施を許可する前に，「企業にとって有益か」を確信しておく必要がある場合が多い。研究者は企業にとっての利益を提示する必要があるが，同時に研究者は，参加者の潜在的な不利益にも気づいているであろう。筆者の経験による実例をいくつか提示する。

- ある企業が，大学院生を雇用し，研究の一環としてベンチマーク調査を依頼した。その院生は，競合他社の業務内容を調査するように依頼されたが，雇用企業との関係は秘密にしておくように言われた。この企業が，秘密裏に収集した情報を悪用した場合，明らかに「産業スパイ活動」といえる。
- 企業が従業員に対するインタビューの実施を「業務の一環」とみなして許可する。上司が許可を与えているので，部下はそれに従うであろう。適切な形で参加者のインフォームド・コンセントを得ようとしている研究者は，やる気のない（どころか，強制されていると感じている）被験者と，自身の権限に関する疑問を持たれることに慣れていない（それゆえに，さらなる協力を拒否するかもしれない）上司の怒りの両方の問題に直面するかもしれない。
- 企業は，新しい業務プロセスの実施に関する研究に進んで参加するが，その参加は大幅な人員削減計画の一部である。その結果，研究に関与した被験者の何人かは，間接的にではあるが研究への参加によって，将来職を失うかもしれない。
- Hammersley and Atkinson（1983）と Lapsley（2004）は，研究者が最初に与え

る印象が，研究の許可を得るためにいかに重要であるかを強調し，その印象が研究プロジェクトの成功にも影響を及ぼす可能性があると指摘している。この印象により，研究に関する幅広い権限が与えられたり，制限されたり，完全に拒絶されたりするかもしれない。これらの研究は，服装・性別・年齢・魅力・人種・話し方・専門的知識といった要素の「印象管理」が，研究プロジェクトの実施を容易にする可能性について言及している。好印象を演出することは，研究の成功の助けになるが，この際に考えなければならない倫理的配慮とは何か。これは，研究におけるマイノリティの利用や社会通念の変化といった問題と密接に関係する。Grey (1996) は，若い女性の監査人は監査法人の顧客企業から好まれないためにその就業機会は制限されてしまうと述べているが，研究の円滑な実施のために「受け入れられやすい」研究者を用いることの意味をよく考える必要があるのではないであろうか。

前章までのいくつかの章で，特定の研究方法の実施における倫理的な問題を述べてきた。例えば，100％誠実であろうとしたり，すべての真実を明らかにしようとしたりすると，多くの懸念が生じる。

- 特定の実験方法を用いる際には，研究成果の整合性を保つために，被験者に完全な真実を伝えることができない場合がある。Smith and Taffler (1996) は，ある意思決定を引き出すために，意思決定過程でほとんど問題はないが，真実でない内容が伝えられた事例を報告している。ここでは，被験者に異なる企業を評価していると伝えたにもかかわらず，分析対象の数値の多くは単一の企業のものであった。Trotman (1996) は，被験者には研究目的を明らかにする必要があると強調する。しかし，研究の内的妥当性への影響を最小限に抑えるために，被験者が研究上の仮説を推察できない範囲で研究目的を伝えなければならない。しかし，Gibbins (1992) が警告するように，研究者から真実でない情報を伝えられた被験者は，将来の実験参加に消極的になる。偽装に関して，厳格な倫理ガイドラインを「一言一句」遵守しようとすれば，実験的研究の検討すらできなくなってしまうであろう。
- フィールドスタディでは覆面研究が必要となる場合がある。他の参加者がその役割や目的を知らないで研究に関与している場合，研究の誠実性と信頼性が脅かされる。倫理ガイドラインを拡大解釈しない限り，意味のある調査結果を得られるかは疑問である。

- 倫理規定の要求と，その後の倫理委員会と学位候補者との関係が，伝統的な師弟関係を歪め，選択された研究方法の実施の障害になる可能性がある。

3. 倫理ガイドライン

　経営分野の研究の倫理問題は，研究に関わる関係者から，その後の出版に至るまで及ぶ。現在のオーストラリアの大学での倫理問題への取り組みと比較すれば，他国における多くの大学ではこの問題はほとんど取り上げられていない。倫理委員会が必要以上に干渉するような場合には，従来の指導教員に求められる包括的な役割との対立が生じるため，この問題への取り組みが遅れている。

　アメリカでは問題がないとされる慣行（例えば，共著に関係して，Coppage and Baxendale 2001参照）であっても，オーストラリアでは，学問上の不正行為であるとみなされる場合がある。論文の共著者になるということは，すべての著者が論文作成に十分な関与をしているということであり，次のすべてに十分な関与をしていなければならない。

- 構想と計画，またはデータの分析と解釈。
- 論文の草稿の執筆，または重要な内容に関わる加筆修正。
- 出版段階における最終的な同意。

　論文の指導や資金調達の支援をしただけで，自らの名前を学生の論文に共著者として載せることは明らかに許されない。

　研究計画書では，少なくとも次に挙げるような倫理的な問題を検討する。

- 参加組織から書面による明確な許可を得ること。
- 研究者を含む研究参加者が個人的・身体的・精神的に受ける可能性のある危害を排除すること。
- 研究動機を参加者に知らせること。
- 結果の評価を参加者に提供すること。
- 参加している個人から許可を得ること（アンケートの返送が参加への意思表示と考えられる，郵送によるアンケート調査は除く）。

- 管理された環境下での強制を避けること。
- 参加者に対して，機密性と匿名性を保証すること。
- 参加者に実験からいつ離脱してもよいという権利を与えること。
- 通常は7年間を目処に，研究データを安全に保管すること。

　常にすべての条件を完全に満たすことができなくとも，研究方法の整合性を保証することは可能である。Hartmann (2000) は，大学の検査機関からの倫理的承認を得るにあたり，非常に大きな障害となる3つの事柄について強調している。

- 研究の受け入れ機関の経営陣には研究結果が利用可能であるが，参加者には利用が制限されている場合に，研究結果がどのように利用されるかということに関する明確な見通し。
- 特にアクションリサーチプロジェクトにおける承認の問題。参加に際しては，一定水準の関与・誠実さ・十分なコミュニケーションが必要であるが，通常受け入れ組織と研究者の間にはそれらは存在しない。Hartmannによれば，「研究者による守秘義務は長期的には意味を持たないであろう。そのような研究はよく行われているが，現行のガイドラインに従えばそのような研究は行われるはずがないし，通常の承認手続は意味を持たない」(Hartmann 2000, p.6) のである。
- 国や組織文化の相違により，個人や組織の行動が束縛されたり複雑になったりすることにより，研究成果が無効になる可能性がある。文化の違いに対処するには，ある程度の柔軟性が必要である。例えば，インタビューの後に，個々のインタビュー参加者に書面による宣誓書を要求することは，東南アジアでは「面子を失わせる」行為であり，大きな問題を引き起こす。宣誓書に「署名をさせる」ことは侮辱であり，過大な要求と考えられることも多いため，ガイドラインの緩和が必要である。

　研究成果とその実務上の意義を学生や実務家に伝えることは，研究者の職務上の義務である。学生には，研究過程全体に関して批評的にコメントする機会や，代替的な方法について質問する機会を与えるべきである。例えば，教室で準実験を行う際に，データ収集そのものよりも，むしろその実験の制限事項を意図的に伝えることは，具体的に何が起こるかを明らかにするという意味にお

いて，非常に有意義であろう。同様に，過去の研究で用いられた調査手段を見直すことによって，特定の研究過程の曖昧さや不確実さを明らかにすることは有用であり，それによって研究成果の本当の意味が腑に落ちるだけでなく，より理解できるようになる。

誠実で透明性のある研究方法の報告は，会計分野の研究者にとっての倫理的義務である。研究者は，すべての行動の内容・選択した行動指針・手続きの実施方法を報告しなければならない。研究の全段階で明らかとなったすべての疑念を，その影響とその疑念を解決するためにとられた行動とともに，研究に対する制限事項として明示しなければならない。研究者が「真実を隠している」ように見える場合，論文からもそれは明らかとなり，その研究が表面的であることが暗示される。

Hartmann and Moers (1999) は，他の研究者によるデータ利用の可能性に関する倫理上の懸念についての発見事項を報告している。公表された論文に用いられたデータが著者から利用可能であると明示されていたにもかかわらず，再検証を行うためにそのデータを入手しようとしたができなかった。データの要求は，無視されるか，あるいは，「コンピュータが壊れてしまったのでデータがなくなってしまった」や「新しい大学に移るのでデータが失われてしまった」といったような言い訳に直面した。こういった対応は，研究データを少なくとも7年間は安全に保管しなければならないという倫理上の義務に反している。

さらに学習するための推奨文献

Gibbins, M. (1992) 'Deception : A Tricky Issue for Behavioral Research in Accounting and Auditing', *Auditing : A Journal of Theory and Practice*, Vol. 11, pp.113-26.

Grey, C. (1996) 'On Being a Professional in a "Big Six" Firm', *Accounting, Organizations and Society*, Vol. 23, No. 5/6, pp.569-87.

Lapsley, I. (2004) 'Making Sense of Interactions in an Investigation of Organisational Practices and Processes', in C. Humphrey and B. Lee (eds), *The Real Life Guide to Accounting Research*, Elsevier, London, pp.175-90.

第 7 章
実験的研究

本章の内容
- 問題の提示
- 理論とその背景
- 実験デザイン
- 妥当性のトレードオフ
- 準実験的研究

　Abdel-Khalik and Ajinkya（1979）の定義によれば，実験の本質は，研究者が無作為に抽出されグループに割り当てられた被験者を使って1つ以上の変数を操作することである。これらのグループは，異なる組み合わせの変数（処置と呼ばれる）を受ける。そのような処置を受けない統制群も存在する。実験の大きな利点は，研究者が高い内的妥当性を確保することができることにある。高い内的妥当性とは，結果に対する競合的な説明をいかにうまく取り除くことができるかということである。実験は，変数間の因果関係を調査する研究に特に適している。

　Gibbins and Salterio（1996, p.24）は，会計における優れた実験的研究に関する4つのガイドラインを提案している。

1. 問題，その問題の重要性，その問題の解明がもたらす知識の貢献を明らかにする。
2. 研究過程の基盤となる理論，特に行動理論とその理論に対する影響を明らかにする。
3. 適切な実験デザインを明らかにする。不適当または不十分なデザインは致命的な欠陥をもたらす可能性がある。

4 外的妥当性の重要性を認識する。より現実的な実験環境が必要ならば,結果として生じる行動に関する包括的な理論的説明が必要である。

これらのガイドラインは会計分野の実験的研究に優れた枠組みを提供するので,本章ではこの枠組みに基づき検討する。

1. 問題の提示

重要な変数は次のとおりである。

Y = 従属変数または観測値
X_1 = 独立変数（または処置）

X_1は,数値が操作される(実験),または,アーカイバルデータから測定される(計量経済学)かのどちらかである。実験室実験は,通常,他の研究方法(特にフィールドスタディまたはアーカイバル研究)より高い内的妥当性を有している。実験環境のコントロール水準が低くなるほど,因果関係の検証の信頼性が低下し,内的妥当性への様々な脅威が増す。そうなると単に（相関係数を通じた）関連性の存在しかわからず,関係の方向性がわからなくなる。

2. 理論とその背景

1970年代中頃に監査の実験的研究が急増し,経験豊富な被験者や実務家の実験への参加が,研究に必要な外的妥当性を確保するために不可欠と考えられた。その結果,多くの学術誌で,実験的研究では実務家の参加が望ましいとされた。これは実験的研究の実施の重大な制約となった。特に最近の10年間においては,実験的研究のために,ビッグ4（大手監査法人）に勤務する実務家を確保することが非常に困難になっている。ビッグ4に勤務する実務家の実験への参加は,レベルの高い学術誌に監査研究を掲載するためには,今なお不可欠であるとされている。しかし,監査分野以外の実験的研究では,従来なら被験者の要件を満たさなかった（学生などの）被験者が実験参加に必要な技能を持っていると

され，実験への参加が正当化されている。(1) Ashton and Kramer (1980) は，経営学と心理学の研究レビューを行い，学生と「現実社会」の意思決定者の情報処理行動は異ならないことを明らかにしている。(2) Abdolmohammadi and Wright (1987) は，意思決定課題が高度に構造化されたことによって，学生の能力は現実社会の意思決定者の能力と著しく異ならないと主張する。(3)財務情報を用いる実験において，就業経験の有無による差異はないと報告されている (MacKay and Villarreal 1987, Stock and Watson 1984)。Brownell (1995, p. 83) は，実験室実験で学生を利用することの欠点は誇張されすぎていると指摘している。その状況をアンケート調査における無回答の例になぞらえ，被験者として学生を排除する前に，実務家と学生との間の系統的な差異の存在とその差異の重要性を明らかにする必要があると述べている。これまで被験者としての学生の欠点が誇張されてきたために，管理会計分野では学生を用いた実験的研究はほとんど行われなかった。このことは Liyanarachchi (2007) によって指摘され，外的妥当性を確保するためには，被験者が誰であるかよりも，実験の現実性の方が重要であることが主張されている。

（1） 現実の判断環境における理論の役割

　因果関係の検証における実験環境の長所を活かすためには，十分に展開された理論的枠組みが不可欠である。理論的枠組みが確立されると，研究者はどの変数を操作・測定・統制すべきかを決定できる。

　会計分野の初期の実験的研究は，その理論的なアプローチに問題があり，強く批判されたが，最近では，Kahnemann and Tversky (1972) の研究に続いて，ヒューリスティックとバイアスの調査（例えば，Ashton 1983, Smith 1993) や，より最近では知識・記憶・学習の理論（例えば，Libby and Frederick 1990) を利用した心理学分野の理論の意思決定研究への応用が見られる。経済学分野の理論（特にエージェンシー理論）もまた，管理会計における実験環境を説明するために用いられてきた（例えば，Demski and Feltham 1976)。

（2） 特定の作業の文脈における判断

　文脈の問題は，実験作業における判断の外的妥当性への大きな脅威となる。

観測された調査結果が,操作変数に起因しているのか,または,作業の複雑さ・場所・時間的制約・インセンティブなどの他の変数に起因しているのかを確信できない場合がある。十分に設計された実験では,これらのすべての問題に取り組むべきである。しかし,いかなる実験においても100％の確実性を持って,すべての潜在的な剰余変数をうまく統制することはほとんど不可能である。特定の研究方向の根拠を得るために,オリジナルの論文を調べることなく,類似の調査結果が書かれた論文を収集する際には,細心の注意が必要である。首尾一貫性のない,矛盾した調査結果は,論点となる主たる変数よりもむしろ異なる研究の文脈に起因しているかもしれない。

（3） 参加者に対するインセンティブの役割

インセンティブの問題は特に重要であり,多くの関連する問題を引き起こしてきた。課題遂行を参加者に動機付けるインセンティブの存在は,役に立つこともあるが,別の問題を発生させるかもしれない。Libby and Lipe (1992) は,インセンティブによる概念的なノイズが生じ,測定されない要素によって影響される興味深い事例を紹介している。学生参加者にとって,適度の金銭的なインセンティブは,出席・参加・注意を促すのに必要かもしれないが,最終的な結果への影響は未知数である。インセンティブの影響を検証するにあたり,インセンティブ理論と,異なる性質を持つ個人へのインセンティブの影響を測定する必要があるかもしれない。Libby and Luft(1993)は,インセンティブによって引き起こされた追加的な努力が,参加者特有の能力や知識に関連するかもしれないことを指摘している。参加するためのインセンティブは認められるであろうが,成果に基づき異なる報酬を提供するインセンティブは不公平であるため認められないという倫理的な観点からの新たな制約条件が課せられるかもしれない。このような問題により,インセンティブの利用は避けられることが多い。参加者が専門家である場合には,インセンティブは不要であると考えられがちであるが,Bonner and Sprinkle (2002) はインセンティブの支払いに関する理論的枠組みを確立し,この分野においても研究が行われている。Libby et al. (2002)は,研究を成功させるためのガイドラインを含む,財務会計における実験的研究の幅広い先行研究レビューを行っている。

（4） 研究参加者としての専門家の利用

前述のように，学術誌や実験計画によっては，専門家の参加が不可欠なこともある。トップジャーナルに限らず，学生被験者，特に学部生の被験者のみが参加している実験的研究を掲載することは難しくなっている。

学生被験者は予備的研究では容認されるかもしれないが，主たる研究においては実務家・専門家の被験者が必要とされるであろう。

（5） 適切な研究環境を作るための偽装の使用

単に被験者が実験室にいるという状況でさえ，実験室外ではなかった影響があるかもしれない。これは，被験者が実験者を喜ばせようとする態度をとるなどの様々な理由によって生じる可能性がある。Weber and Cook (1972) と Schepanski et al. (1992) は，被験者が実験者に協力するために望まれる行動をとる場合がある（実験者効果）と指摘している。

このような状況で有効な結果を得るためには，実験の目的を被験者に対して偽装する必要があり，その場合，被験者は研究の予測される結果に気づかない。Smith and Taffler (1996) では，被験者に異なる60社について意思決定をしていると知らせたが，実際は，20社のそれぞれに異なる3つの処置を行い，そのそれぞれに関して独立した意思決定を得ようとするものであった。実験が終了してやっと偽装が明らかにされた。しかし，このような偽装により，参加者に不信感が生じ，実験に懐疑的になり，将来の参加が期待できなくなる可能性がある。また，倫理的な問題も存在する。実験への参加が望ましくない方法で達成された場合，研究者に対する信頼や誠実さが犠牲となる。

3. 実験デザイン

Trotman (1996) は，Campbell and Stanley (1963) や Libby (1981) を踏まえいくつかの実験デザインを提示している。

（1） 事後テストのみの統制群デザイン

被験者には，異なるレベルの独立（説明）変数が無作為に割り当てられ，処

置される。2つのレベルの独立変数 X_1 と X_2（一方が無処置群であるかもしれない）がある場合，それぞれに対応する結果，OO_1 と OO_2 が観測される。これらの結果は，被験者のそれぞれが処置を受けた後に評価される。結果，OO_1 と OO_2 を比較することによって，異なる処置の影響が明らかになる。この基本的な実験デザインは，多くのレベルの処置に拡張することができる。Joyce and Biddle (1981) は，この実験デザインの例を紹介している。

（2） 事前・事後テスト統制群デザイン

連続する処置への被験者の反応を評価するために，個人差を統制することができる事前・事後実験デザインが用いられる。処置 X_1 はある被験者に適用され，OO_1 という結果が観察される。さらに処置 X_2（それは追加的な情報の提供などの単純なものでもよい）が加えられることで OO_2 という新たな結果が観察され，2つの観察結果の比較が容易になる。

個人差が統制できるという利点はあるが，同一人物を被験者として繰り返し実験を行うことによって問題が生じる。これは「順序」効果や「学習」効果である。Heiman (1990) は，これを考慮した実験デザインの例を紹介している。

（3） 被験者間要因デザイン

このデザインにおいては，2つ以上の処置（説明変数）のレベルを同時に変動させる。それにより，それぞれの処置が従属変数に与える独立した影響と説明変数間の潜在的な交互作用効果（つまり，処置 X_2 がある一定レベルでないと処置 X_1 は効果がないなどの条件付関係）が観察できる。

最も単純な2要因デザインでは，2処置・2水準を組み合わせた4つの組み合わせがある。被験者はこれらの4つの組み合わせのそれぞれに無作為に割り当てられ，1つの処置のみを受ける。Trotman (1996, p.19) は，このような要因デザインを用いることの多くの利点を明らかにしている。

1　交互作用効果を評価することができる。観察結果に競合する代替的な説明が存在する場合に特に重要である。Brown and Solomon (1993) は，心理学分野における3つの競合する理論的な説明を検証するための要因デザインの例を紹介し

ている。
2 潜在的交絡変数（例えば，性別・職業経験）を一定に保つことによって，特定の組み合わせにおけるその影響を評価することができる。
3 被験者の様々な特性にもかかわらず同様の効果を実験結果で示すことによって，外的妥当性を潜在的に高めることができる。
4 このデザインは，単純な事後テストのみのデザインよりも被験者を有効に活用している。同じテストを行う場合でも被験者が少なくて済み，実験に協力してくれる実務家の数が限られている場合に特に有用である。

（4） 被験者内要因デザイン

より単純なデザインとして「事前事後」要因デザインを用いることができる。「被験者間」分析では，被験者は1つの処置のみ受けるが，「被験者内」分析では，被験者は複数の処置を受ける。これは，「反復測度」分析と呼ばれる分析の1つである。このようなデザインには，次のような利点がある。

1 少ない被験者で行うことができる。
2 複数の処置を行う間に，被験者の特性が大きく変化しないと仮定すれば（例えば，成熟効果の影響による内的妥当性の問題がある場合），同じ被験者を用いることにより，被験者間の特性の相違が統制できるため，実験結果の説明力がより高くなる可能性がある。
3 特に情報の利用方法の差異や，学習・トレーニング環境における異なる処置の影響を検証するのに役立つ。

しかし，この実験デザインには潜在的に重大な欠点が存在し，Brownell（1995, p.11）と Trotman（1996, p.30）はそれらを明らかにしている。

1 実験の詳細を被験者が（例えば，検証される仮説またはサンプル中の倒産企業数などを）探り当てることができることによって，（現実社会において）期待される行動とは異なる行動をとる可能性がある（需要効果）。
2 被験者内分析においては，個人の特性を処置ごとに変更できないため，被験者変数を説明変数として使用できない。

3 実践効果により，実験が進むにつれて被験者の行動が変化してしまう。技能の習得と知識の蓄積によって良い結果を出したり，疲労や熱意の低下によって悪い結果となったりする。
4 繰越効果により，1回目の処置の経験が2回目の処置に大きな影響を与える（例えば，連続する破綻予測においては，破綻企業の数は常に決まっているという思い込み）。これは，作業の順番を並び替えるにあたって適切な対策がとられない限り，被験者が独立した意思決定をしているとみなせないかもしれない。適切に並び替えることができたとしてもまだ問題があるが，Schepanski et al. (1992)は，「場繋ぎ」の作業を追加的に入れることにより解決できるかもしれないと述べている。しかし，この解決法は，別の問題を引き起こす。被験者内分析においては，実験での連続する処置の間隔が空くことにより，成熟効果が生じ，内的妥当性に対する脅威が高まる。
5 統計的影響として，被験者内分散分析 (ANOVA) の前提条件となる分散の一様性が保たれていないため，F検定値にバイアスが生じる。その影響は大きくないこともあるが，代替手段による確認作業を行う必要がある。
6 刺激となる手がかりに惹きつけられる効果 (cue salience effect) により，被験者内実験において焦点となる変数が，被験者間実験と比べて少なくなる。Schepanski et al. (1992) は，これが外的妥当性に対する脅威をもたらす可能性を指摘する。ほとんどの実験において一番の制約条件となるのは，被験者が実験に参加できる時間であり，個々の被験者が実験に要する時間は大きく異なる。被験者の実験参加時間は限られるため，分析できる変数の数には制約が生じる。

ほとんどの場合，内的妥当性の脅威となる潜在的に影響力のある変数が存在するために，何らかの形で統制を行わなければならない。多くの統制方法が存在する。

1 統制 (control) 群により，剰余変数を一定の状態に保つ。サーベイ研究者は環境を統制できないが，実験的研究では研究者によって環境を統制することができる。適切な統制群が得られない場合は，調査対象の関係とは直接関係のない他の変数を統制しようと試みる。

2 無作為化により，すべての独立変数の分布が等しくなる。被験者には，無作為に

特定の処置を与える。無作為割当てによって、それぞれの処置群はほぼ均等に特定の要因によって影響を受けると仮定できる。サンプル数が大きいほど無作為化の効果は大きい。サンプル数が少なく、各組み合わせに入るサンプル数が非常に少ない場合、無作為化が被験者間の個人差の影響を効果的に緩和できるかには疑問が残る。

3　（他の条件を）一定にすることにより、変数が独立変数のすべての値に同じ意味を持つ。

4　マッチングを行うことにより、それぞれの独立変数の値の分布が共通となる。監査の実験では、参加者の経験に基づきマッチングを行うことができる。財務会計では、企業規模に基づきマッチングを行うことができる。しかし、マッチングによって、「マッチングに使用した」特性の研究がほぼ不可能になる。これが問題となる場合は、マッチングに使用した変数を説明変数とすることで解決することができる。しかし、マッチングに使用した変数を実験グループに無作為に割り当てることができないために、完全な解決法とはならない。したがって、マッチングに使用した変数に説明能力があることが判明した場合には、特定できない（マッチングに使用した変数によって代理される）変数がその関係に影響を及ぼしているという代替仮説を排除することができない。

5　カウンターバランス　あらゆる処置の組み合わせを用いることによって、順序効果の影響を克服することが可能であるが、そのためには多くの種類の実験を行う必要がある。Trotman and Wright（1996）は、監査分野で、半分の被験者には先に内部統制の調査をさせてから継続企業の問題を調査させ、残り半分の被験者には先に継続企業の問題を調査させてから内部統制の調査をさせた。同様に、Smith and Taffler（1995）は、財務会計分野で、3種類の情報処理フォーマット（口述 [N]、比率 [R]、グラフ [G]）の並び方の組み合わせ（NRG, NGR, RNG, RGN, GNR, GRN の6種類）を用いた実験を行った。しかし、並び替えを適切にしても、順序効果のすべての問題が解決するわけではない。Smith and Taffler（1996）は、同じ難易度の作業の場合、どのような順番であったとしても、「最後」の作業内容が最も早く終えられると指摘している。

6　変数の無視　意図的に（変数の影響が重要でないと考えられる場合）、または意図的でなく（その影響が考慮すらされない場合）のいずれか。

上に示した方法には潜在的な欠点がある。アーカイバル研究において，多くの変数を一定の状態に保ったり，それらをマッチングしたりすることはほぼ不可能に近い。マッチングにより解決される問題と同じくらいの別の問題が引き起こされる。例として，会計分野（例えば，Smith and Taffler 1992）では，業種・企業規模・決算日に基づく企業のマッチングを行うのが一般的である。これにより，サンプル数が制限され，マッチングに用いた変数（特に規模）が有する影響を考察外としてしまっている。先行研究により影響がないことが明らかな変数は無視してもよいであろうが，他の多くの変数が，その潜在的な影響が解明されていないにもかかわらず，無視されているかもしれない。年齢・性別・経験以外の被験者の個人差に関係する変数が無視されることが多い（例えば，Schulz 1999）。それ以外の多くの要素（例えば，認知スタイル，多義性の容認）も，会計上の行動に影響を及ぼすという証拠が蓄積されているにもかかわらず無視されることが多い。測定が困難な変数の場合は代理変数として，例えば，政治的影響を代替するために規模を使用する。潜在的な変数をうまく含めることができなかった場合には，データ収集の段階で選択バイアスが生じるかもしれない。

　操作チェックをすることで，被験者が実験用具や自分達に求められていることを理解しているかを確かめることができ，実験の進行上（特に可能であれば試行段階において）異なる処置が期待される効果を生み出しているかを確かめることもできる。

4. 妥当性のトレードオフ

　実験の実施において，3つの異なる妥当性の問題に直面する。それは構成概念妥当性・内的妥当性・外的妥当性の3つである。

（1） 構成概念妥当性への脅威

　構成概念妥当性は，抽象的な構成概念をどの程度うまく操作できるかを説明する。この定義は，構成概念がどの程度信頼性を持って測定されるか，どの程度抽象概念の本質を効果的に捉える測定方法を提供するかの両方を含む。抽象

的な構成概念の開発を通して理論を解釈することを試みる。そして，その構成概念を測定可能な変数によって操作可能にすることを試みる。可能でない場合，最適ではないが測定可能な代理変数を用いなければならない。不適切な代理変数を用いることにより，仮説検定に問題が起きる可能性がある。

Nunnally（1978）は，構成概念妥当性の3つの側面を説明している。

1 観測可能であり，構成概念妥当性と関連している変数を特定する。これにより，次の段階でどの項目を測定するか，そして評価するかが研究者に明らかになる。
2 これらの測定可能な変数が1つまたはそれ以上の構成概念のどの程度信頼できる尺度であるか，そして，測定された項目間の相互関係の度合いを判断する。
3 構成概念の測定方法が予測する結果を生み出す度合いを判断する。

実験室における研究のデザインでは，実験上の処置に関心が集中し，測定される変数の構成概念妥当性の問題にはほとんど注意が払われない。ある程度注意を払っている場合でも，Nunnally の指摘の2番目までであることが多い。

誤りから生じる結果は時として深刻である。例えば，Brownell(1995, p.112)が明らかにしたように，初期の論文（Brownell 1982）では，予算関与の度合いを測定するために，広く用いられていた Milani（1975）の方法を用いた。しかし，Brownell は「関与」が「影響」と「関係」の組み合わせであると捉え，Milani の実験手段が影響と関係の両側面を適切に測定しているかを疑問視した。その実験手段は構成概念を信頼できる方法で測定できておらず，それを解決するためには全く新しい実験手段を開発しなければならなかった。Brownell は，構成概念妥当性を信頼性よりも重視した。

（2） 内的妥当性への脅威

Cook and Campbell（1979）は，内的妥当性に関わる9つの懸案事項を明らかにした。

1 成熟 時の経過に伴って生じるあらゆる影響に関連する懸念である。これは，連続する実験の間に起こった変化，または1回のみの実験やインタビューでも起こる変化に関するものである。時の経過による懸念は，企業特性の長期間にわたる調査

でも生じる。時の経過に伴う成長やリストラクチャリングにより，もはや同じ企業を比較しているとはいえなくなる。そのため，研究者は被験者の習熟・疲労・退屈などの潜在的影響に留意しなければならない。

2　歴史　1の成熟と似ているが，被験者の変化というよりも，研究に影響を及ぼすかもしれない環境の変化に関係している。環境の変化は，長期的な研究や，長期間にわたるデータ収集（例えば，インタビューや実験）を伴う研究に影響を及ぼす。

3　検定　以前の検定の結果が現在行われる検定の結果に影響を及ぼすかもしれない。したがって，同じ手段を繰り返すことの影響は，時が経つに連れ，増幅する可能性がある。

4　被験者の退出　長期間にわたる実験やインタビューの間に，被験者が途中でいなくなったり，死亡したりすることがある。これによりデータが失われるが，さらに深刻なのは系統的な要因により被験者が退出してしまうことである。やる気を失った被験者が実験から去ることによって，偏った被験者しか残らないという事態が起こりうる。Brownell（1995, p.11）は，実験にあたって，被験者の募集に失敗したり，被験者が途中で参加をやめたりすることは，実験上の処置と関連する可能性があると指摘している。これは特にある処置が他と比べて望ましくないと思われる場合に起こる可能性がある。

他の研究方法を用いている研究者からも同様の影響が指摘されている。例えば，Casey（1980）は，アンケート調査で多くの情報の提供を求めると回答率が低くなることを報告している。同様に，企業事例を用いたアーカイバル研究において，破綻・合併・買収企業をサンプルから除くことは，時系列研究のサンプルを減らすので問題である。

5　実験上の生存バイアス　時の経過は，研究対象となる企業に多くの影響を及ぼす可能性がある。例えば，企業は成長したり，合併したり，または公開企業から非公開企業へ形態を変えるかもしれない。経営が破綻した企業の情報は入手できず分析対象から除外されるため，生存バイアスが発生する可能性がある。

6　実験用具　故意に処置方法を変えて実験を行う場合を除いて，実験で使用する用具・指示方法・手続きは，研究期間を通して同じものを使用しなければならない。実験に使用する用具が，異なる条件において，同じものに対して異なる測定値を示すならば，その実験用具や実験方法の問題によって内的妥当性が脅かされる可能性

がある。

　矛盾を引き起こす突発的な事象または不十分な計画により，内的妥当性は脅かされる。実験の妨げを防ぐために研究者が「台本」を作成することを余儀なくされ，さらに，研究者バイアスを最小にするために，すべての実験や集団インタビューを同じ研究者が行うことを余儀なくされる。複数の変数の影響を同時に検証する場合には，様々な種類の検証方法を用意しなければならない。落丁や質問内容の誤りによって，実験のすべてが無効になる可能性があるため，試験問題の作成と同じくらい注意を払わなければならない。このような誤りは，学生を対象とした試行段階で解消しなければならない。準備不足により，実務家が参加した貴重な実験データを無駄にするような失敗は許されない。例えば，Smith and Taffler (1996) が行った実験の試行段階で，1つの処置が「平均」データのみ含んでいたのに対し，もう1つが「平均」と「標準偏差」データを含んでいたことが判明した。グループ間の成績の相違が，実験の本来の目的である処置の相違に起因するというよりは，データの相違に起因するものであったかもしれないので，（実際には，被験者が標準偏差データを無視する傾向があるとしても）実験結果は無駄になった。誤りを訂正して，結果の整合性を確認するために，再度実験が行われた。

7　選択　被験者は無作為に（比較目的のためのグループに）割り当てられるべきであるが，これは実際には困難であり，被験者の多様性をすべて統制するには不十分かもしれない。被験者を無作為に割り当てる前に，例えば経験と性別さえ十分に統制すればよいと仮定することは，それ以外の個人差が大きい場合には非現実的かもしれない。特にフィールドリサーチでは，無作為化を行うことはほぼ不可能である。さらには無作為化が好ましくないこともある。Cheng et al. (2003) は，被験者を選定する際に，個人の認知スタイルに与える影響を調査するために，認知スタイルによって被験者を選択した。研究者が関心を持つ変数が，選択バイアスにより他の被験者に一般化することができないという問題が生じる可能性がある。例えば，被験者が会計に興味があって自主的に実験に参加したならば，会計に関心のない「現実社会の」意思決定者よりも大きな反応を示すかもしれない。（会計分野の実験の事例では一般的であるが，）自主的に実験に参加した被験者の反応を，それ以外の被験者へ一般化することは難しいかもしれない。

8　統計的回帰　連続する実験結果は，平均に回帰する統計的傾向を有する。連続す

る実験結果の解釈において，この傾向には十分に注意しなければならない。被験者がある実験において非常に高いまたは低い点数を出す場合，次の実験において同じような結果を出す可能性は低い。被験者の点数は平均点に近いものとなるであろう。

9　処置の模倣　被験者が互いに意思疎通できる場合，独立した回答を得られない可能性がある。この問題は，被験者に単独で作業するように命じることや，質問の順番を入れ替えることでお互いの結果を比較しにくくすることや，他の被験者の邪魔になるような行動をとる可能性のある被験者の注意を引くような「場繋ぎ」を提供することで，解決できる可能性がある。

10　やる気の影響　被験者への異なる扱いが，被験者の意欲に，そして最終的には実験の結果にも影響を及ぼす可能性がある。例えば，ある実験に参加して手応えを感じた被験者は，それ以降に参加する実験においてさらに意欲的に取り組むかもしれない。

（3）　外的妥当性への脅威

Christensen（1994）は，外的妥当性に関わる3つの懸案事項を明らかにした。

1　母集団の妥当性　研究の発見事項は，異なる人々・企業・国・文化に一般化可能であるべきである。しかし，多くの研究におけるサンプルは母集団を代表しておらず(例えば，フィールドリサーチにおいては，主にアクセス上の制約がある)，研究の発見事項を拡張することには問題が生じる。特に実験で使用される極端な事例の割合が，現実社会におけるその割合と異なっているならば，Trotman（1996）が指摘するように，外的妥当性への大きな脅威となる。実験環境においては必然的に破綻企業の割合は現実社会における破綻企業の割合と比較してはるかに大きいため，破綻予測研究（例えば，So and Smith 2002, 2004）は特にそのような批判を受けやすい。

2　生態学的妥当性　研究の発見事項は，異なる状況や環境において一般化できる可能性がある。そのためには，現実を反映した実験と実験内容への高い関心が求められる。実験デザインにはデータの削減が伴うため，実験的研究では必然的にデータによる制約を受ける。分析上の要請からも，分散分析（ANOVA）などの分析におい

て，観察される変動を目立たせ，順序変数（例えば，はい・いいえ，高い・低い，体系化された・体系化されていない）を用いた簡素な処置方法を使用するために，データの分類が必要となる。

3 時間的妥当性　研究の発見事項は，時を越えて一般化できる可能性がある。

Brownell（1995, p.13）は，さらに 3 つの外的妥当性に対する脅威を明らかにしている。

1 処置・選択の交互作用　組織の管理職は，通常，研究の参加者を部下の中から選ぶ。その部下は，通常「優れた」成績を残し，時間に余裕がある。

2 処置・状況の交互作用　（ほとんど実行不可能である）反復実験をしないで，ある組織の特定グループに属する個人を対象とした実験で明らかになった事項は，所属する組織・地域・地位が異なる人々に対して一般化できない。

3 処置・処置の交互作用　被験者内実験デザインにおいては，事前の処置がそれ以降の処置に影響を及ぼすことが明らかな場合，条件付きの関係が存在する可能性があるので，研究モデルの再設計が必要となる場合がある。

実験は，既存の理論の確認または反証を目的として，内的妥当性を満たすように設計される。そのような理論は，いくらかの外的妥当性を提供するために一般化されるかもしれない。しかし，実験の条件が極端すぎ，現実との類似点がほとんどない場合，一般化は非常に困難となる。同じデザインを用いた研究の複製は，研究結果の検証には役立つが，会計分野の学術誌は複製研究を掲載することに非常に厳しいため，そのような研究はほとんど行われない。

研究で用いるサンプルによって，特有の結論を生み出してしまう可能性がある。これは，母集団を代表しないサンプルを選択したか，いくつもの内的妥当性に関する問題が同時に起こった結果である可能性がある。

5. 準実験的研究

主にアクセスの困難・倫理上の問題・労働組合によって課される制約のため，現場で行われる実験が学術誌に掲載されることは非常に稀である。1924年にあ

る実験が始まったときは，このような制約は厳しいものではなかった。この実験は，意図しない形ではあるが，現場で行われた実験の最も有名な例の1つになった。ホーソン実験（Mayo 1933, Roethlisberger and Dickson 1939）は，予測される反応の範囲が実験計画で十分に考慮されない場合，実験が意図したことを達成しないことを示す古典的な例として未だに用いられている。実験は，シカゴにあるウェスタン・エレクトリック社のホーソン工場において1927～32年に行われ，従属変数として生産性，説明変数として様々な物理的労働条件を用いて，その因果関係を検証した。労働条件として，照明・温度・湿度・休憩時間の頻度の4つの組み合せが用いられた。実験期間前の生産水準が，実験グループと統制グループを比較するのに用いられ，4つの従属変数の影響を観察するために様々な処置が適用された。しかし，実験グループの生産性はすべての処置（生産性を引き下げることを目的とした処置も含まれていた）の場合に増加し，一切の処置が適用されていない統制グループの生産性も増加した。追加的に労働時間の延長や休憩時間の短縮などの操作も行われたが，生産性の向上を止めることができなかった。統制されていない従業員行動（特に態度・評価・ノルマ）と関連する媒介変数は，実験が進行するにつれ予測と正反対の結果を生み出した。

ここで生じた多くの重要な問題は，実験的研究への示唆に富んだものである。

- この研究における「マッチング」は，同質のグループを比較していない疑念がある。被験者の無作為な割り当てが望ましい。特に統計分析を行う場合は被験者の無作為割当は重要である。
- 同一の実験条件において，実験グループと統制グループを隔離することができない場合，内的妥当性が脅威にさらされる。
- 最初の実験参加者は女性工員6人のみであり（全体で40,000人以上がホーソン工場で雇用されていた），母集団を代表していなかった疑念がある。
- 潜在的に非協力的な被験者は実験に参加しなかったので，偏りのある代表的でないグループであった可能性がある。
- 実験からの退出率は，長期の研究では深刻である。欠勤や解雇によって，データ収集の連続性が確保できなくなる。

• 従業員の作業姿勢や同僚への態度に関連する多くの媒介変数（例えば，雇用保障の影響）が見落とされていた。

　実験結果は，Weber and Cook（1972）が指摘する行動によって，部分的には説明されるかもしれない。従業員は，自身の作業に他人が積極的な関心を寄せていることに喜びを感じ，研究者が求めているもの，すなわち生産性の向上を達成しようと努力した。後に「ホーソン効果」と呼ばれる，研究者にとって「驚くべき」実験結果は，実験に参加した従業員達が，今までにない状況下で，自分は「特別」であると思うことによってもたらされた行動と解釈されるようになった。この実験結果は，実際に実験が行われた特有の状況によってもたらされた。調査の対象となる因果関係が媒介変数によって曖昧になり，実験の内的妥当性が脅かされた。Myers（1924, p.28）が類似したほとんど同一の結果をそれより前に報告していたので，研究者がこれらの結果に「驚く」はずはなかったと主張することもできるであろう。会計分野においても，Smith and Taffler（1995）が，実験の実施時に見られる，予測されなかった被験者の行動を報告している。情報過多の状況において，すべての被験者が意思決定の負担を減らすために，経験則（heuristics）を用いた。被験者は意思決定結果を別々に再評価することが期待され，仮説検定においても被験者のそのような行動が期待されたが，被験者の誰もそのように行動しなかった。この結果を予測し，実験を再設計していれば，このような事態は起きなかったはずであり，その意味において，この実験結果の分析と結論の内容は限定的である。さらに当初の計画にはなかったが，予測されていなかった被験者の時間節約のために用いた経験則の分析を追加的に行う必要がある。Svenson（1979）は，心理学分野の論文において，情報過多の状況におけるこの種の行動を予測していた。

　「ホーソン効果」が妥当性に及ぼす脅威は，次の3つに要約される。

• 指標性　長期間にわたる実験での個人の日々の行動変化。
• 実験者効果　日によってグループ間で研究者が異なる行動をとるために引き起こされるバイアスであり，意図しない情報の提供により，異なる結果が生じる。
• 被験者の媒介　求められている作業を各被験者が異なった方法で解釈することによって生じる個人差。

これらの3つの影響が会計研究に示唆することは，次のとおりである。

- 被験者は異なる状況や時期が異なる同じ状況においてでさえも，同様に行動しないであろうと考えられることによる外的妥当性への脅威。
- 台本が与えられず，実験に際して同じ方法を採らない場合において，異なる研究者が実験の監督をすることによる内的妥当性への脅威（Rosenthal 1966参照）。
- 被験者の個性・能力・研究目的への意欲に関する仮定，実験作業と方法に関する被験者の理解についての仮定から生じる内的妥当性への脅威。

　実験環境において高い外的妥当性を求めるならば，ホーソン研究において観測された様々な実験結果は重要な教訓を与えてくれる。実験室外で行われる準実験デザインは，現実社会からの乖離を少なくすることを目的としている。剰余変数と被験者グループを統制できないため，内的妥当性が脅かされ，内的妥当性に関するトレードオフが避けられない。準実験デザインでは，被験者を無作為に処置グループに割り当てることはほぼ不可能である。無作為化ができないため，判断の評価基礎を確立するために，正しい理論と処置を行う前の事前テストが必要となってくる。処置を行わない統制グループを利用することも有用であるが，統制グループを得ることは難しいかもしれない。

　すでに述べた実験に関する問題に加えて，現場においては，アクセスできる組織との共同作業が必要であることによる新たな問題が発生する。現場の担当者は研究に関心を持たないことが多いが，自らの組織にとって有益な調査結果には関心を持っている。彼らは研究を問題解決行動かコンサルティングとみなし，研究の細部に関心を持たないであろう。（無作為な割り当てではなく，）処置グループへの従業員の割り当て方法に口を出すかもしれない。また，処置を受けていないグループには改善の機会が与えられないので，資源の無駄遣いとみなすかもしれない（これにより，統制グループを作ることもできなくなる）。

　このような難しさによって，調査対象者に気づかれずに実験上の操作が可能な覆面調査を採用することを希望する研究者もいるかもしれない。倫理上の問題は別として，調査が秘密裏に行われた場合，小さな操作しかできず，そのような操作では何の影響ももたらさないため，意味のある実験結果を得ることは難しい。信頼関係が失われてしまえば，アクセスが拒否されたり従業員の協力

が得られなくなったりするかもしれない。

このような困難に取り組んだ準実験的研究の結果を報告している論文は貴重である。そのような研究が与える印象は，研究が研究者の手を離れてしまっているということである。興味深い発見事項があるかもしれないが，研究者は，研究方法や研究全体の統制の度合いを正当化するのに困難を感じている。

実験的研究においては，研究デザインの段階における詳細な計画が重要である。しかし，困難をもたらす可能性のある前述したすべての問題に対処することは非常に難しく，実験デザインに誤りがあった場合は，それを修正するために追加的な実験が必要となるであろう。特に，被験者への接触が非常に制限されている場合は事前の計画は困難であり，分析に長期間を要するであろう。

さらに学習するための推奨文献

Kahnemann, D. and Tversky, A. (1972) 'Subjective Probability : A Judgment of Representativeness', *Cognitive Psychology*, Vol. 3, pp.430-54.

Liyanarachchi, G.A. (2007) 'Feasibility of Using Student Subjects in Accounting Experiments : A Review', *Pacific Accounting Review*, Vol. 19, No. 1, pp.47-67.

Schepanski, A., Tubbs, R.M. and Grimlund, R.A. (1992) 'Within-subjects and Between-subjects Designs in Behavioral Accounting Research : An Examination of Some Issues of Concern', *Journal of Accounting Literature*, Vol. 11, pp.121-50.

Schulz, A.K.-D. (1999) 'Experimental Research Method in a Management Accounting Context', *Accounting and Finance*, Vol. 39, No. 1, pp.29-52.

Smith, M. and Taffler, R.J. (1995) 'The Incremental Effect of Narrative Accounting Information in Corporate Annual Reports', *Journal of Business Finance and Accounting*, Vol. 22, No. 8, pp.1195-210.

So, S. and Smith, M. (2002) 'Colour Graphics and Task Complexity in Multivariate Decision Making', *Accounting, Auditing and Accountability Journal*, Vol. 15, No. 4, pp.565-93.

Trotman, K.T. (1996) *Research Methods for Judgment and Decision-making Studies in Auditing*, Coopers and Lybrand, Melbourne.

第8章
サーベイ研究

―●本章の内容●―
- 郵送調査
- デザインと計画の問題
- パイロットテスト
- データ収集
- 測定誤差
- インタビュー方法

　サーベイによる研究方法は，被験者を無作為に処置に割り当てることができず，結果として競合仮説を排除できないことから，「貧者の実験」と批判されることがある。Brownell(1995, p.31)は内的妥当性への脅威を認識した上で，サーベイ研究を用いることにより外的妥当性の便益を最適化し，内的妥当性への脅威を最小化できると指摘している。Brownellは，因果関係の特定のためには，優れた理論が必要であることを強調している。

　サーベイは，郵便・電話・電子メール・インターネット・対面インタビューによって実施することができる。会計分野では，電子メールを利用した研究は限られているが，インターネットを利用した研究は増加してきている（例えば，Northcott and Linacre 2010）。しかし，依然として郵送調査と対面インタビューが有力な方法であり，それぞれに長所と短所がある。本章では，郵送調査に重点を置きつつ，対面インタビューにも焦点を当てる。

1. 郵送調査

　郵送調査は，管理会計分野でよく用いられてきたが，Young（1996, p.55）によれば，徐々に用いられなくなっている。その主因として次の 3 点が挙げられる。

1　より豊富なデータを得ることのできる他の研究方法への関心が高まった。
2　郵送調査による研究を主要な学術誌に掲載することが難しくなってきた。
3　会計におけるサーベイ研究が，長期にわたり，会計・統制の実務の体系的な知識の構築を試みてきたが，成功しなかったことに対する疑問が残る。

　Brownell（1995, p.60）はまた，管理会計研究におけるアンケート調査の優位性と組織行動論の研究分野から借用した手法の信頼性に疑問を投げかけている。さらに，これらの Young と Brownell による指摘は，会計における試行的なサーベイ研究では，文脈（context）の問題が「概して不完全に扱われるか全く扱われない」という重大な弱点を明らかにしている。後述する方法に従ったとしても郵送調査では十分な回答率を確保することは困難であるということも，サーベイ調査が用いられなくなってきた 4 つめの要因である。例えば，Brown et al.（2004）は，協賛団体から協力を得て，個人を特定したサンプルを利用したにもかかわらず，回答率はわずか13％であったことを報告している。同様に，Askarany and Smith（2008）は，関連する業界団体の協力を得たにもかかわらず，回答率は11％に過ぎなかったことを報告している。これらの例は，企業を対象とした調査の回答率が1970年代以降著しく低下したことを明らかにした Baruch（1999）の研究結果が今なお当てはまることを示している。例えば，Colombo（2000）は，回答者の時間的制約や仕事のプレッシャー，増え続ける迷惑郵便物が，回答率を低下させる原因となっていることを指摘している。オーストラリアでは，多くの大企業において組織を対象としたアンケートへの参加を禁止する行為規定が設けられている。今後も平均回答率の上昇は望めず，アンケート調査に基づく組織の分析研究の妥当性を確保することは難しいであろう。実際に，Zimmermann（2001）は，サーベイに基づく管理会計研究の妥当性を厳しく批判している。

この論争の結論は，サーベイ研究のみに該当する。付録1に挙げられている7つのA*雑誌のうち，管理会計分野でのサーベイ研究の論文を掲載しているのは3誌のみである。Van der Stede et al. (2005) によれば，トップジャーナルである Contemporary Accounting Research, Journal of Accounting Research, Accounting Review, Journal of Accounting and Economics がサーベイ研究論文を最後に掲載したのは，それぞれ，1988年，1990年，1993年，1997年である。

Young は，1985～1994年にわたって，主要な学術誌である Accounting Review, Accounting, Organizations and Society, Journal of Management Accounting Research, Behavioral Research in Accounting に掲載された郵送調査を用いた研究を分析し，次のような共通した問題点を挙げている。

- 目標母集団が小さい（平均はわずか207件）。
- 回答数が少ない（平均はわずか146件）。
- サンプル数を増やすために回答を催促した研究はごくわずかである。
- 無回答バイアスについての分析が行われていない。
- 業績についての主観的測定値と客観的測定値の両方を用いた研究が行われていない。
- 適切なサンプリングが行われていない。
- 同一研究において事実データと心理学的データのどちらかしか収集できていないために，実務と行動変数を結びつけることができない。

これらの問題点により，質の高いサーベイ研究は稀であり，多くの場合，トップジャーナルに掲載される資格がないという印象を持たれる。

Young (1996, p.67) は次の7つの改善の可能性を指摘している。

1 研究の枠組みを確立する研究プログラム ファイナンスや財務会計における首尾一貫した知識体系に匹敵するものを，管理会計の分野で開発することが急務である。しかし，「予算のインパクト」が管理会計分野で主に広く研究されてきた領域であり，便宜的な研究が行われてきた。

2 より強力な理論検定を行うためのサンプリング方法 無作為抽出法を行うことは難しく，便宜的抽出法が用いられることがほとんどである。無作為抽出法を用い

ないことへの批判は，会計研究全般に対していえることであり，標準的な統計的検定の適用には問題が伴う。

3 **サンプルサイズを増やすためのDillmanが提唱する方法の採用** 回答を催促する手続き（Dillman（1978）は催促状を2回送ることを提案している）や研究参加組織の支援は，回答数を増やすかもしれないが，追加の費用を要し，研究の統制が不十分になるであろう。倫理ガイドラインが規定しているように，サーベイの実施にあたって匿名性を保証する場合には，特定の個人とその回答との間における関係が一切わからないようにするため，回答用紙には回答者の氏名や役職（さらには社名）を含めるべきではない。この結果，催促状は回答者と無回答者の双方に送付することになるため（当然，回答者の不快感は大きく），催促に係る費用が増すであろう。匿名をうたいつつ，参加者を識別するために，倫理ガイドラインに抵触する付番方式・色分け・不可視インクの採用も考えられるが，記名の葉書を付けた匿名の調査票の二重返送方式を利用することで，費用と倫理的問題の両方に対応できる。

4 **無回答バイアスの問題への対処** 学術誌に掲載されるような論文でも，無回答に対して全く対処していないか，無回答は懸念される問題ではないという型通りの脚注だけを記すことは問題である。これらは，無回答バイアスを検討するための真剣な取り組みがなされていないことを示唆している。

5 **時代遅れのサーベイ手法からの移行** 2010年時点で，自己申告による業績に関するMahoney et al.（1963），予算関与に関するMilani（1975），曖昧さへの耐性に関するMacDonald（1970）が開発した標準的な手法を未だに利用している研究は少なくない。これらの論文の掲載から何十年も経っているにもかかわらず，より妥当性のある新しい手法を開発するインセンティブはほとんどない。新しい手法は批判を受けやすく，広範な検証が必要であり，同一の手法を利用した他の研究が存在しない。信頼性と構成概念妥当性の間の古典的なトレードオフ問題や，十分に受け入れられ信頼性のある手法の中からどれを選択するかといった，重要性の低い研究が観察される。例えば，（Brownell 1995, p.149において）Merchantは，1950年代に開発されたHalpinの手法からAiken and Hage（1968）によって採用されたリーダー行動記述アンケート（LBDQ）を使用している。この手法はリーダーシップの2つの側面（配慮行動と課題）を測定するものであるが，Merchant（1985）は「細目指向」を測定するためにこの手法を用いている。しかし，その後Merchantはこの手

法は最善の方法ではないかもしれないと示唆している。

6 組織に関する改善された知識に基づくサーベイ方法の開発 サーベイ手法が対象企業の「言語」に合っていない場合には，サーベイが適切でないとみなされるために，回答は限定的なものになるであろう。

7 自己申告による測定からより客観的な評価への移行 Youngは，議論の余地はあるが，客観的な上司による評定がほとんど存在しないことを指摘している。しかし，他の研究者（特に，Brownell 1995, p.44）は，業績の自己評定は問題ではあるが，上司による評定も，1人の上司の監督下にある部下の範囲が異なるため，誤りがある可能性が高いと示唆している。

後に行われたYoungの研究（例えば，Van der Stede et al. 2005）では，Diamond (2000) によって提唱された5つの鍵となる構成要素に従って，20年間（1982～2001年）にわたる管理会計研究で用いられたサーベイデザインの質を評価している。

- 調査の目的とデザイン
- 母集団の定義とサンプリング
- サーベイの質問と他の研究方法の問題
- データ入力の正確性
- 情報開示と報告

Van der Stede et al. (2005) は実証的管理会計研究の約30％が郵送調査法を利用しており，当該期間において上記のサーベイデザインの質が著しく改善したと指摘している。同時に，次のような問題点を指摘している。

- ほぼすべての調査（98％）が因果関係を探求しているにもかかわらず，その研究は横断的なものであった。縦断的研究はほとんど存在せず，時間的制約と複合的要因がその原因として指摘されている。Askarany and Smith (2008) は，縦断的研究の一例である。
- 大半の調査は，1つの組織につき1人のみを対象としており，その1人が組織を代表しているものとみなされ，また，複数の回答者が対象となる場合でも，回答の確認作業はほとんど行われていなかった。

- サンプリング過程において，無回答に関する詳細な分析がほとんど行われていなかった。Guilding et al. (2000) は注目に値する例である。ほとんどの論文で無回答バイアスに言及している（実際には考察が却下されている）ことは問題であり，これについては後述する。

最近では，Ashton et al. (2009, p.201) が，学術誌に掲載されたサーベイ研究における共通した失敗として，次の2点を指摘している。

- (特にグラウンデッド・セオリーにおける) 理論化の欠如。
- 回答率の低さを考慮に入れなかったことで，回答者数が不十分となったこと。

2. デザインと計画の問題

デザイン段階では，多くの基本的な質問に答えておく必要がある。

1 どのような種類の調査を考えるか 例えば，研究課題に必要な事柄や費用の差がもたらす影響はいずれも，伝統的な郵送調査法が適当であるか，電話・電子メール・インターネットを利用した調査が優れた費用対効果をもたらすかどうかを決定する際に重要となるであろう。郵送調査では，電話や対面インタビューに比べてはるかに低い費用で十分な大きさのサンプルを得ることができ，サンプリング誤差を受容可能な水準に下げることができる。さらに，郵送調査では，対面インタビューと電話インタビューでの重大な問題である面接者バイアスが入る余地はない。匿名性と機密性は，電子メールやインターネットを利用した研究においても問題となり，特に電子メールを用いる場合に影響が大きい。

2 どのような回答者を対象としているのか 一般的な母集団か，例えば特定の専門家団体や最高経営責任者（CEO）などの特定された集団を対象とするかによって，デザイン段階で相当な違いが生じる。回答者のグルーピングを小さくすればするほど，接触すべき個人の最新の正確な郵送先が必須となる。特殊な母集団の構成員（例えば，遺伝の影響を除去しようとする研究で必要な双子の組）と接触を取りたい場合には，参加者を集めるための広告が必要となるかもしれない。

3 どのような質問に回答してもらいたいのか これは当たり前のように思われる

かもしれないが，期待される回答に方向付けるための，特定の研究課題や仮説がある場合には役に立つ。多くの研究論文や学位論文で，研究課題を熟考する前に，単にアクセスが容易であるという理由で，まずサーベイを行うということが頻繁に見られる。これは，サーベイ後に研究課題を展開していく上で，必要である重要な質問がなされていなかった場合に明らかとなる。Roberts(1999)は，手法やアンケートの開発において最も重要なことは，最初に関連する手法の広範なレビューを実施すること，そして手法が研究目的に沿って設計されているかまたは研究目的に合致しているかを確かめるために，適切性と用語を確認するためのパイロットテストが必要であることを指摘している。研究課題と仮説を導くには，理論や文献が重要な役割を果たす。サーベイ手法は単に理論や仮説を検証するために採用される手段に過ぎない。これら3つの間には，直接的で明確な関連がなければならない。

4 どのような回答カテゴリーにするか 例えば，意見・判断・知識を尋ねているか。選択式（はい・いいえ，リッカート尺度の回答，または，チェックマーク式の回答を要求する）質問を設定するか，自由回答式（記述的な）質問を設定するか。これらの問題には早い段階で取り組む必要があり，そうしなければ，後で困ることになるであろう。例えば，記述的回答を期待している場合，そのための十分な回答欄が必要である。質問項目の多いアンケートの場合は，すべての回答を処理するための効率的なコーディング・システムが必要である。知識を問う場合には，回答者が詳細を吟味したり調べたりしなくとも，知っていると合理的に推定できる質問項目でなければならない。サーベイ研究に対する最も深刻な批判の1つ（例えば，Chua 1996）は，質問の内容が複雑であればあるほど，調査アンケートがデータ収集の最適な方法でなくなる。

5 どのような順序で質問すべきか 最も回答が容易な質問をアンケートの最初に配置すべきか，最後に配置すべきかについては，様々な意見がある。ある研究者(例えば，Parker 1992)は，調査の最初に簡潔で容易に回答できる質問を配置すべきであり，それに続いて核心となる質問を配置し，その後，結末に向けて簡潔で容易に回答できる質問を再度配置すべきであると提案している。他の研究者（例えば，Bryman 2001, p.117)は，最初の質問は研究課題に明確に関連したものであるべきであり，年齢・職歴・学歴といった個人的な質問を配置すべきではないと提言している。この段階では，順序効果があるかどうか，すなわち，質問の順序を変えるこ

とによって異なる回答が生じるかどうかをも検討しなければならない。その可能性が高いならば，その懸念を見極めるために，再度パイロットテストを行うべきである。

6　設問のレイアウトをどのようにすべきか　ほとんどの研究者は，サーベイは長すぎてはならないということに同意するが，重要なことは，サーベイ対象者の関心を引く適切なものにしなければならないということである。アンケートを長くすれば費用対効果は高いが，それはアンケートが回答される場合に限ってである。最適な長さは，設問の形式（例えば，余白の必要性または記述欄の必要性）にもよるが，一般的な母集団に対しては，通常4頁以下にすべきである。専門家集団は，おそらく6頁ぐらいは許容するであろう。関心とモチベーションを保つためには，典型的な回答者が設問に20分未満で回答できなければならない。

7　どのようにサンプルを選択するか　これは重要であり，多くの論文において問題となる点である。多くの論文では，この問題への十分な取り組みがなされていないか，全く無視されているようである。重要な検討事項がいくつかある。母集団の大きさとその構成項目を知っているか。多くの会計研究プロジェクトでは，この問いへの答えは「否」である。サンプル選択に科学的方法が使われておらず，サンプルが体系的に見えるように「ドレスアップ」されているとしても，便宜的に利便性を重視して集められたサンプルが一般に会計研究では用いられていると言い訳する必要がある。既知の母集団があれば，サンプリングが容易に利用可能な手段（例えば，企業については株式取引年鑑や個人については選挙人名簿）が存在する可能性は高いであろう。この母集団から（おそらく，乱数生成器を利用して）無作為にサンプルを抽出することができるし，または，必要なサンプル数を集めるためにn番目ごとの項目を選択するか，代表的なサンプルの収集を確実にするために特性に従って母集団を層別することもできる。推定値に必要な統計的正確性を得るために必要なサンプル数を計算する数式はあるが，通常は，研究課題と仮説を考え直す方が簡単である。実行したい検定とデータ分割法の数を特定しなければならない。分析の対象となるすべての組み合わせを識別でき，（20項目が望ましいが）最低10項目で，意図した統計的検定を実行する信頼性が与えられるであろう。調査のパイロットテスト段階で順序問題が十分に解決していない場合には，最終的な設問が複数種類必要となり，必要なサンプル数も多くなるであろう。例えば，個人のデータを用

いてジェンダー効果を検定したい場合に，サンプルに女性が極めて少ないという状況は避けたい（会計データではこのようなことがよく起こる）。同様に，企業データを用いて産業効果を検定するときに，小売業のサンプルが極めて少ない（例えば，オーストラリアやニュージーランドといった）一部の国では，母集団自体が研究対象となるすべての関係を検定するのに必要なサンプル数を収集できないかもしれない。

3. パイロットテスト

サーベイ手法についての大規模なパイロットテストは，その手法が調査対象集団から必要な回答を得ることが可能かどうかを確認するために不可欠である。調査は，研究者仲間や大学生を対象に行われることが多いが，それ以外の目標母集団のメンバーが含まれれば，その妥当性を測定するのに役立つ。パイロットテストは，妥当な構成概念の開発を通じて，抽象的な概念から信頼性のある個々の質問の識別に至るまでのすべてのサーベイ手順を完全に文書化したものでなければならない。この段階では，次の重要な事項に対応しなければならない。

- 質問は，明解かつ簡潔で，容易に理解できるものでなければならない。
- 質問と添え状は，調査対象集団に明確に適合するよう，回答者の視点から作成されるべきである。回答率を上げるために，使用する専門用語や業界用語は慎重に使用しなければならない。
- 文言は慎重に選択し，俗語や略語，曖昧な意味となる可能性のある用語は避けなければならない。
- 質問に対して複数の回答候補があると思わせるような曖昧な質問をしてはいけない。
- 二重否定は誤解されることが多いので，使用を避けるべきである。
- 質問文における選択肢の入れ替えを，回答者が質問文を読まずに適当に回答することを防ぐために採用すべきである。
- 回答者は，質問に回答できる知識と技能を備えていなければならない（この点は，

会計事務所の補助者を対象とした監査研究の1つの課題である。調査が複雑であれば，調査回答者への過度な要求となる）。

- 社会調査における性行動・ギャンブル習慣・薬物乱用・アルコール依存に関する質問のような，信頼できる回答を得ることが難しい質問は避けるべきである。会計研究においては，不正行為・反社会的行動・収入・役職に関する質問は，適切な回答を得られないかもしれない。同様に，宗教に関する質問をすることは難しいかもしれない。
- パイロットテスト参加者の回答時間を知ることで，個々の質問や設問全体を簡素化する必要性を早い段階で判断することができる。

個々の質問の信頼性と妥当性を改善するために，サーベイを実施する以前のパイロットテスト段階で，質問用紙全体を評価するべきである。パイロットテストを十分に行うことで，使用する測定方法の信頼性と妥当性の評価が可能となるであろう。実際，パイロットテストは，質問の文言を修正する以上の効果がある。それは，サーベイ範囲の妥当性・優先事項・回答者の選好に関する確かな目安を与えてくれるであろう。例えば，ある国での設問を他の国でも利用する場合，パイロットテストの結果によって，設問文の中に妥当でないものがあればそれを発見し，設問の修正や，場合によっては仮説の修正も必要となるかもしれない。パイロットテストの重要性を考慮すれば，Van der Stede et al. (2005)の研究サーベイによるとわずか23％の研究しかパイロットテストを行っていなかったと報告していることは驚くべきことである。

4. データ収集

データ収集の詳細に焦点を当てると，多くの検討事項がある。

1 正確で最新の郵送先名簿が不可欠 既存の郵送先名簿の使用にあたっては，受入組織（例えば，職業会計士団体）の支援が必要となるかもしれない。支援を受ける「コスト」は，研究結果の公表に際してその組織の承認が必要となることや，調査の実施における統制ができないことである。受入組織がアンケート実施の全権を握ることで，回答者がわからないという問題が生じる（アンケート調査の責任者もわか

らない)。これに代えて,信頼できるデータベースの購入も考えられる。しかし,対象を絞った郵送先名簿は高価である。独自に郵送先名簿を作成することは,極めて時間がかかる。郵送先名簿の管理には細心の注意を払わなければならず,継続的な更新が必要となる。調査用紙を故人に送付してしまえば,遺族に不快な感情を生じさせるであろう。

2 サーベイは特定の相手先を対象とすべき 宛名を特定せずに送付されてくるサーベイは読まずに捨てられる可能性が非常に高いことは,多くの研究で明らかである。先行研究(例えば,Dillman 1978, 2007)は,サーベイでは氏名と役職の両方を明記すべきであり,不明な点があれば,サーベイの発送前に十分な確認作業が必要であると提案している。Dillman は,著名な研究者の手書きの署名がある公式な添え状の使用が望ましいとも提案している。添え状には,回答方法の指示,機密性の保持,調査の意義,回答者が調査に適任であることを明記すべきである。Merchant(1985)は,調査対象によって使用する文言を変えることで,サーベイ手法を柔軟に変化させている。それにより,アンケートを受け取った者に対する調査の適合性を確保し,回答率を95%に高めているが,設問が変化するという点から,信頼性が確保されない可能性がある。Edwards et al. (2002) は,次の要因が郵送調査の回答率を著しく高めると指摘している。

- (白封筒ではなく)茶封筒を使用すること。
- 回答の返送に対して金銭的インセンティブを供与すること。
- 簡潔なアンケートとすること。
- 発送と返送を配達証明付郵便にすること。

これらの提案はすべて,調査は重要であり,回答者が至急対応するに値するという印象を与える。これらの採用においては,コストと手間を十分に考慮しなければならない。また,インセンティブの供与により,研究に追加的な変数が含まれることになる。

3 どのように回答を記録するか どの記録方法を利用するかを最初の段階で決めておかなければならない。郵送調査の場合には,手作業での入力が最も一般的である。口頭による回答(すなわち,インタビューや電話による回答)または書面による回答(すなわち,訪問調査での記述回答,電子メールまたはインターネットでの

回答）では，テープ録音を書きおこさなければならない場合もあるが，回答の内容分析により詳細な質的分析を行うこともできるであろう。

4 回答者へフィードバックを行うべきか 回答者へ集計結果を提示することは，調査の完了を促すインセンティブとなるであろう。これは，調査に対して謝礼を提供するよりも有効である場合がある。回答者に礼状を送ることは礼儀であり，今後の調査への協力を引き出すであろう。例えば，回答者が追加的なインタビューに応じたり，追加情報を提供してくれたりするかもしれない。返送が一番の目的であれば，返信用封筒を同封し，さらに料金別納と印刷された封筒よりも，切手が貼られた封筒の方が望ましい。Dillman (1978) は，回答率を上げるために催促状を2回送ること，そして，繁忙期や長期休暇期間（例えば，会計年度末，課税年度末，クリスマスやイースターに近い時期など）を避け，適切な時期に送ることを勧めている。

5 編成 これは事前に考えておくことが望ましい。計画段階で，選択式回答ではコーディングが必要であることや，採用すべき分析方法についても知っておくべきである。詳細な分析を容易にするためには，回答は加工用のスプレッドシートやSPSSで容易に利用可能な形式とすることが望ましい。

6 無回答問題 サーベイ研究の最大の懸念は，無回答である。回答者が母集団を代表しておらず，回答率が極めて低い場合には，発見事項の妥当性とバイアスの混入について疑義が生じるであろう。会計研究では，25％未満の回答率が普通である。回答が難しい設問では，回答者と無回答者の特性が著しく相違している可能性がある。回答者と無回答者との間の差が系統的であり，その差が発見事項に影響を及ぼしていることが明らかな場合には，無回答が問題となるが，このような状況を特定することは難しい。Merchant (1985) は，回答者の匿名性を保証しつつ，回答者と無回答者を識別できる「郵便葉書」法を用いている。参加者は，アンケートとは別に郵便葉書への記入が求められ，それらは別々に返送される。すべての回答者がこれら2つを返送すると仮定すれば，無回答者が特定でき，回答者・無回答者の特質を比較することができる。このような方法を採らない場合，最終の催促をした後の最後の回答者の特質から無回答者の特質を類推せざるを得ない。締切直前に返送した最も消極的とみなされる回答者の特質を，無回答者のそれとみなすということである。

Dillman（1978）の総合デザイン法（Total Design Method：TDM）は，無回答の理由を明らかにしようとする。

- 宛先の間違い，料金不足の場合には，配達されない。
- ダイレクトメールや迷惑郵便物があまりにも多すぎ，それにまぎれて開封されることなく破棄される。
- 間違った宛先に配達が行われ，転送も行われない。
- 開封した時点でサーベイに回答する気がなく，破棄される。
- 受取人が，サーベイ記入に関する指示，サーベイ内容を理解できない。
- 受取人が忙しく，サーベイが一時的に「棚上げ」される。
- 返送先に誤りがあるため，サーベイが返送されない。

Dillman は，これらの問題に対処するために，サーベイ手法の「正しさ」を確保し，インセンティブ（金品）を提供する。さらに，次のような催促手続きの方法を挙げている。

- 発送の1週間後に，催促の葉書を送る（一部の研究者は，発送後3日後には最初の催促状を送るべきと提案している）。
- 発送の3週間後に，新しい添え状とアンケートを再度送付する。
- 発送の7週間後に，3回目の添え状とアンケートを送付する。

これらすべてに対応するために，サーベイ過程全体では，一般に想定されているよりも時間も費用もかかるが，Dillman は，その結果として高い回答率が得られることを強調している。

Van der Stede et al.（2005）によれば，無回答バイアスはほとんど考慮されず，多くの研究はサンプルサイズのみに焦点を当てているが，最小限必要なサンプルが得られる限り，サンプルサイズは主要な問題ではないことが強調されている。Sapsford（2000）は，サンプルサイズが小さければ，統計的な有意差の発見へのバイアスとなることを指摘しているが，Colombo（2000）は，（サンプルサイズと回答率の2つで決定される）無回答バイアスが重要な問題であると示唆している。Moore and Tarnai（2002）は，回答率が80％を超える場合には，無回答バイアスは，妥当性に対する現実の脅威ではないと指摘している。しかし，このような高い回答率を

得られることは，会計分野のサーベイ研究では稀である。

　Van der Stede et al. (2005) は，無回答バイアスの検定を行ったがバイアスの存在は確認できなかったという文章を論文の脚注に小さく記載して済ますことには批判的である。この研究では，調査対象のうち72%の論文が早期の回答者と無回答者の代理として利用される後期の回答者の特質の比較を行っている（Krumweide (1998) は，この点で例外であり，すべてのサンプルの特質の詳細な比較を行っている）。Van der Stede et al. (2005) は，Tomaksovic-Devey et al. (1994) と同様に，（個人を対象とする研究よりも組織を対象とする研究では）適切な時期の催促だけでは無回答問題への対処としては不十分であり，権限・能力・回答へのモチベーションを考慮することの重要性を強調している。ここで，権限とは組織内の職位に依存し，能力とは情報へのアクセスに依存し，モチベーションとは参加への意欲に依存するものである。特に，「権限」と「能力」が回答しようとする意思決定に影響を及ぼす。例えば，最高経営責任者（CEO）や最高財務責任者（CFO）を対象に，会計情報に関する調査を依頼しても，能力または権限のどちらかの理由によって失敗することになるであろう。したがって，Tomaksovic-Devey et al. (1994) は，多くの組織特性（例えば，規模・構造・収益性・体制・競争）が無回答の原因になると考えられるため，無回答バイアスの性質を明らかにするためにこれらの特性が検証されるべきであると提案している。

5. 測定誤差

　Andrews (1984) は，測定誤差として，バイアス，ランダム誤差，相関（またはシステマティック）誤差の3つを挙げている。次のような点を考慮して，アンケートの優れたデザインを設計することが，これらの誤差による深刻な影響を克服するのに役立つことが指摘されている。

- 与えられた費用・調査期間内で最大の設問数を含める。
- 「わからない」という選択肢が適切であれば，それを加える。
- 項目ごとの質問数を最小限にする（「バッテリーの長さ」と称される）。
- 明示的な判断基準がある場合には，比較可能な尺度を利用した質問をする。

- 両極値のみを明示した線形評定尺度を利用する。
- 導入と質問の長さの「バッテリー」問題に配慮する（前者は16～24語，後者は16語未満とすることが望ましい）。
- アンケートの始めと終わりには，容易に回答可能で，重要でない質問を配置する。

　Assal and Keon（1982, p.114）は，非標本誤差がサーベイ結果の質を低める原因となり，誤差の種類には，（代表的ではないサンプルによる）無回答誤差と（回答者の誤り・不誠実さ・混乱のため，回答が信頼できないことによる）回答誤差があるとしている。この点に関して，Diamond（2000）は，サーベイ対象者にとってわかりにくいまたは文言が複雑な質問には，回答者は推測するという反応を示すことが一般的であると指摘している。したがって，質問を目標とする対象にとって正確な文言を用いること（実際のパイロットテスト対象にパイロットテストを実施するときも同様），そして，最適な回答率を得るために望ましい手段を使用することの2点が重要となる。

（1） 信頼性の測定

　研究対象となる関係性について妥当な結論を得たいならば，変数の測定が信頼でき，妥当であることが重要である。多項目尺度は，次の2つの理由から，単一項目尺度よりも望ましい。

- 多くの構成概念が複合的な概念を表しており，複数の質問をすることによって，この複雑性により良く対処することが可能である。
- 個々の質問は誤って解釈されたり，誤解されたり，単語ミスが繰り返されている可能性があり，多くの関連する項目を用いることで妥当性を高めることができる。

　信頼性の測定に共通して利用される方法がいくつかある。

- 検定－再検定信頼係数　同じ設問に対して同一グループが短期間に2度回答する。この2つの回答の間に高い相関があれば信頼性が高いことを示唆するが，2回目の回答は最初の回答に影響を受けているかもしれない。
- 等質性信頼係数　設問は同一グループによって回答され，係数は，設問を（通常，疲労の影響を考慮して最初と最後に）2分割して測定される。しかし，回答者が難

解な文言を様々に解釈することが誤差の要因となるため,検定の際に2分割を無作為に行うことが望ましい。2分割間の相関が高い場合,内的整合性の観点から信頼性が高まる。質問が多くなるほど信頼性が高まり,分割方法が整合性・信頼性の測定に影響を及ぼす可能性が高い。この方法を論理的に拡張したものが,可能な限りすべての対比較(pair-wise)項目の平均に基づいた平均項目間相関係数($\bar{r}$)である。

- クロンバックの α 係数が,最も利用されている係数であり,特に新しく開発された手法において利用され,分割問題への対処がなされている。その係数は,手法で用いられる項目数 (n) が多くなるほど価値が高まる。したがって,信頼性を証明するためには,項目数に対する感応度を評価すべきである。

$$\alpha = \frac{n(\bar{r})}{(1+(n-1)\bar{r})}$$

ここで,$\bar{r}$は次の相関係数の平均から算定される。

$$\frac{(n!)}{(n-2)!2!}$$

4項目の構成要素では,6つの相関係数を平均することで$\bar{r}$が導出されるであろう。α が0.8であれば,許容される数値よりもわずかに低いが,一般的に満足できるとみなされる。クロンバックの α 係数は構成要素の数に依存し,その数が多いほど高くなる。したがって,多くの類似した質問がもたらす非常に高い係数は,設問の重複を反映しているに過ぎない。連続する項目の削除を目的とした α の感応度分析は,信頼性が高く一貫した質問項目であることを明らかにするであろう。

6. インタビュー方法

回答者が自ら記入する郵送アンケートでの問題の多くは,インタビュー方法にも該当する。面接者と面接対象者がお互いに影響し合うため,不可避な「人」の問題が追加的に生じる。その問題を多少なりとも解消できれば,インタビュー

は，伝統的な郵送調査よりも，複雑かつ広範囲な問題に対処する手段となる。会計分野でインタビュー方法はよく用いられるため，ここで取り上げる。ケーススタディとフィールドリサーチは，後の章で検討する。

1 構造化インタビュー これは，回答者が自ら記入する郵送アンケートに似た形式である。首尾一貫した方法を用いることにより，面接者バイアスが入り込む機会を制限する。その方法とは，同じ合図や促し方で，同一の順序で同一の質問を，決められた質問形式に沿って行うことである。決められた質問形式は，回答のコーディングを容易にし，分析に役立つ。また，決められた質問形式は，自由回答の質問形式に伴う誤差と，質問の順序が決まっていることにより質問を「し忘れる」問題も排除する。自由回答の質問形式は，回答に柔軟さや多様性を求めることができないので，インタビュー方法の比較優位を損なう。会計分野では，Lowe and Shaw (1968), Onsi (1973), Marginson and Ogden (2005) などが，構造化インタビュー・アプローチを採用している。

2 半構造化インタビュー この形式は，質問の順序を固定しないことを認めるものである。インタビューの進行中に追加的に生じた関連事項を検討するために，面接者の判断で追加的な質問を行うことも認められる。Lillis (1999) は，半構造化アプローチを採用している。

3 非構造化インタビュー この形式では，決められた質問ではなく，面接対象者との会話からインタビューを始める。必要な項目が網羅される限り，「非指図型」アプローチを採用できる面接者であれば，会話形式で面接を行ってもよい。実際に使用する文言や語句は，インタビューごとに変えてもよい。このアプローチでは，面接対象者をリラックスさせ，他のインタビュー方法では明かさなかった事柄さえも話すようになる。非構造化インタビュー・アプローチは，Merchant (1985) や Malina and Selto (2001) などが用いている。

多くの研究(例えば，Birnberg et al. 1990, Chapman 1998, Ittner and Larcker 2001) では，複数の方法が利用されている。通常，異なる情報を引き出すことと，同一の調査対象集団から確証的な証拠を得ることという2つの目的のために，アンケートとインタビューが組み合わされて利用される。次のような結果が生じる場合には，インタビューによる成果が疑問視される。

- わかりにくい質問は，面接対象者が混乱し，誤解する原因となるかもしれない。面接者と面接対象者では，使用する用語やそれが意味するところについて，異なる解釈をする可能性がある。この点は，Houghton（1987, 1988）やHronsky and Houghton（2001）による論文で提起されている「意味の測定」といった種類の問題の拡張である。
- 面接対象者の記憶力の問題から，即答は信頼できない可能性がある。これは，質問の内容が複雑で長すぎる場合に起こる。
- 質問が首尾一貫していないかもしれないし，1人の面接者が時間の経過につれ，または，回答者ごとに異なる態度を取るかもしれない。トレーニング・ガイドライン・質問の標準化のレベルにかかわらず，面接者によって著しい相違が存在するかもしれない。インタビューを受けるグループによって過度な共感や積極的な態度を示すような面接者自身の首尾一貫性のなさが，バイアスのある結果をもたらしているかもしれない。
- 回答の記録と処理の過程で問題が生じる可能性もある。これは特に，自由回答の質問形式で起こる。自由回答の質問形式では，面接者が，聞き取り内容を急いで文字に置き換える際に，誤った解釈をしたり，脚色をしたりするかもしれない。
- 郵送調査と同様に，無回答バイアスが生じるが，ここでは辞退は欠席と同じ扱いとなる。インタビューを実現するためには（催促状に類似した）頻繁な訪問が必要となるかもしれず，実現のためには面接者の性別・服装・威圧的でない態度が決め手となるであろう。

Parker（2008）は，インタビューのプロセスにおいて，**沈黙**の重要性を特に取り上げている。長い間をとることによって，面接者は，面接対象者に考える時間を与えることに加え，面接対象者が沈黙を不快に感じることで，多くの回答を引き出すことが可能になる。Parkerは，面接対象者の回答を促すために，最小限のコメントやあいづちが効果的であると提案する。

面接者にとってインタビュー方法を用いることによる倫理的な問題もある。郵送調査では，添え状が研究の目的を説明し，アンケートの返送それ自体が暗黙の「参加への承諾」を意味するが，インタビューでは状況が異なる。倫理規定によれば，インタビューの終了時に，面接対象者が回答内容を確認して「署

名」することが要請される。特に，次のような点に対応しなければならない。

- 面接者は，自分自身・地位・調査主体・インタビュー目的を明らかにしなければならない。
- 面接対象者が選ばれた理由と方法を，面接対象者に知らせなければならない。
- 回答内容の機密性と匿名性を強調しなければならない。
- 面接対象者がいつでも自由に参加を取りやめることができるような自発的な参加形式が重要である。
- 面接対象者が面接者に質問をする機会も設けるべきである。その場合は，研究課題を明らかにするよう誘導される可能性があり，研究課題が明らかになれば，それ以後の面接対象者からの回答の妥当性が損なわれるかもしれないため注意を払う必要がある。

（1） オンライン調査

　ペーパーレス化や回答を得るまでの時間が短いといった利点により，オンライン調査が普及しつつある。電子メールやウェブを利用した調査が，それを専門にする企業の増加とともに，急速に拡大してきている。インタラクティブな調査方法の構築が容易であることも，ウェブを利用した調査を普及させている。
　郵送調査やインタビュー方法と比較して，オンライン調査の利点は明らかである。オンライン調査は，迅速かつ低コストで，適時の修正が容易であるが，欠点もある。複数回答を防ぐ仕組みがなければ，集計結果は容易に操作され，結論が歪んでしまうであろう。このような問題を統制できなければ，定量的分析の信頼性にも影響を及ぼすであろう。いくつかの研究(例えば，Jackling et al. 2007)では，十分に確立されたサンプル抽出法を採用したオンライン調査を用いることで，定量的分析の信頼性を確保している。サンプル抽出法を用いず，定型的な回答を求める研究では，記述部分の回答以外は有効ではない。
　Gill and Johnson (2010, p.132)は，電子メール調査の結果の妥当性を脅かす可能性の高い問題を指摘している。サンプル抽出ができないために，サンプルが母集団を代表している程度を評価することができない。回答者の匿名性と回答の機密性の両方が欠如していることは，調査において通常実現すると期待す

ることと矛盾した結果をもたらす。結果として，回答の妥当性と誠実さが脅かされることが予想される。Simsek and Veiga (2001) は，このような問題についての詳細な議論を明らかにしている。

Morgan and Symon (2004) は，電話や電子メールによるインタビューに関係する問題を検討しており，面接者が視覚的な手がかりを得られず，面接対象者の行動や態度の観察ができない問題点を指摘している。インターネットにより実施されるインタビューを「電子インタビュー」と名付け，特有の問題点を明らかにしている。

- 1対1でのインタビューを録音するときの技術的な問題に代わって，ソフトウェアの問題が生じる。
- 回答内容の豊かさが制限される可能性がある。
- 回答者の匿名性により正直な回答が増える一方，虚偽のまたは不誠実な回答の入り込む余地が生じる。
- 回答することへの緊急性が感じられなくなり，適時性が課題となる。回答が長期間なされず，催促が必要となるであろう。

Saunders et al. (2009, p.364) は，郵送調査での30％の回答率が，インターネットの利用により10％程度に低下する可能性が高いと指摘している。おそらく，インターネットで届いた調査への協力依頼を，クリックして「ごみ箱」に放り込むことは，封筒を開封せずに捨てることよりもはるかに容易だからであろう。

良くデザインされたサーベイにより，関心のある変数間の関係を厳密に調べることが可能となる。しかし，より現実に即すことで高い外的妥当性がもたらされたとしても，サーベイの内的妥当性は実験的研究よりも高いものではない。サーベイでは多くの調査対象を用いるため，個々の奥深さは限られ，ケーススタディと比較して批判されることが多い。

本章では，サーベイの利点とその限界を明らかにすることを試みた。単純な質問に限定した定型のアンケートでは，課題を深く探究できず，回答者の疑問に答えたり，追跡質問を行ったりする機会がない。質問が十分に練られ，焦点を絞った調査であれば，このような限界は問題にならず，研究課題に対する妥

当な回答を得ることができる。本章で検討した研究方法のすべてにおいて，理論の問題を軽視してはならない。優れた理論はすべての支えとなり，明確に定義された構成概念の開発を可能とする。データを収集するための信頼できる研究手法を実証的に開発できることが，会計におけるサーベイ研究の大きな強みの1つである。

　先行研究においては，サーベイ研究・フィールドスタディ・ケーススタディの間に多くの混同が見られる。例えば，Merchant(1985)は自身の研究を「フィールドスタディ」としているが，より適切には「非構造化インタビュー」であろうし，Smith（1994a，1994b）は自身の研究を「半構造化インタビュー」としているが，より適切には「フィールドスタディ」であろう。Brownell(1995, p.156)は，「サーベイ」と「フィールドスタディ」は問題設定における構造の程度によって区分されるであろうと指摘しているが，これは，区分の必要条件ではあるが十分条件ではない。これらの問題は，次章以降で検討する。

さらに学習するための推奨文献

Dillman, D.A. (2007) *Mail Internet Surveys : The Tailored Design Method, 2nd Edition*, Wiley, Hoboken, NJ.

Lillis, A.M. (1999) 'A Framework for the Analysis of Interview Data from Multiple Field Research', *Accounting and Finance*, Vol. 39, No. 1, pp.79-105.

Saunders, M., Lewis, P. and Thornhill, A. (2009) *Research Methods for Business Students, 5th Edition*, Prentice Hall, Harlow.

Van der Stede, W., Young, S.M. and Chen, C.X. (2005) 'Assessing the Quality of Evidence in Empirical Management Accounting Research : The Case of Survey Studies', *Accounting, Organizations and Society*, Vol. 30, pp.655-84.

Yin, R.K. (2009) *Case Study Research : Design and Methods, 4th Edition*, Sage, Thousand Oaks, CA.

Zimmerman, J.L. (2001) 'Conjectures Regarding Empirical Managerial Accounting Research', *Journal of Accounting and Economics*, Vol. 32, No. 1/3, pp.411-27.

第9章
フィールドワーク

●本章の内容●
- ケーススタディの方法
- 質的分析の手順
- グラウンデッド・セオリー

　前章までで，大量データを用いた研究におけるデータの分布の仮定，「外れ値」を除くための手続きの実施方法について見てきた。外れ値の存在は，モデル化を困難にする。本章で扱うフィールドワークやケーススタディでは，外れ値や異常値を排除するのではなく，それらは詳細な観察のチャンスとなるという理解が必要となる。なぜなら，それらは「異質」であり，新しい理論開発に役立つ可能性を秘めた，価値ある，刺激的な，興味深い発見を調査する材料となるからである。それは，平均や分布に焦点を当てるのではなく，特定の文脈における特定の事象に焦点を当てるものである。

　会計研究者は，過去25年以上にわたり，会計の役割や機能の研究を，会計が実際に用いられている環境を考慮した方法論で行うことを求められてきた。これは，Hopwood (1983) やKaplan (1983) に代表される管理会計文献において特に指摘されてきた。フィールドワークには忍耐強さが求められるが，この分野の研究がトップジャーナルに掲載されることは，特にアメリカでは極めて稀であった (Foster and Young 1997, Shields 1997)。Foster and Young (1997) は，他の学問分野で行われているような高い水準のフィールドリサーチに匹敵する研究はほとんどないと主張している。同様に，Shields(1997, p.10)は，ケーススタディやフィールドスタディ研究の掲載論文が少ない理由として，「優れた研究の実施方法についての知識不足」などのいくつかの要因を指摘している。

また，Kirk and Miller（1986）は，フィールドスタディにおいて妥当性と信頼性を考慮することの重要性を指摘している。特に，

- データに関して首尾一貫した解釈がなされているか否か。
- 経験的観察は，概念的な一般化の程度を正当化しているか否か。
- 観察結果についての対立する説明を考慮したか，除外したか否か。
- 発見の再現可能性，すなわち，異なる期間に異なる研究者が同様の発見をすることができるか否か。

内的妥当性の問題は重要である。なぜなら，フィールドにおいては，実験的研究のように処置群に無作為に研究対象を割り当てることができないからである。これにより，研究過程における理論の役割がより重要となる。なぜなら，理論は，異なる観察結果についての競合する説明を除外する主要な手段となるからである。Brownell（1995, p.77）は，フィールドスタディにおける内的・外的妥当性と信頼性の評価のために，より体系的な手続きを開発することを求めている。構造化されたサーベイ質問を用いないことは，定性的研究の特徴であり，それはリッカートタイプの複数項目測定データではないことを意味している。信頼性評価の伝統的な方法が適用できないため，首尾一貫した証拠や妥当な構成概念が，研究者にとって重要な課題となる。

Chua（1996, p.220）は，典型的な「優れた」人類学のフィールドワークでは，「異境に長く留まる」ことが必要であると述べている。そのようなアプローチが，会計のフィールドリサーチで採用されることは稀である。ほとんどのフィールドスタディは，横断的（クロスセクション）な研究であり（Ferreira and Merchant 1992），縦断的な研究は稀である。なぜなら，営利組織に広範囲に深くアクセスすることは非常に困難だからである。博士課程の研究を想定すると，限られた期間の助成金や奨学金の支援しか得られない中で，長期間にわたり現地データを収集することは困難である。どのようなアクセスも，通常，時間の経過によって変化し（例えば，Buchanan et al. 1988参照），途中で拒否される可能性もある（Young and Selto 1993）。Preston（1986），Chua and Degeling（1993），Chua（1995）は，研究過程における問題を検討するために，単一組織の縦断的な民族学的研究の例を示している。Merchant and Manzoni（1989）

は，理論の検証に役立つと思われる，クロスセクションで複数ケースを用いた例を示している。

フィールドリサーチは，完全参与，完全観察，参与観察の3つに大別される。

1 完全参与 このタイプの研究は，次の2つの形式のいずれかとなる。

- 観察者としての参与…研究者としての観察者の役割が，参与組織において秘匿されている（例えば，Rosenhahn 1982，精神病院におけるスタッフとして）。
- 参与者としての観察…観察者はその組織の既存のメンバーであり，その組織で研究に従事している（例えば，Ezzamel and Bourn 1990）。

2 完全観察 観察者は研究されている対象に関与しない。このような人類学的アプローチは，会計研究ではほとんど知られていない。極端な場合（特に民族学的研究に携わるときには），研究プロセスにおける関わりは，非参与の観察者としてである。しかし，秘匿されなければ，完全観察であっても，個人の行動，さらには研究結果に影響を及ぼす可能性がある。

アクションリサーチプロジェクトでは，客観的な観察や測定よりも，積極的な関与を行う。実際，実務的経験や理論的知識を有する研究者の関与により，組織の課題への新しい視点を持ち込むことができる。Brannick and Coghlan（2007）は，組織を対象とした研究では，その組織に関する詳しい知識を持たない外部者が観察するよりも，内部者が観察することが最善であると示唆している。

完全観察を実行するには，研究者と経営者（非研究者）間の高いレベルの信頼と協力が必要となる。経営者は，その組織に明確な便益をもたらす成果に結びつくアクションリサーチを望んでおり，構造化されたリサーチデザインに抵抗するかもしれない。内部の参与者にとっては，税務上の問題についての実現可能な解決策の提供につながれば成功とみなし，検証可能な仮説や因果関係の検証方法については関心を示さないであろう。そのため，2つのレベルでの報告が要求される。すなわち，問題解決に焦点を当てたコンサルティング的な内部報告と，博士論文の一部を構成し最終的には査読付論文に結実するような研究報告である。

民族学は，部族観察を伴う社会人類学や，動物の群れの行動観察を伴う自然科学に起源がある。その知見は，ビジネス環境下での人間の行動様式や人間関係の説明

にも用いられる。積極的な参与ではなく，半構造化インタビューを補足的に用いた観察が中心となる。民族学的研究の実施方法には，いくつかの課題がある。経営に関わる手続きを観察したければ，例えば取締役会で次のようなことを考慮しなければならない。

- 参与観察か非参与観察か？
- 公然観察か覆面観察か？
- 覆面状況下で倫理上問題のない設定か？
- 直接観察か間接観察か？
- 二次データの信頼性は？

もちろん，微妙な問題を論議する場合には，二次データや機密部分を削除した観察事象で研究を行わなければならないであろう。そのような資料，例えば議事録には，詳細な議論や個人的な貢献，権力構造やグループ力学についての詳細は含まれない。

覆面観察は，(被観察者に対して)その研究過程における役割の説明を行わないので，(観察上の)操作(例えば，観察対象である行動や役割の変更)を可能にする利点がある。反対に，研究者が特定される環境では，研究の実施は困難であろう。Bryman (2001, p.93)の報告によれば，Ditton (1997)は，覆面観察の実施上の問題点を詳しく例示している。彼は，パン屋における不正を調査しているときに，定期的にブロンコのトイレットペーパーにメモを取る必要があった。彼がトイレ休憩で費やした時間が，覆面研究において結果的に彼の「覆面を剥がしてしまった」のである。Coffey (1999)は，イギリスの会計事務所で行った研究での公然参与の例を示している。

3 参与観察　これは，最も一般的な方法で，研究者が組織のメンバーと協調して，共同で実施するもので，「アクションリサーチ」とも呼ばれる。参与は，通常，両方の立場から積極的になされ，それは，コンサルティング的なプロジェクトや会社内部の問題解決の実行と比べてもより積極的である。変化の過程を調査する際に，理論に基づく研究を行うことで，結果や成果の予想が可能となる。他の組織にも適用可能な一般化が成立するためには，その過程は外的妥当性を備えているべきであ

る。しかし，第1章のハイゼンベルクの不確定性原理の説明で言及した問題に注意しなければならない。参与観察者たる研究者の侵入は，バイアスのない方法での測定を不可能にしてしまうかもしれない。

　参与観察では，組織における通常プロセスへ計画的に介在することで，結果を観察し，理論から予想されるものとの乖離の程度を測定し監視する。研究者の介在（観察者またはアクティブな参与者として）は，リサーチデザインに必須の構成要素であり，それが，研究対象組織の興味を引き，その分野の知見に貢献する結果を生み出すことにつながる。組織の一員となることで，グループや構造を明らかにできるかもしれないが，それにより，（実験設定では通常行われるマッチングや無作為化を行わず）研究環境を乱す可能性がある個人を恣意的に研究対象としてしまう可能性が出てくる。

Kaplan（1998）が示したように，フィールドワークとケーススタディは，理論と実務の隔たりを埋めることによって，外的妥当性を論証する機会を提供する。干渉主義者的な（アクションリサーチ・タイプの）アプローチは，経営学分野ではよく用いられるが，基礎となる理論がないことや，会計研究に「コンサルティング」アプローチを適用していることから，会計分野においては批判されてきた（例えば，Zimmerman 2001）。特にコンサルティングアプローチは，研究者から難色を示されることが多い。しかし，Kaplan は，活動基準原価計算（例えば，Cooper and Kaplan 1992）やバランスト・スコアカード（例えば，Kaplan and Norton 1993）で，実務への重要な貢献を果たした。そのようなイノベーションを，Malmi and Granlund（2009）が示唆したような方法でさらに発展させることができるならば，理論にも重要な貢献をもたらすかもしれない。

1. ケーススタディの方法

Humphrey and Lee（2004, xxv）は，ケーススタディ・プロジェクトに関して定性的研究者の間で以前から存在する3つの懸念を述べている。

- ケーススタディは興味深いが，学術的でない。

- ケーススタディは知見を高めない。
- ケーススタディの論文掲載は困難である。

　これらの「懸念」は，ケーススタディと同じく，フィールドワークにも当てはまるであろう。しかし，最近の文献では，これらの研究も「学術的」であるとされている。実際，フィールドワークや定性的研究は簡単ではなく（Yin 1984, 2009参照），その実施は定量的研究と比較しても困難であることは間違いない。また，いくつかの定性的研究は一般化の可能性に欠けるが，明らかに「知見」を高めるものであるといえよう（例えば，Merchant and Van der Stede 2006）。しかし，論文掲載までの道のりは，前述したように，そして第12章で示すように，依然として困難である。

　フィールドワークに関する用語は，ケーススタディと比べて，曖昧に用いられることが多い。「ケーススタディ」は，通常，単一の部門・企業・業種・国のような，一単位の分析に限定した研究を意味する。ケースの範囲が広くても，「一単位」に焦点を当てることで，「フィールドワーク」の用語の意味より限定的となる。「フィールドワーク」は，フィールドにおける社会活動全般の研究も包含している。Ryan et al. (2002, p.143) は，会計分野のケーススタディを次の5つに区分している。

1　記述的　適用された手続きの観点から現行の実務を記述する。特定の現場や企業を，「ベストプラクティス」や「成功事例」として紹介する（例えば，Peters and Waterman 1982, Smith 1994c）。

2　事例的　研究者は，先駆的実務の導入とその結果を調査する（例えば，Dikolli and Smith 1996, Kaplan 1984, Kaplan and Norton 1992）。

3　実験的　現場の一部に新しい処置を適用することにより，フィールドでの実験を実施する。この種の研究は会計分野ではほとんどなく，最も有名なものはホーソン研究である（Mayo 1933）。

4　探索的　特定の実務が採用される方法と理由の予備的な調査を実施する。このような研究は，理論や方法論への明らかな貢献がなければ，論文掲載は難しいであろう。

5　説明的　実務上の選択を正当化し，理論開発を促す説得力のある説明を提供しよ

うとするが，発見事項の一般化の機会や試みはあまり見られない。

　Yin（1984, p.39）は，ケーススタディの現場は，それが**代表的である**という理由で選択するべきではないことを強調している。ここでは，研究者は統計的一般化を行うことに関与するべきではなく，理論的一般化を重要視するべきであると指摘されている。ケーススタディ研究は実験的研究と比較できる。実験的研究は理論から始まり，理論検証の手段を考案し，ケースの代表的なサンプルを選択し，それが代替的な実験処置の対象とされる。一方，ケーススタディ研究では，ケースが理論を検証する手段となるため，既存の理論がどの程度優れた説明を提供できるかの検証にそのケースが適用できるか否かが焦点となる。「代表的な」ケースでは，これは不可能かもしれない。同様に，複数ケースのリサーチデザインでは，ケースの性質と範囲が決まるまで，いくつのケースを含むべきかを決めることはできないことが指摘されている。ケーススタディの現場の選択には慎重であるべきであり，それが「代表的」なケースであることは稀である。Ryan et al.（2002, p.151）は，興味ある発見のためには，「批判的」または「極端な」ケースの選択が望ましいと指摘している。

　Cooper and Morgan（2008）は，Flyvbjerg（2001）を受けて，ケース選択の動機は，次の4つのいずれかに該当すると指摘している。

- **極端または逸脱**　組織内の状況変化を捉えたケースを用いる。Berry et al.（1985）は，大きな変動期を迎えたときの全国石炭庁のケースを例として示している。同様に，Lys and Vincent（1995）は，論争となった買収における手続きと結果を調査している。
- **最大限の変化**　このケースは，条件を変えることによる影響を学ぶ機会を提供する。Merchant and Manzoni（1989）の例では，複数の業種から異なる技術水準と成長率の企業がケースとして選択されている。すべてのケースの予算目標の達成可能度の調査により，予算設定プロセスに新たな知見を示すことができる。
- **批判的**　ケースは，理論の反証可能性を得るために意図的に選択される。例えば，Preston（1989）は，何もない状態から，高度なマネジメントコントロール・システムを実践するようになった組織の例を挙げている。会計の発展のための動機と便益は，既存の理論と矛盾するものであった。

- **実用的** ケースは，理論に対する貢献をもたらすために選択される。Tinker and Niemark（1987）は，企業の年次報告書における非財務情報の重要性を示すために，ゼネラル・モーターズの縦断的研究を行っている。

重要なことは，これらはケース現場の選択に**先立って**考慮されるべき枠組みであるということである。実際の発見事項は，上の区分と異なったり重複したりするかもしれない。Lys and Vincent（1995）の上の区分の**逸脱**に該当する研究は，結果として理論の反証となり，**批判的**な区分に該当する研究となる結果を示している。彼らの研究では，買収者が1株当たり利益を最適化するような会計方法の選択をすることは理論と矛盾することが指摘されている。

ケーススタディでは，通常，文書証拠，インタビュー・データ，直接観察や参与観察といった複数の情報源からデータを収集する。Merchant（1985）やSimons（1990）は，複数の情報源のデータを統合した研究の例を示している。複数の方法を適用することは「三角測量（triangulation）」と呼ばれており，一般的な研究方法（方法内三角測量）とそれ以外の方法（方法間三角測量）のいずれも，異なる情報源へのアクセスの機会を提供する。

- 方法内三角測量（within-method triangulation）とは，異なる研究者，異なるインタビュアー，異なる調査場所を結合するものである。
- 方法間三角測量（between-method triangulation）とは，発言，インタビュー，調査，資料記録収集における異なる結果を結合するもので，定量的・定性的アプローチの両方を含む。

「三角測量」により同一の現象について異なる見方が可能となり，研究の妥当性と信頼性を高めることができるかもしれない。例えば，Lillis（1999）は，定量的・定性的方法の利点を引き出すために，構造化された質問票とともに半構造化されたインタビュー計画を用いているが，半構造化インタビュー法は，インタビュー中や記録の分析中にバイアスが入ってしまうことが指摘されている。バイアスは，符号化・解釈の両局面で生じる可能性がある。研究者は，記録された文章をどのように符号化するかを最終的に決定し，さらに重要なこととして，理論的構成概念の観点から，インタビューテキストから選択した項目に関

連付けて「意味」を解釈する。記録データの符号化・解釈における首尾一貫性と妥当性は、分析の信頼性を確保する上で非常に重要となる。バイアスを減少させる方法は、複数の研究者で符号化・解釈を行うことである。Ryan et al. (2002, p.138) は、仮定の設定や選択に疑いの余地があるときは、感度分析を用いることを提案している。測定誤差が疑われる場合には、内的妥当性を高めるために、手元の別のサンプル（ホールドアウト・サンプル）を通じて、代替的な測定方法を探る必要性が強調されている。同じことは外的妥当性の問題にも当てはまる。結果の一般化のためには、例えば時期・業種・企業規模に関連する差異の検証が必要となる。

　Chua (1996, p.227) は、フィールドリサーチは「単なる物語」ではなく、むしろ既存の理論や文献に多くを依拠した理論構築の試みであると強調している。しかし、Merchant (Brownell 1995, p.150からの引用) は、統制と経営者業績の関係を調査するフィールドリサーチを例として、「現実の世界では、従属変数や独立変数のようなものは存在しない」と指摘している。

　フィールドスタディ研究者には、サーベイ研究におけるクロンバックの α に相当するものがなく、信頼性と妥当性への配慮を証明する実験室実験での統制群と処置群も有していない。フィールドリサーチには、設計上、他の研究方法に共通する構成概念妥当性を確立するための統計的基礎がない。焦点を絞ったフィールドリサーチでは、別の研究方法（例えば、調査質問票）で同じ問題を扱う場合と比べて構成概念妥当性が要求される程度がなぜ低いのか、その理由を批評者や査読者は問う。構成概念妥当性は重要であるが、フィールドワークにより豊かで複雑なデータを得る機会があることから、そのことが問題となることは稀である。研究を批判的に読む際には、研究の基となる概念を説明する構成概念について明確な意味を見出すべきである。

2. 質的分析の手順

　研究者と研究対象が相互に影響しあう場合に、バイアスが生じる可能性がある。Silverman (1989) は、フィールドリサーチ研究者に見られる2つの極端なバイアスを指摘した。それは、定量データの収集と報告に対する意欲の欠如で

ある場合と,すべての定性データを定量データに変換してしまう場合である。Mason (1994) は,定量データは質的な発見事項を豊かにし,定性データは量的な発見事項を厳密にし信頼性を高めることができるため,結合されるべき補完的な情報源であると強調している。

定性データの**収集**時にインタビュアーに起因するバイアスの可能性に加えて,定性データの**分析**時も研究者の解釈や分類により重大なバイアスが生じる可能性がある。定性データには,データ分析が完全で偏りがないことを確かめる確立された技術がないことが弱点である。非数値の構造化されていないデータを索引付検索・理論化するソフトウェア (NUDIST) は,この弱点を克服する上で役立つ。それは,オリジナルのインタビュー記録を符号化するための質的分析を行うソフトウェアであり,事前に定義されたテーマとインタビュー内容を関連付けるものである。そのため,完全性は問題とならないが,研究者は事前に研究の区分を設定しているため,不偏性については依然として問題が残る。

Miles and Huberman (1994) によって開発された体系的な分析手続を利用することで,質的分析の不偏性を高めることができる。なぜなら,体系的な分析手続は,

- 記録から分析結果に至る一連の証拠を提供する。
- すべてのケースがデータの命題の評価に用いられることを保証し,意図しないバイアスをもたらしかねないインタビュアーによる除去を防ぐ。
- 仮説が検証される範囲内で分析的枠組みを提供する。

フィールドリサーチ研究者は,少ないケースによって,より一般的な理論的主張をし,それを支持しようとする。しかし,どの研究方法を用いても,1つの研究から広く一般化を可能とすることには限度がある。フィールドスタディの外的妥当性の評価においては,異なる条件下で同様の課題を調査する他の研究に照らして検討しなければならない。

Jönsson and Macintosh (1997) は,民族学的研究は,エージェンシー理論に基づくアメリカの「合理的」会計理論研究や,イギリスの「批判」会計理論研究では,重視されてこなかったと論じている。理論に依拠しているが実質的には経験的研究から程遠いアプローチよりも,実際の企業の広範なフィールド

スタディの方が望ましいと述べられている。Chua（1988）やPuxty（1993）は，会計分野における民族学的研究の広範なレビューを行っている。Jönsson and Macintosh（1997）は，民族学的研究は，「単なる良い物語」よりもはるかに優れているものであるという見解を示している。しかし，中立的な研究は不可能であり，政策や理論を適切に考慮することが必要であると指摘している。

　Silverman（1985）は，民族学的研究の3つのアプローチを提示している。

- **認知人類学**（Cognitive Anthropology）　研究対象の文化圏における個人の情報伝達能力に焦点を当てる研究である（すなわち，アクターが情報伝達・行動し，他のグループメンバーを受容することができる方法）。Dent(1991)による，イギリス国有鉄道の技術者から財務・会計担当者への文化の移転の研究が，会計分野での研究例である。
- **象徴的相互作用主義**（Symbolic Interactionism）　アクターが自らが属する組織の文化を変化させる方法に関する研究である。Preston（1986）による，大規模なプラスティック部門における参与観察による経営情報処理の研究は，その例である。
- **エスノメソドロジー**（Ethnomethodology）　（上述の）情報伝達や相互作用のアプローチとの関連はほとんどなく，関与するアクターの社会的行動と結果の解釈を行う研究である。Jönsson（1982）による予算行動の研究は，会計分野での研究例である。

　一方で，批判的研究（第10章参照）は，意味解釈において，権力と階級の構造に焦点を当てている。会計システムは，統制の実行と労働者の管理の手段として見られている。Jönsson and Macintosh（1997, p.376）は，「荷車が常に馬の前に来る（本末転倒）」ような，結論ありきの「批判的」アプローチに疑問を呈している。そこでは，搾取的な資本家システムが常に問題とされる（Ezzamel and Willmott 1992参照）。例えば，Tinker（1980, p.147）による，「会計は，いつの時代においても，黒人労働者の服従の制度化を補強するために使われてきた」と結論付けられるシエラレオネ共和国の財務会計報告書の研究では，現場訪問や民族学は必要とされなかった。

　フィールド現場に入るには，依って立つ理論がなくても，最初のケースの発

見結果を受けて理論開発が可能であろうという見通しがあればよい。グラウンデッド・セオリー（Glaser and Strauss 1967），分析的帰納法（Denzin 1970），ケーススタディ研究（Bloor 1978）を含む多くの代替的な方法が，これを達成するために考案されてきた。代替的手法の優劣の議論はここではしないが，次のような共通した特徴が見られる。

- 当初の期待に基づく調査対象となる現象の定義
- 現象を説明する仮説の設定
- 仮説による説明に合致する程度を決定するための一連のケースの調査
- 変化が観察された場合には，観察の観点から，現象の定義とケースの特徴の修正と仮説の再設定
- 共通の特徴や変化の時点を識別するための，少数の現象（ケース）についての調査
- 「逸脱した」ケースの継続観察のための理由の解釈
- 大規模観察に適合する普遍的なモデルが確立可能となるまで，一連のケースの継続的な再構築

参与観察プロセスの特徴をいくつか指摘することができる。それは，研究結果の妥当性やその後の理論開発の支障となる可能性がある。

- ユニークな事象への接近
- データの分類と一般化のための機会が限られる
- サンプルが代表的でない
- 観察結果を自ら歪めてしまう可能性のある研究者の存在
- 異常な観察結果を典型的なものとする
- 妥当性を制限する可能性のある個人の主観的な観察
- 研究対象へのアクセスを妨げる可能性のある現場

次のような多くの共通の特徴が見られる。

- 研究者の（行動）規範，価値基準，倫理規範，前提
- 問題の特定，研究戦略，方法論に対する研究者の影響
- 研究者の活動範囲における政治的影響

- 研究資源の制約
- 研究の進行途中における偶発事象・機会，特に資金や研究受入組織へのアクセスの問題

　グラウンデッド・セオリーは，学術誌への掲載率は低いが，会計分野のケース研究者の間で，よく用いられるようになってきている。その重要度が増していることで，その特徴と利点を独立して次の節で述べる。

3. グラウンデッド・セオリー

　Glaser and Strauss（1967, p. 3）は，「体系化された実証研究から帰納的に開発された理論は，データ適合性が高いため，有用で妥当で利用可能であるとみなされることが多い」と述べている。純粋なグラウンデッド・セオリー分析は，実証データから理論を構築する際の潜在的なバイアスを管理・統制し，データに潜在または内在する意味を見い出すために設計された，主として非定量的な方法である。純粋なグラウンデッド・セオリー分析では，データの分析過程において理論が形作られる。形作られた理論は，さらに理論的に抽出された実証データをもとに繰り返し検証される。

　グラウンデッド・セオリーは，会計分野のフィールドスタディ研究において，望ましい質的アプローチとして採用されることが多くなっている。しかし，その後の Glaser と Strauss 間の見解の相違により，関連する用語の定義や用いる手法の許容できる手続きに混乱がもたらされている。その結果，「グラウンデッド・セオリー」の代替的形態が開発されてきた。

- Glaser and Strauss（1967）のアプローチを基礎として，Glaser（例えば，Glaser 1992）はそれを改良し，個人的アプローチや個人のスタイルを重視している。
- Strauss（1987）を引き継いだ Strauss and Corbin（1990, 2008）のアプローチは，さらに構造化された規範的なものであり，実証主義研究者に受け入れられやすいであろう。

　その他の形態も多く現れており（Kools et al. 1996参照），看護学の分野でよ

く見られる。Strauss and Corbin (1990, 2008) のアプローチの厳格さは、Glaser のような伝統主義者からは受け容れられなかった。なぜなら、代替的な解釈が認められずに、モデルにデータを無理に当てはめているように思われたからである。Gurd (2008) は、Strauss and Corbin の方法は、それを実行していると断言する研究者によってさえ守られていないことを指摘した。グラウンデッド・セオリーのどの形態も、実証主義者から懐疑的に見られている。それは外的妥当性が欠如しているからであり、多くの学術誌でグラウンデッド・セオリー・アプローチを受容する編集者の数を制限することにつながっている。

　Laughlin (1995) は、グラウンデッド・セオリー研究における「研究者」の資質の重要性を強調している。なぜならそれは、研究者と研究対象者の双方に共有された事象の意味に依拠する研究の発見プロセスや妥当性にとって、非常に重要であるからである。Parker and Roffey (1997) は、実証主義研究とグラウンデッド・セオリー研究を区別する重要な要素として、言語が極めて重要な役割を果たすことを強調している。また、研究者、研究対象者、ユニークな定性的研究から得られたデータの間の、相互作用の重要性を指摘している。

　Gurd (2008) は、グラウンデッド・セオリーの研究報告における「ラベリング」に関する問題を認識し、グラウンデッド・セオリー・アプローチを採用している論文、学位論文、ワーキングペーパー、学会報告論文段階における報告について、最終的な出版時に、具体的な「グラウンデッド・セオリー」の参考文献が省略されることが頻繁に起こると指摘し、例として Soin (1995) を挙げている。同じような例が、管理会計の論文にも多く見られる。これらの論文では、明示していないが、グラウンデッド・セオリー・アプローチを採用していることが、その内容から明らかである。何が「本当の」グラウンデッド・セオリーなのかについての混乱が見られることにより、学術誌の査読者や編集者が不利な扱いをする状況を生み出しているのではないかと思われる。査読者から却下されることを恐れる筆者にとっては、グラウンデッド・セオリー・アプローチを採用していることを明記しないことが明らかに無難である。博士学位の指導教員は、自身と学位候補者間のグラウンデッド・セオリーの用語の共通理解と同じ理解をしている外部審査委員の選出に気を配るべきである。

さらに学習するための推奨文献

Cooper, D.J. and Morgan, W. (2008) 'Case Study Research in Accounting', *Accounting Horizons*, Vol. 22, No. 2, pp.158-78.

Gurd, B.G. (2008) 'Remaining Consistent with Method? An Analysis of Grounded Theory Research in Accounting', *Qualitative Research in Accounting and Management*, Vol. 5, No. 2, pp.122-38.

Lillis, A.M. (1999) 'A Framework for the Analysis of Interview Data from Multiple Field Research', *Accounting and Finance*, Vol. 39, No. 1, pp.79-105.

Malmi, T. and Granlund, M. (2009) 'In Search of Management Accounting Theory', *European Accounting Review*, Vol. 18, No. 3, pp.597-620.

Merchant, K. and Van der Stede, W. (2006) 'Field-based Research in Accounting: Accomplishments and Prospects', *Behavioral Research in Accounting*, Vol. 18, pp.117-34.

Parker, L.D. and Roffey, B.H. (1997) 'Back to the Drawing Board: Revisiting Grounded Theory and the Everyday Accountant's Reality', *Accounting, Auditing and Accountability Journal*, Vol. 10, No. 2, pp.212-47.

Zimmerman, J.L. (2001) 'Conjectures Regarding Empirical Managerial Accounting Research', *Journal of Accounting and Economics*, Vol. 32, No. 1/3, pp.411-27.

第 *10* 章
アーカイバル研究

●本章の内容●
- クロスセクションデータ
- 時系列データ
- アーカイバル研究における妥当性のトレードオフ
- 内容分析
- 批判的分析

　本章では,「アーカイバル」という用語を広く捉え,歴史的資料,テキスト,学術論文,企業の年次報告書や開示書類などの研究で利用される情報源について述べる。ここでの研究アプローチは,会計数値のファンダメンタル分析(基礎的分析)から,ナラティブ・データの内容分析や,批判的アプローチ,会計理論の開発にまで及ぶ。

　情報探索は時間と費用を要する作業であり,研究者にとっては,効率的に情報源を特定し利用するために必要なスキルを磨くことが重要である。そのような情報源は,**一次資料**(例えば,最初に公表されたオリジナルな研究結果),または,より一般的には,**二次資料**(例えば,企業の報告書やプレスリリースといった第三者によってすでに公表された情報),そして,時には**三次資料**(例えば,データベースに統合・分類・再加工されたデータ)に分類される。しかし,その分類は明確ではない。利用者の立場によって,企業の年次報告書は一次資料または二次資料とみなされる可能性がある。図書館目録,論文要旨,インターネットのデータベースを用いたキーワード・著者検索を通じて,これらの情報源に直接アクセスし,関連する参考文献を検索することができる。第1章で述べたように,批判的姿勢を研究過程に取り入れるべきであり,データの情報源

へのアクセスにおいても批判的姿勢が必要である。その際は，データが研究目的に適合しているかを評価する必要がある。データは最新のものか。データは信頼できる権威ある情報源から入手したものか。信頼できる方法を用いて集められたデータか。研究予算に制約がある場合は適時に経済的にデータにアクセスが可能か。Foster (1986) は，クロスセクション研究と時系列研究の双方において，二次資料からのデータ収集に関するいくつかの問題を明らかにしている。

1. クロスセクションデータ

1 データには含まれていない企業があるかもしれない。複数のデータベースを利用している場合には，これは特に問題で，データベースに含まれない企業が「全く無視」されてしまう。小企業が規模による「基準」により含まれない場合がある。同様に，証券市場に上場していない企業も含まれない場合がある。個人企業または外国資本企業が排除される可能性もある。データの入手が難しいためにこのようなことが起こる。連結親会社に個別子会社の報告が要求されていない場合に，子会社のデータが得られないこともある。
2 データは，すでに存在しない企業を除外しているかもしれない。合併・買収・倒産した企業は最新のデータベースには含まれないことが多いため，これらの企業を研究対象とするには，他の情報源が必要であろう。破綻予測の分野における多くの先行研究は，生存バイアスに関する批判に直面してきた。倒産企業の情報を入手できないために，分析対象に含まれないことが多いからである。
3 直近のデータが含まれないために，最新のデータとは言えないかもしれない。オンラインやウェブベースのデータベースが即時更新され，日々情報がアップデートされるため，この問題はさほど重要ではなくなっている。
4 財務項目が省略されているために，データが不完全かもしれない。例えば，利益予測や「計算書の注記」はデータには含まれないため，他の情報源が必要となる。
5 財務項目の分類について企業間で一貫性がないかもしれない。データベースがオリジナル資料の複写でない限り，企業間の体系的な分類を行うために一定の仮定が必要である。例えば，企業の報告項目に差異が容認されている場合は，異なる分類に集計されるため，恣意的な判断なしには分離できないであろう。「売上原価」に間

接費を含む企業もあれば,「販売費及び一般管理費」に間接費を含む企業もあるであろう。信頼できない帳簿記入は,分類上の判断が必要な「間接費」のような項目を増加させる。このような問題は,(国内や各国間における大きな差異をもたらす)報告期間の不一致,(特に産業間の)会計処理方法の不統一により,深刻なものとなり,同じ会計基準の下でも異なる選択がなされる場合,企業間比較がより難しくなる。

6　データ入力に誤りがある場合もあり,他のデータベースが利用できればそれで照合し,内的妥当性の確認を行うことが必要となる。例えば,項目の平均値と標準偏差を計算し,2標準偏差の範囲の外側のすべての項目を確認することもできる。同様に,当座資産と流動資産の比較で,誤りが発見できるかもしれない。業種分類には固有の問題がある。なぜなら,「業種」の一般的な定義は1つではなく,データベースによって異なる分類が用いられているからである。「製品グループ」や「生産プロセス」は分類の基礎となるが,一般に用いられる分類でない場合には,問題が生じるであろう。

7　ディスクロージャーの内容は常に拡大しており,研究者にとっては,最も信頼できる包括的な情報源を得たという確信を持つことがますます難しくなっている。財務報告の分野においては,多くの研究はいまだに企業の報告書の内容を用いているが,より適時な情報を提供する新聞やインターネットの情報源の活用が徐々に増えている。ロイター・ビジネス・ブリーフィング（RBB）は,学術目的では広く利用されていないが,イギリスにおいて利用可能な企業に関するニュースの最も詳細な情報源であろう。フィナンシャル・タイムズ・インデックス（イギリス）やウォール・ストリート・ジャーナル・インデックス（アメリカ）も,一般的な情報源である（www.bloomberg.com も参照）。Brookfield and Morris (1992) はマッカーシーの情報マイクロフィッシュ（CD-ROM で現在利用可能）を利用している。インターネットや電子メールでの情報開示は追加的情報として,比較的利用されていない情報源であるが,潜在的には重要である。なぜなら,一般投資家が入手可能となる前に,投資アナリストに対してこれらの手段を通じて企業が情報開示を行っているという多くの証拠があるからである。しかし,情報開示に対して企業や個人は消極的なため,電子メールの内容の活用には制約がある。

2. 時系列データ

1　企業や産業で構造的な変化が生じている場合には，期間比較が困難となる。これは，企業内部においては合併・買収や会社分割により生じ，企業外部においては新たな政府の政策，規制緩和，新製品，新たな競争相手，技術革新により生じるであろう。

2　会計処理方法の変更，特に自発的な選択や変更に関連する会計処理方法の変更によって，財務数値を期間比較することが難しくなるであろう。さらに，これが恣意的に行われる場合は特に問題である。

3　会計上の区分の問題により，特定の項目に関して企業ごとに異なる解釈が生じ，コミュニケーション上の問題を引き起こす。例えば，企業はある年度に子会社を連結し，重大な変化がなかったとしても，次年度に連結から外すかもしれない。同じように，「特別項目」や「のれんの償却」の会計処理といった時期と金額の報告が裁量可能な場合には，比較可能性を担保するために調整が必要となる。

仮に，実施される研究プロジェクトが一般的に「アーカイバル」と呼ばれるものでなくても，上記の要点は，前の章で述べた他の研究方法で用いられる記録資料の利用に関する示唆を与える。

1　サーベイ研究で用いられる郵送リストのデータベースは，定期的に更新しなければ，そのリストに対象者が含まれず，故人や転居者を含んでしまう。そのような誤りや排除は，バイアスなどの問題を引き起こす。

2　先行研究レビューの基礎となる学術誌のデータベースには，多くの潜在的な問題がある。学術誌の中にはオンラインで入手不可能で，どのデータベースにも含まれないものもある。例えば，専門的な出版社を通さず，各大学が刊行している会計学術誌などである。特定のデータベースにしか表示されない雑誌もある。そこで，必要な文献を探すためには，多くのデータベースへのアクセスが必要である。データベースに含まれる範囲が拡大し，過去の論文の入手も可能であるとはいえ，「昔の」論文は多くのデータベースで未だに利用できない。重要な論文を入手したくとも，その論文へのアクセスが制限されているか，ハードコピーの印刷物に頼らざるをえないこともある（第3章の文献の調査の箇所参照）。また，最新の論文はすぐに利用

できないこともあり，必読論文のタイトルや要旨しか見られず，全論文が利用できるのは何か月も先であることがわかり，失望することもある。論文「全体」を見る際には注意が必要であり，オンラインのテキスト版からは図表や参考文献が省略されていることもある（幸い，これはPDFファイルの普及によって解決しつつある）。

3 アーカイバル情報源から根拠のない推測をすることは，特に比較可能性が確保できない懸念がある場合には，慎まなければならない。内容の違いは，比較結果における明らかな矛盾や不一致を説明するかもしれないが，なるべくオリジナルの情報源に戻ることが必要であろう。実際，Brownell (1995, p.140) は，会計研究の問題の多くは断片化（すなわち，異なる場所で異なる手法・手段を用いた異なる研究）に起因し，それが比較可能性を脅かしているとしている。

3. アーカイバル研究における妥当性のトレードオフ

アーカイバル研究は，実証データを用いるため，一般的に，実験的アプローチやシミュレーション・アプローチよりも外的妥当性を有する。しかし，（例えば，企業データの）選定プロセスに不備があった場合には，代表的でないサンプルを選んでしまう危険がある。この状況は，リサーチデザインにおいて「マッチング」（典型的には，規模や業種のマッチング）手続きを採用した場合により深刻となる。その場合，結果が業種固有のものでしかないか，または，選択された個別企業群にのみ固有のものであるという可能性も考えられる。

Libby (1981) は，アーカイバルデータを用いた計量経済学研究は，本来極めて実験的であると述べている。計量経済学研究は，変数操作の機会が制限されていたとしても，実験的研究で取り組まれる類似の課題に答えるために用いられることもある。実験室実験では，処置を操作し因果関係を推定することが多いのに対し，多くのアーカイバル研究では，関心のある変数間の関連や体系的な変動を探求する。因果関係ではなく関連性が観察されたとしても，内的妥当性の懸念は残っている。例えば，Wallace (1991) は，財務諸表研究に関連する内的妥当性の問題は，特に「計測」や「歴史」と関連するとしており，この懸念は他の財務会計分野においても当てはまるであろう。

計測の観点から，Wallaceは,「会計上の変更」に正確に何が含まれるかについては，常に論争があると述べている。計測プロセスにおいて技術的な要素は重要である。異なる情報源を用いる場合や，年次報告書のデータ収集に複数人が関わる場合でさえ，測定方法の違いが結果の妥当性を脅かす恐れがある。同様の問題は，破綻予測研究において生じており，多様な「倒産」の定義が過去の研究で用いられてきた。Wallaceによれば，倒産には様々な捉え方があるだけでなく，組織再編・債務再構成・融資契約の技術的不履行の取り扱いにも問題がある。情報源や研究者間で異なる定義が用いられていれば，内的妥当性が脅かされることになる。Houghton and Smith (1991) は，研究者が，用いた定義を詳細に確認せずに他の研究成果との比較を行うことに慎重になるべき理由を挙げている。その研究における「証券取引所による調査が行われている」企業をも含む倒産の定義は非常に広範であり，多くの関連研究で用いられている定義とは合致しないであろう。

歴史的な影響の観点からは，対象となる全期間の破産法・報告要件・会計方針の変更のすべてが，企業データのアーカイバル検索から得られた結果に影響を与えるであろう。このような変更の影響を適切にコントロールしなければ問題が生じる。研究者は外生的要因をコントロールしようとして，マッチングサンプルを用いて対応することもある。しかし，どの要因でマッチングすればよいのか。さらに，これらの要因でマッチングすることを選択した場合に，例えば規模・業種・資本構成の重要性の評価ができなくなる。さらに，測定の問題は，正確にマッチングしたかを確かめることができないことを意味する。例えば，規模のマッチングにおいて，資産金額を用いるのか従業員数を用いるのか。資産金額でマッチングする場合には，許容可能な範囲は，1千ドル，1万ドル，10万ドル，100万ドル，1千万ドルのいずれであろうか。このような測定の問題は重要であろう。

4. 内容分析

内容分析は，テキストから有効な推論を行うための一連の手続きを用いる方法と定義される。その推論は，メッセージの送り手，メッセージ自体，メッセー

ジの受け手に関するものであり，推論プロセスのルールは調査者の関心により異なる(Weber 1985)。1850年代にさかのぼる文書の書き方のスタイルの統計的研究は，特に文書の真贋問題を解決するものであり，Mosteller and Wallace (1963)のモデルによって説明されている。それは，「一方で(whilst)，～の上で(upon)，十分に (enough)」という言葉の発現を分析することで，Federalist Papersの執筆者を識別することを可能にした。同じアプローチは，Osgood and Walker (1959) と Stone and Hunt (1963) によって採用され，偽物と本物の遺書を，ものや人への言及に基づいて区別するために用いられた。隠されたメッセージを発見するための単語のパターンや並びの分析は，戦時中によく用いられるようになり，政治演説におけるプロパガンダを暴くために用いられた(Berelson 1952, Laswell 1948)。

　内容分析は，伝統的にアーカイバルデータの分析に利用されてきたが，インタビュー記録の分析にも用いられるようになってきている。一般的に，定量的方法はアーカイバルデータに利用され，定性的方法はインタビュー記録に利用されてきた。定量的方法が採用されるのは，テキストの明白な特徴（例えば，単語の発現数，特定のテーマに関連する単語の数）がある場合に限られてきた。特定の単語やテーマを定量的に変数で示すことにより，統計分析が利用できる。

　さらに最近では，その技術は，自由回答型調査の回答を対象として，調査データを裏付けるための質的分析という形で応用されている。そこでは，内容分析によって，用いられたフレーズの内在的な意味などの潜在的なデータ特性の検証が行われる(Holsti 1969)。ナラティブの明白な内容と潜在的な内容とを結びつけることは課題である。内容分析は，提示されたテキストの裏の理由を調べ，調査者にとって興味深い，根拠があって隠されたまたは潜在的な意味を推論することが可能であるという信念に基づいている(Weber 1990, pp.72-6)。明白な内容だけに限定した内容分析は，極めて限定的な価値しか持たないであろう。しかし，Salancik and Meindl (1984, p.243注2) は，表現された属性が著者の「真の」信念であるかどうかは重要でないと論じている。

　定量的分析を実施しようとする場合には，通常，内容分析について2つの代替的で一般的なアプローチが採られる。すなわち，単語や具体的な言及を機械的に数えることを含む「形式指向」（客観的な）分析，調査中のテキストの潜在

的なテーマの分析に焦点を当てた「意味指向」(主観的な) 分析である。

経営管理文献では, Bettman and Weitz (1983), Staw et al. (1983), Salancik and Meindl(1984), Clapham and Schwenk(1991), Abrahamson and Park(1994) が, 企業業績を説明・報告するために経営者が株主に送付した文書を用いて, その原因属性を調査する目的で, 内容分析アプローチを適用している。Jones and Shoemaker (1994) は, 実証会計のナラティブ分析研究の概観を示している。Kelly-Newton (1980) は, テーマ測定の内容分析手続きを適用し, 再調達原価の注記を例として用いて, その一般的記述部分の分析を行うことで, 開示要求に対する経営者の対応を調査している。Ingram and Frazier (1980) は, 企業の環境開示の内容分析を実施し, 説明的研究によって3産業間のナラティブな情報開示と企業業績とを結びつけている (Ingram and Frazier 1983)。

Abrahamson and Amir (1996) は, 投資家向けの年次報告書を用いて, 株主への社長の緒言の情報内容を研究し, テキスト分析の重要性を強調している。Bowman (1984) は, 社長の緒言における「新 (new)」という単語の発生回数を用い, 企業の戦略的リスクと不確実性に関する課題を表現する際の経営上のリスクの尺度としている。また, 内容分析の利点として, 控えめな測定であることを強調している。なぜなら, 調査対象の文書は, 内容分析の実施者が作成したものではなく, 異なる目的で異なる読者に対して作成されたものであるからである。そのため, 測定プロセスでデータを混同する懸念はほとんどない (Weber 1990, p.10)。

D'Aveni and MacMillan (1990) は, 株主宛ての文書の内容分析を用いて, 生存企業と倒産企業の最高経営者による, 経営危機に対する異なる戦略的対応を分析している。優良企業の経営者は生産環境 (例えば, 顧客ニーズや需要の伸び) の重要な成功要因に焦点を当てるが, 破綻企業の経営者は危機を否定し, 内向き・短期志向になるという点で違いが見られる。

Frazier et al.(1984), McConnell et al.(1986), Swales(1988), Yoon and Swales (1991)の研究は, 内容分析アプローチを用いて, 企業の年次報告書に見られる定性データによって株価変動を予測できるかどうかを調査した。Bowman (1984)はポジティブな言及に焦点を当て, 一方で, Abrahamson and Amir(1996) はネガティブな言及に限定して検討を行っている。Tennyson et al. (1990) は,

内容分析アプローチを用いて，企業のナラティブ情報開示と倒産の関係を調査したが，統計モデルにおいてポジティブ・ネガティブ間の差異や，良い言及・悪い言及の差異を見出していない。

Weber（1990，p.37）は，高頻度に使われる単語間の共変動から推論される単語分類は，テーマに比べて信頼度が高いと論じている。しかし，Krippendorff（1980，p.63，2004）は，多くの内容分析に関して，ナラティブで伝達された隠れたメッセージの決定に利用者の判断を要するテーマ単位での分析は，適用が難しいにもかかわらず望ましいとしている。「単語（word）」という用語は，意味論上テキスト単位と同等であり，同義語・熟語・節を含んでいる（Weber 1990，p.22）。ここで，「テーマ（theme）」という用語は，異なる意味や暗示的意味（すなわち，いくつかのテーマや課題に触れている）を持つ単語群を意味する（Weber 1990，p.37）。Smith and Taffler（2000）は，これらの基本的な定義を，形式指向（単語ベースの）分析と意味指向（テーマベースの）分析の両方を実施する際に採用している。ナラティブの定性的内容は，簡単な数式を用いた次の分析を用いて，量的変数に変換される。単語の式は次のとおりである。

$$単語（word）変数 = \frac{共通発現の回数}{ナラティブにおける単語総数}$$

ここで，単語変数は，ナラティブにおけるテーマの重要性に基づいて，各テーマのナラティブごとに算出される。例えば，1つの文章が4つのテーマから成るならば，各テーマのスコアは0.25となる。ある特定のテーマに割り当てたすべての文章の合計スコアが，ナラティブにおけるその重要性を表す。

$$テーマ（theme）変数 = \frac{テーマ・スコアの合計}{報告書（ステートメント）における文章総数}$$

（1） 信頼性と限界

Krippendorff（1980，pp.130-54，2004）は，研究者自身が開発し適用した記録説明書は信頼性に欠ける可能性があることを警告し，プロセスの次のような3つの側面を強調している。

- 安定性　同一の評価者(coder)による異時点間の符号化によって生じる差異は，重要ではない。
- 再現性　原則として，異なる場所で異なる評価者が符号化を行った場合に，実質的に同じような符号化がなされるべきである。
- 正確性　評価者による符号化は，既知の「正確な(right)」知見に概ね従うべきである。しかし，実際は正確性を評価することは難しいことが多い。

　成功とみなされる納得のいく成果の相関に関する一般に合意された水準はないが，Krippendorff(1980, pp.146-7, 2004)は，80%超の符号間の信頼性相関が求められると指摘している。しかし，研究者がいくら配慮しても，Weber (1990, p.62)が強調しているように，内容分析はある意味アート（芸術的）であり，調査者の判断と解釈に依存する。「テキストはそれ自体語らない…調査者が語るのであり，その語りの言語は理論の言語である」（Weber 1990, p.80）。研究者バイアスは回避することができない。

　内容分析に関するもう1つの重要な限界は，発現頻度が，単語やテーマ数で示される強調の程度を反映していると仮定していることであるが，これは必ずしも正しくない（例えば，Weber 1990, pp.71-3参照）。さらに，データを削減するために同じ区分に分類した単語や文章が，同じ内容であるとは限らない（Weber 1990, p.72）。

　ナラティブ分析を用いた最近の論文は，「単語」と「テーマ」を対象とするものから，代替的な文体上の特徴を対象とするものに移ってきている。例えば，Amernic and Craig(2006, 2008)は，企業の報告書の修辞学を用いた調査を行っている。Beattie et al. (2004)は，代替的なナラティブ情報開示指標を調査している。Aerts (2005)は，情報開示上の強調によって業績測定を選択的に行うことについて研究している。Brennan et al. (2009)は，ナラティブの6つの特性（キーワード，金額，損益額の選択可能性，キーワードの追加，業績比較，曖昧度）の分析を可能とするモデルを開発した。Merkl-Davies and Brennan (2007)は，印象を左右する目的でナラティブの操作を利用することに焦点を当てている。

5. 批判的分析

　第1章では，会計研究における実証主義的アプローチ，解釈的アプローチ，批判的アプローチを区別した。先の章で述べた内容の多くは「実証主義的」な観点に基づいていたため，ここでは他の2つのアプローチについて述べる。批判的分析の文献の多くは，本質的に記録的，歴史的，アーカイバルであり，実証的でないからである。

　Baker and Bettner (1997) は，アメリカの会計分野のトップジャーナルにおいて批判的研究や解釈的研究がほとんどないのは，経験主義の欠如によるものであると述べている。Jönsson and Macintosh (1997) は，例えば Tinker (1980) や Ezzamel and Willmott (1992) が用いた「批判的マルクス主義」の立場の妥当性に疑問を呈しており，フィールドワークの必要性を顧みず，結論が概ね自明であることに対して批判している。この問題は第9章で論じた。一方，医療機関で実施された「解釈的」研究（例えば，Chua and Degeling 1993, Preston et al. 1992, 1997) は実証的であり，広範なフィールドワークに基づいている。

　Power et al. (2002) は，会計が経済的実態を反映するという見方には批判的であり，会計が実態の創造に関与しているという Hopwood (1987) や Hines (1988) の主張に従っている。Arrington and Puxty (1991) は，単に数字を追うのではなく，「説明責任 (accountability)」を重視する必要性を主張している。

　Laughlin (1999) の批判的研究の要約は興味深い。それによると，会計の本質を根本から見直す次のような様々な観点を採用しながら，批判的・解釈的研究の多くの分野が発展してきたとされる。

- **批判的マルクス主義**　例えば，Tinker (1980)，Tinker et al. (1991)，Bryer (1999)。
- **批判的急進主義**　例えば，Armstrong (1987)，Cooper and Sherer (1984)，Tinker and Niemark (1987) は，新マルクス主義の観点を採用し，会計が資本家の利益を代表することで現実を歪めると提案している。
- **批判的フェミニスト**　例えば，Hammond and Oakes (1992)，Oakes and Hammond (1995)，Hines (1992) は，会計の論理思考の男女間の相違に関する批判的

議論を提供している。
- **解釈主義** 例えば，Arrington and Francis (1989), Lehman (1999)。
- **批判的解釈主義** 例えば，Laughlin (1987), Power and Laughlin (1996), Willmott (2008)。
- **フェミニスト解釈主義** 例えば，Broadbent (1998), Gallhofer (1998)。
- **急進主義** 例えば，Sikka (2001), Sikka and Willmott (1997)。
- **急進的フェミニスト** 例えば，Hammond (1997), Dwyer and Roberts (2004)。

このような分類には議論の余地があり，上で取り上げた著者の反感を買うかもしれない。しかしあえて分類をするのは，論文掲載の機会が限られているにもかかわらず，批判的パラダイムの下で実施される研究の広がりを示したいからである。実際，本節で言及した研究のほとんどすべては，*Accounting, Organizations and Society* と *Critical Perspectives on Accounting* と *Accounting, Auditing and Accountability Journal* の 3 つの学術誌に掲載されたものである。

さらに学習するための推奨文献

Aerts, W. (2005) 'Picking up the Pieces: Impression Management in the Retrospective Attributional Framing of Accounting Outcomes', *Accounting, Organizations and Society*, Vol. 30, No. 6, pp.493-517.

Brennan, N.M., Guillamon-Saorin, E. and Pierce, A. (2009) 'Impression Management: Developing and Illustrating a Scheme of Analysis for Narrative Disclosures-A Methodological Note', *Accounting, Auditing and Accountability Journal*, Vol. 22, No. 5, pp. 789-832.

Foster, G. (1986) *Financial Statement Analysis*, 2nd Edition, Prentice Hall, Englewood Cliffs, NJ.

Krippendorff, K. (2004) *Content Analysis: An Introduction to its Methodology*, *2nd Edition*, Sage, Thousands Oaks, CA.

Merkl-Davies, D.M. and Brennan, N.M. (2007) 'Discretionary Disclosure Strategies in Corporate Narratives: Incremental Information or Impression Management', *Journal of Accounting Literature*, Vol. 26, pp.116-94.

Smith, M. and Taffler, R.J. (2000) 'The Chairman's Statement: A Content Analysis of

Discretionary Narrative Disclosures', *Accounting, Auditing and Accountability Journal*, Vol. 13, No. 5, pp.624-46.

Willmott, H. (2008) 'Listening, Interpreting, Commending : A Commentary on the Future of Interpretive Accounting Research', *Critical Perspectives on Accounting*, Vol. 19, No. 6, pp.920-5.

第 11 章
指導と審査の過程

本章の内容
- 指導教員の役割
- 審査委員の経歴
- 審査の過程

　研究指導の取り決めや審査の方法は国によってかなり異なるが，どのような環境においても，学位候補者が，指導教員の役割，提示された指針の水準，審査の過程の本質について，合理的な期待を持てることが重要である。アメリカでは指導委員会が存在することが標準的であり，体系化されたコースワークの広範なプログラムを完了した後に，学位論文の作成に費やす期間は，通常，他の国よりも短い。学位論文の口頭試問は多くの場合大規模に開催され，公開されることもある。

　イギリスやオーストラリアでは，通常2人1組の指導教員が指名され，そのうち1名が「主たる」指導教員の役割を担う場合がある。第2の指導教員は，年齢が比較的若く，経験も浅いことがあり，学位候補者に何らかの「コツを教えてくれる人」とみなされることもある。このような場合，第1の指導教員が，第2の指導教員の孤立を避け，学位候補者の求めにより第1の指導教員との一対一の関係が続くことを避けるために，第2の指導教員もすべてのミーティングや審査に関与させるようにすることが望ましい。研究方法を学ぶ以外の正式なコースワークはほとんどなく，学位論文の完成前に何らかの評価上のハードルがあることは稀である。

　学位論文の口頭試問（口頭試験）はイギリスでは標準的であり，2人の審査委員（通常，うち1人は大学外部者）と，傍観者としての指導教員という少人

数の面前での緊張した質疑応答を伴うものである。審査委員の選定には、口頭試問に参加するためにかかる旅費が制約となることもある。このような制約は、オーストラリアのように国土が広大で、審査委員となる人材が少ないため、海外の審査委員を探す必要が多い場合に問題となる。結果的に、オーストラリアのような国では、口頭試問はほとんど行われない。将来的にビデオ会議などの技術が発達すれば、口頭試問が普及することが期待される。このような技術が使えれば、費用などの制約はなくなるが、2人（または3人）の外部審査委員を登用し、それぞれに評価報告書を作成してもらうことが必要となる。このようにすると、審査委員が直接口頭試問の場所に行くことなしに、世界中から最適な審査委員を選定できる。問題は、学位候補者と直接話をする機会がないことである。どのような審査方法になっても、学位候補者に何が期待されているか、一度の口頭試問で審査委員を納得させるため指導教員が学位候補者をどのように指導するかを知っておくことは重要である。

1. 指導教員の役割

誰が学位候補者の指導教員となるかは、様々な方法で決定される。伝統的には、学位候補者が、特定の指導教員の指導を希望し、（少なくとも）研究計画書の概要を準備して入学してくるであろう。指導教員は、通常、学位候補者の資質と研究内容が適切であるかについて判断する機会が与えられており、指導教員と学位候補者のそれぞれの目的を満たすために、研究内容の指導を行う。最近では、入学時に指導教員を決定せず、研究アイデアの詳細を決めずに、包括的で体系的なプログラムに学位候補者を受け入れることがある。この方法では、研究内容に応じて最適な指導教員が学位候補者を担当できる利点があるが、候補者が適切な指導教員を得られないような研究計画を作成してしまう可能性があるという欠点がある。しかし、体系的なプログラムを通して実現可能性を確認することにより、学位候補者の指導ができなくなるという事態を避けることができるであろう。

学位候補者が特定の研究資金や奨学金がすでに付与されているプログラムに入学してくる場合には、特定のプロジェクトがすでに決定されており、当初の

プロジェクト計画を手ほどきした研究者が自動的に指導者となることもある。

博士課程における指導力の欠如は，会計や経営学部で深刻な制約となっている。博士学位候補者の入学希望が多くとも，指導教員の指導に対するインセンティブは著しく劣る。これは，これまでに何人もの学生に博士号を授与させてきた経験豊富な指導教員に特に当てはまる。このような経験豊富な指導教員に入学希望が殺到するため，学位候補者は現実的なテーマを準備しなければならないということを意味する。指導教員は，自身の研究範囲を超えた新規で複雑な文献の調査を伴わない，自身の専門分野内のテーマを指導することを望むことが容易に想像できる。学位候補者の在学中か修了後に，指導教員が共同執筆を望むことも容易に想像できる。人気のある指導教員は，通常，多くの学位候補者を抱えており，複数の候補者を毎年修了させる。しかし，希望が殺到しても，大学による指導教員1人当たりの学位候補者数の恣意的な「上限」が設けられていることで，指導できる候補者が制限される場合がある。このような状況で，学位候補者が人気のある指導教員の指導を望むならば，自分自身や自身のテーマを効果的に売り込んだり，研究計画を柔軟に組み立てたりする覚悟が必要である。

しかし，「人気のある」指導教員が必ずしも「最適な」選択ではない可能性がある。指導教員との関係は，多くのコミュニケーションを必要とし，緊密な人間関係を伴うものである。指導教員と学位候補者の関係が良好で，師弟関係を超える仕事上の関係を理想的に築くことができれば，このような関係はうまくいく。しかし，様々な学位候補者と指導教員がいることから，両者の関係がどのようになるのかを事前に予測することは困難である。このような関係は，指導教員と学位候補者のどちらかまたは両方が妥協しないために，崩壊してしまう可能性がある。経験上，学位候補者が（多くの場合，修了見込みまで1年未満という）課程をかなり進んだときに，問題が最も生じやすい。この時点では，学位候補者は，自身が指導教員よりも，恐らくは世界中の誰よりも，自身の論文についてよく知っていると自信過剰になっているであろう。そして，学位候補者が，現在の方向性から逸れた方向性や，指導教員と合意した方向性に反するような方向性を追求することを望む場合がある。この時点で新しい方向性を追求することにはリスクが伴い，修了までの期間が延びる可能性が出てくる。

学位候補者が，新しい研究計画を諦めずに推し進めようとすることで，研究上の関係が成り立たなくなることがある。指導教員の指導を無視して，学位候補者が新しい方向性を追求することは，学位候補者自身の自由である。しかし，学位候補者は，新しい試みには時間的制約を課し，時間通りに確実に修了するためには新しい試みを諦める覚悟もしておくべきである。このような妥協ができないならば，指導教員の変更が必要となるが，そういった学位候補者が代わりの指導教員を得られることは難しいことを覚悟しておかなければならない。ここで重要なのは，担当する指導教員は，必ずしも学位候補者の専門分野に詳しくなくても，提出前の論文構成や執筆の最終段階に至るまで指導してくれるということである。

　指導の過程は，いくつかの段階に明瞭に区分でき，それぞれの段階ごとに指導教員と学位候補者が各々の責任を有する。その責任の本質には必然的に違いがある。Moses (1985) を参考にした表11.1では，当事者間の議論の基礎として用いることのできる，5点リッカート尺度の形式で12段階のチェックリストを提示しており，これによって双方が何らかの合意に達することができるであろう。

　指導教員は表11.1に示した最初の選択肢を選ぶことが予想されるかもしれないが，指導教員の自らの責任についての考え方は様々であり，指導教員・学位候補者間で互いの期待について最初から確認しておくことが重要である。

　指導教員は，興味深くかつ革新的な成果を適時に生み出すことができるように，研究過程を計画し管理できなければならない。学位候補者が最初の研究アイデアを発案するかもしれないが，指導教員は，テーマが壮大過ぎる（かつ過労や極度の消耗を伴うことなく時間通りに完成できない）ことがなく，このテーマには学問に対する十分な貢献がないと審査委員が考えるほど取るに足らないものではないという点で，「受容可能な」論文を生み出すことを確実にしなければならない。学問に対する貢献がなく，受容可能でない論文となるような状況を多くの指導教員は避けようとするであろう。これは，学位候補者が早く博士論文を完成させて提出することを切望する（特にアメリカの学位候補者の）場合には，軋轢を生む原因となりうる。指導教員は，論文構成を提示するために研究過程全体を計画し，候補者になってから6か月以内に明瞭な研究計画を策

表11.1　指導教員と学位候補者の期待（Moses 1985から引用）

1	研究テーマを選定することは，指導教員の責任である。	1 ○ 2 ○ 3 ○ 4 ○ 5	学位候補者は，自身の研究テーマを選定する責任を負う。
2	どのような理論的枠組みや方法論が最も適切であるかを決定するのは指導教員である。	1 ○ 2 ○ 3 ○ 4 ○ 5	学位候補者がどのような理論的枠組みや方法論を用いたいのかを決定するべきである。
3	指導教員が学位候補者の調査や研究の適切な計画や予定表を作成するべきである。	1 ○ 2 ○ 3 ○ 4 ○ 5	指導教員は研究計画の設定を学位候補者に任せるべきである。
4	指導教員は，学位候補者が学科・学部・大学の適切なサービスや設備の説明を受けられるようにする責任がある。	1 ○ 2 ○ 3 ○ 4 ○ 5	研究に必要なすべてのサービスや設備が適切に準備・提供され，利用できるようにするのは，学位候補者の責任である。
5	指導教員は，学位候補者が選んだテーマについて特定の知識を有している場合にのみ学位候補者を受け入れるべきである。	1 ○ 2 ○ 3 ○ 4 ○ 5	指導教員は，たとえ学位候補者のテーマについて特定の知識を有していなくても，学位候補者を受け入れるべきである。
6	指導教員と学位候補者の間の人間的な関係は，学位候補者が成功するために重要である。	1 ○ 2 ○ 3 ○ 4 ○ 5	個人的・人間的関係は，在学中の学位候補者と指導教員の両方の客観性を損なう可能性があるので望ましくない。
7	指導教員は，学位候補者と定期的な会合を持つべきである。	1 ○ 2 ○ 3 ○ 4 ○ 5	学位候補者が，いつ指導教員と会うのかを決めるべきである。

8	指導教員は，学位候補者が継続して研究に取り組んでいることを定期的に確認するべきである。	1○2○3○4○5	学位候補者は，独立して研究するべきであり，どのように，どこで時間を費やしているのかを説明する必要はない。
9	指導教員は，学位候補者に精神的な支援や励ましを与える責任がある。	1○2○3○4○5	個人的な助言や支援をすることは指導教員の責任ではないため，学位候補者は他の場所でこれらを探すべきである。
10	指導教員は，学位候補者が正しい方向に進んでいることを確認するために，研究のすべての草稿を見せるように要求するべきである。	1○2○3○4○5	学位候補者は，指導教員から建設的な批評を望む場合にのみ，研究の草稿を提出するべきである。
11	指導教員は，必要があれば，論文の執筆を手助けするべきである。	1○2○3○4○5	論文の執筆は，学位候補者が単独で行うべきである。
12	指導教員は，論文の水準の決定に責任を負う。	1○2○3○4○5	学位候補者は，論文の水準の決定に責任を負う。

定することができるよう優先順位を定めなければならない。こうしたプロセスを通じて，両者の期待が形成されるが，同時に両者に要求事項を課すために，これが軋轢の原因となる。

　通常，学位候補者は研究当初は自身の研究に熱心に取り組む。この段階ですら熱心さに欠けるならば問題であり，途中で断念したり修了できなかったりする可能性が示唆される。Phillips and Pugh (1994) は，その著書で「博士学位を取得できない理由」として，学位候補者が博士課程を首尾よく修了するために，学位候補者がすべきでないことについて，興味深い指針を提示している。指導教員は，モチベーションを維持して研究が進展することを確実にするため

に，熱心さの程度を確認し続けなければならない。これは，同時に「仕事」を抱えているために研究の進展が極めて遅いか，全く進展しないパートタイムの学位候補者にとって，特に重大な問題となりうる。研究過程において，具体的な目標や節目を明確にすることは，有用である。締切りをきちんと守る学位候補者もおり，こうした目標は，進行中の研究について学会発表を行うために論文の提出が必要な場合，特に有益なものとなるであろう。

指導教員の立場から最も問題となるのは，自身が論文にどのくらい関与するか（特に表11.1の1，2，7，11，12に関連する事項）ということであり，これは，学位候補者の能力とも密接に関わることが多い。具体的には次のようなことである。

1　学位候補者のモチベーションやコミットメントは最初は高いことが多く，学位候補者がよく練られた研究計画を入学時に用意してくることは役に立つ。しかし，学位候補者が入学当初には単なるアイデアしかなかったり，満足のいくような研究上の重要な論点を見つけ出せていなかったりする場合がある。これは，指導教員の指導が重要であることを意味する。多くの学位候補者は，指導教員が何らかの形で研究計画を明確化してくれることを期待しているが，学位候補者の研究計画が指導しやすいように，学位候補者に非常に狭い範囲の研究しか認めない指導教員も多い。

2　狭い見方をする指導教員もおり，こうした指導教員は1つの方法論しか用いないため，理論や方法が事実上限定されてしまう。本書の著者を含む多くの指導教員は，理論や方法の構築には先行研究レビューが不可欠と考えており，それによって代替的な理論の正当性や利用可能な様々な研究方法が識別されると考えている。

7　指導教員と学位候補者との間の定期的な会合は重要であるが，ここで「定期的」という言葉が何を意味するかは不明瞭である。質を保証する手続きが十分に確立されている研究体制においては，こうした会合が定期的かつ継続的に行われ，厳格な報告要求が課せられるであろう。しかし，情報技術の急速な発展や遠隔地からオンラインで学ぶ学位候補者の急増により，有能でやる気のある学位候補者にとって，対面での会合は不要となるかもしれない。

11　最終的な学位論文の知的所有権は学位候補者にあるため，彼らが用いた用語は彼らに帰属するはずである。しかし，特に英語を第二言語とする学位候補者の中に

は，原稿改訂に際し，時には書き直しに匹敵するほどの多大な支援を必要とする者もいる。最終原稿が文法的に正確であるという最低限の要求を満たすために，学位候補者が提出前にプロの校閲者を必要とする場合もある。学位候補者が在学中に自身の研究成果を出版し学会報告することが通常望ましく，その場合は指導教員が学位論文の内容を含む複数の論文の共著者となるであろう。学位論文の最終版を作成する上で，掲載可能な論文にするために大幅な編集や改訂が必要となることが多い。このような場合には，学位候補者と指導教員が最終的な学位論文に対する共同責任を負う。

12 指導教員には，学位候補者の研究は彼ら自身のものであり，審査のために提出する価値があるとみなすと宣言することで，学位候補者を「署名承認」することが通常要求される。学位候補者がそのような承認を得ないで提出を主張することが可能な場合（例えば，師弟関係が完全に崩壊している場合）もあるが，審査がうまくいかない大きな原因となるので勧められない。こうした宣言を行うために，指導教員は，論文の最終原稿を見て修正のための適切な助言を与え，最終版を提出するまで指導しなければならない。本書の著者の経験では，必ずしもこのような指導が行えなかったこともあった。指導教員はまた，適切な外部審査委員（次節参照）の選定に積極的に関与すべきである。学位候補者は文献検索や学会参加を通じて適切な外部審査委員候補を知っているであろうが，学位候補者が審査委員の選定プロセスに関与することを反道徳的であると指導教員が考える場合もある。指導教員の中には，学位候補者が審査委員に接触できるようにするためではなく（これは厳しく禁止されており，接触した場合は審査委員の資格がはく奪される），審査委員が出版した関連する研究を適切に引用することができるように，学位候補者が審査前に誰が審査委員であるかを知っておくことを望む者もいる。実際，審査委員の選定に学位候補者が関与することが，プロセスの一部として義務付けられている大学もある。

研究過程における指導教員の役割の重要性を過小評価してはならない。優れた指導を行うことによって，大学と学位候補者の双方の名声を高めることができる。指導が不十分であれば，研究の停滞を招き，審査委員の適切な選定ができなくなり，指導の失敗や潜在的な法律上の問題を引き起こしうる。指導教員に学位候補者の才能を活かす自由裁量を与え，学位候補者が適切に指導を受け

ることを確保するゆるやかな監視体制を設けることは，研究に携わる機関にとっての重要な役割である。

2. 審査委員の経歴

指導教員は，最終的な学位論文提出見込日の約3か月前には，適切な外部審査委員を選定し始めるであろう。有能な審査委員の引き受け手を探すのは難しいため，十分な期間を確保することが重要である。これは，ファイナンスや銀行論のように複数の学問分野にまたがる学位論文の場合には特に問題となりうる。

外部審査委員は，活動的な研究者で，博士学位候補者を現在指導しており，同じ研究分野で優れた業績を有していることが望まれる。これは，審査委員が推薦されるために，最低限必要な基本的要件となるであろう。外部審査委員には学位論文で扱っている分野で最近論文を掲載しており，学位候補者が採用した研究の方法論に共感しているような研究者が望まれるであろう。これは，指導教員が熟知していなければならない重要な要件であり，間違えれば重大な問題が起こりうる。例えば，学位論文が定性的研究で解釈主義に立脚しているにもかかわらず，選定された「管理会計」の審査委員が実証主義者を自認しているならば，その審査委員は適切ではないであろうし，学位候補者の最大利益にはつながらないであろう。

研究分野における審査委員の専門的知識を考えれば，審査委員が学位論文のテーマと近い研究を出版している可能性が高い。学位候補者が，予定される審査委員の論文を引用していなければ，それは怠慢で失礼な行為とみなされるであろう。学術誌論文の査読者の反感を買いたくないのと同様に，審査委員の研究を不当に批判してその反感を買わないようにすべきである。審査委員は一般的に，自身の研究内容について繊細であり，その分野における「先駆的な貢献」または「影響力のある文献」と評価されることを好むであろうことを忘れてはならない。審査委員・指導教員・学位候補者が全員，優れた研究とは何かについての共通の認識を有していることが理想である。

外部審査委員の協力を得るためには，指導教員は，前述のような「印象操作」

の重要性を十分に理解していなければならない。審査委員の関与を動機付けるものがほとんどない場合，おだてるという手段がしばしば指導教員によって用いられる。経験豊富な審査委員にとって，審査に関与することは，金銭的なメリットも研究者としての賞賛を得られることもほとんどなく，単に仕事が増えるだけのことである。それゆえ，学位論文のテーマが，審査委員の能力を示し，専門家として多少はみなされるような，審査委員が関心を持つ分野に該当していることが重要となる。論文の重要性や貢献を明確にした優れた要旨の作成は，審査委員に学位論文のテーマを「売り込む」のに役立つであろう。この段階で良い印象を与えることが重要であるにもかかわらず，学位候補者は要旨の作成に無頓着であることが多く，十分な時間を費やさず，学位論文の一部をつなぎ合わせて作成する傾向がある。審査委員は，出来の悪い要旨には最後まで目を通さないし，感銘も受けないであろう。最適な審査委員を得るためには，このような努力を惜しむべきではない。

3. 審査の過程

　正式な審査は，学位論文の原稿が審査委員に届けられた時点で始まる。論文を最初に5分読んだときの印象が，審査委員の最終的な見解に重要な影響を及ぼすので，次のような注意を払うことが必要である。

- 学位論文は，大学の規定により複数の論文として提出することが許可されていても，1つの冊子にまとめることが理想である。長すぎる学位論文は，指導教員が研究に十分な指導をしていない印象を与える。
- 冊子は，きれいな状態で提出されるべきである。冊子は，（規定では安価で薄い表紙での提出が許可されていたとしても）専門業者によるハードカバーで製本すべきである。専門業者による装丁には多額の費用はかからず，良い印象を与えることができる。表紙と背表紙の文字を，間隔を空けた金色のレタリング文字にすれば，印象はさらに良くなる。
- 冊子は，文法上の誤りや綴りミスがないようにしなければならない。編集と校正を確実に行えば，文法上の誤りや綴りミスはなくなるはずである。多くの論文で，扉

や目次の頁に目につく誤りが多く含まれていたり，タイトルに綴りミスが見られたりする。校正で表を「とばして確認する」ことが多く，表中の綴りと数字の誤りを見落としがちなため，徹底的な確認が必要である。

- 目次は明瞭かつ体系的にまとめなければならない。最低限，論文の最初にある目次は，論文中の章題等と一致していなければならない。目次中の頁番号も，対応していなければならない。論文修正の過程で目次の頁数は変わってしまうために，通常，最後に確認することで誤りを防ぐことができる。
- 引用文献と参考文献は厳密に一致していなければならない。ここで一致しているとは，参考文献に挙げられていない引用文献がなく，本文に現れていない参考文献がないことを意味している。誤りがあれば，確認の過程がずさんであったということであり，参考文献だけでなく本文にもその他の誤りがあるという印象を与える。

大学によって審査委員に提示される指針の内容には大差がない。用語が異なる場合はあるが，指針は通常，審査委員に次のような5つの具体的な内容について報告することを求めている。

- 研究の独創性
- 批判的な洞察力
- 独立して研究を行う能力の証明
- 学問に対する貢献
- 研究成果の出版可能性

審査委員は，論文が指導教員と学位候補者の協力の産物であると認識しているであろうが，論文は当然のことながら学位候補者の研究である。論文の批判にあたっては，審査委員は必然的に学位候補者と指導教員の双方を批判する。このことは，有能な指導教員であれば当然訂正すると期待されるような方法論的不備が残されている場合に特に当てはまる。

期待を明確にし，起こりうる困難を知っておくためには，これらの5つの内容について詳細に考察するべきである。

- **独創性** アイデアには新規性がなければならない。アイデアは既存の文献に基づく一方で，既存の文献に対する新しい知見を含むであろう。研究は，興味深くかつ将

来の研究や企業実務への含意を有していなければならない。研究上の課題は，やりがいがあると思うために十分重要なもので，納得がいかない査読者の「だから何？」という印象を払拭できるものでなければならない。

- **批判的な洞察力**　先行研究レビューは，先行研究の結果，既存の理論，理論の実証的検証を反映した，包括的かつ最新のものでなければならない。先行研究レビューは，単に記述的であるだけではなく，批判的でなければならず，長々と執筆してはならない。先行研究レビューは，検証可能な仮説の展開や正当化に結び付けられるべきである。レビューは，既存の学問の空白部分や内在する不備を識別するのに役立つように，批判的なアプローチを用いて，テーマごとに体系化して執筆するべきである。本書の著者も審査委員として，（新しい教科書がたまに含まれていることを除き）過去2年間の出版物をほとんどまたは全く参照していない先行研究レビューを目にすることもある。こうした先行研究レビューからわかることは，学位候補者が先行研究レビューの章をかなり以前に完成させ，それ以後更新していないということである。先行研究レビューは，次の2つの点で不備が見られることが多い。1つめは，理論展開に関わることであり，先行研究レビューの理論的な展開が全く不十分である場合がある。「エージェンシー理論」は，たとえ代替的な競合理論が適切であろうと考えられる場合であってもよく用いられる。2つめは，先行研究レビューから仮説への展開が大きく飛躍しており，正当化が難しい場合がある。審査において審査委員は，学位候補者が自身の選択を正当化し，適切な引用を用いて代替的なアプローチと差別化することを期待している。例えば，ナラティブ・ステートメントの内容分析の実施を報告した最近の博士学位候補者は，30個のナラティブから無作為に100語の文節をサンプルとして選定したが，（ソフトウェアを利用できるのに）なぜ30個のナラティブなのか，なぜ100語の文節なのかが疑問に思われた。さらに，先行研究（例えば，Clatworthy and Jones 2001, 2006）では，ナラティブのどの箇所にあるかによって内容が異なると指摘されているのに，なぜ無作為抽出を採用したのか。このような選択のすべてを正当化する必要がある。

- **独立した能力**　学位候補者は，研究プロジェクトを任されており，体系的・科学的に研究過程を管理していることをはっきり示さなければならない。研究の状況に応じて，研究計画は，研究方法の内的・外的妥当性を確保しなければならない。次のような2つの状況では，妥当性の確保が脅かされる。1つめは，学位候補者は第6

章あたりで気力を失ってしまうということである。データ収集や結果分析といった骨の折れる作業はすべて完了しているものの，学位候補者は，論文を完成させて提出することを切望するあまり，結論・提言・限界・将来の研究課題の箇所を十分に推敲せず，研究の正当化への試みが不十分であることが多い。これが審査委員として評価した論文への最も一般的な批判である。2つめは，研究上の課題や先行研究が，選択した方法を十分説明していないことである。学位候補者は，自身の研究アイデアが定まる前であるにもかかわらず，好みの（通常はサーベイ）方法を事前に決めていることが多い。このような場合には，選択した方法が代替的方法より優れていることを示すために，また，選択した方法が既存の文献から当然に導かれ，研究課題や仮定と首尾一貫するように，学位論文を修正しなければならない。

- **貢献** 研究は，単なる複製を超えるものである。研究は，単に期間・国・組織を変えただけの同じ調査・方法であってはならず，これらを超えるものでなければならない。研究が既存の多くの研究に実質的に依拠している場合には，当該研究を既存の研究とは区別するいくつかの「新しい知見」（意義深い差異）が存在していなければならない。結果的に，知る価値のあるもの，重要なものを認識することにより，先行研究との差別化が可能になる。こうした差別化は，企業実務における変化への提言，実践的な企業実務への適用，新しいモデル，新しい理論的な関係であったりするであろう。しかし，学位候補者は，自身の研究の限界について現実的である必要があり，研究成果の重要性を誇張しすぎないようにすべきである。

- **出版可能性** 研究に新規性があり，興味深く価値あるものであれば，研究成果は，どこかで出版することができるであろう。しかし，次章で詳述しているように，研究アプローチによっては，目標としうる学術誌の数や性質が制約される場合がある。学位論文の構成が優れており，文献を明瞭に分類し，具体的で確かな研究成果を伴うならば，出版の機会が高まるし，出版への過程が順調に進むであろう。研究が経営実務への明確な含意を有している場合には，職業的専門家や実務家向けの雑誌で出版できる機会が高まるであろう。学位論文では，有意な関連性が存在しない（すなわち，帰無仮説が受容される）ことや，実証的な研究成果が理論を支持しないことを明らかにすることで，学問に対する貢献を有する場合もある。しかし，このような研究成果は，肯定的な関連性があることを支持する研究成果よりも，はるかに出版が困難である。

審査委員は，すべてを考慮した上で，最低限の変更を求める提言をしようとするであろう。審査委員は通常，学位論文が適切な博士学位の基準を満たすために大幅な改訂が必要であると考えない限り，再審査の負担を望まないであろう。審査委員による評価の分類は国によって異なるが，通常，次のように分類される。

- A…追加修正を必要とせず，合格。
- B…軽微な文法上・編集上の修正は要求されるが，合格。
- C…指導教員や大学の学位授与機関を納得させるような具体的な（軽微な）修正を条件とする，合格。
- D…12か月以内に再評価のための改訂原稿を審査委員に再提出しなければならない，大幅な修正要求。
- E…（例えば博士学位審査に受からなかった場合の修士学位といった）劣位の称号を授与することが提案される，不合格。
- F…再提出の機会も与えられない，無条件の不合格。

　口頭試問が審査過程にある場合，研究が学位候補者自身により体系的に行われ，研究の複雑さへの完全な理解を口頭で示すことで，自身の研究の正当性を主張し発表できる貴重な機会となる。口頭試問がほとんど行われないオーストラリアでは，複数の審査委員がいるために，審査委員の意見が対立するという事態が生じる。しかし，適切な審査委員が選定されているならば，意見の相違は大きくはないはずである（すなわち，AとFで折り合いをつけるようなことにはならない）。分類D（大幅な修正）については，要求される変更の本質が大きく異なる場合がある。分類Dであっても，（3か月もあれば容易にできる）新しい文献の追加や主に目次の再構成を意味するに過ぎない場合もある。しかし，審査委員が，より多くのデータ収集や分析を望んでいるならば，大幅な追加データ収集や分析を行うことは非常に困難であり，フィールドリサーチにおいてはこうしたことを行うのがほとんど不可能な場合がある。

　職業資格の博士学位（例えば，経営学博士号（DBA））の多くは，審査段階では，同じ分野の学術博士（PhD）とほとんど同じ水準の基準を満たさなければならない。世界には，コースワークと研究への比重の置き方が異なる多様な経営

学博士号の形態があるが，研究としての博士論文は，博士学位の基準を満たしていなければならない。このような博士論文は，同じ分野の学術博士（PhD）の論文よりも短い（おそらく3分の2程度の長さ）ことが多く，企業実務に対する貢献が必要とされるが，それ以外の審査基準は同じ分野の学術博士（PhD）と非常に類似している。

　学位論文審査は，論文出版過程の準備段階とみなされる場合もあるが，多くの学生は在学中にすでに論文を出版している。学位論文の提出から審査過程の最終的な結果を知るまでの期間は大変長く，不安がつきものである。その期間に，論文の出版に向けて，学位論文の修正を始めることが望ましい。そうすれば，博士論文の研究成果を，実務家と研究者双方の多くの読者に速やかに伝えることができるであろう。

第12章
研究の出版に向けて

> **●本章の内容●**
> - なぜ出版するか
> - どこに出版するか
> - 何を出版するか
> - どのようにして出版するか
> - 結び

　本章では，出版を考え始めた会計研究者や，研究を始めたばかりの，または長期間成果が上がらず研究を再開しようとする研究者に焦点に当てている。研究学位を得るために入学した学生は，在学期間中に論文を出版することを目的とすべきであり，自身を売り込み，研究結果を広く公表するために，専門誌や学術誌への出版を考えるべきである。本章では，研究活動を始めたばかりの多くの研究者の試行錯誤を軽減し，なぜ，どこで，何を，どのように出版するか，どの出版物をターゲットとするかといった疑問に答えることを目的としている。学習曲線は急勾配であるが，いくつかの単純なルールを学ぶことによって学習の習熟度は上がるであろう。本章は，会計を専攻する多くの学生や会計研究者が，研究を実施し，成果を出版し，その分野に貢献し，出版物に自分自身の研究や自分の名前を確認して大きな高揚感を得ることを目的としている。

1. なぜ出版するか

　研究資源は，特にアメリカ以外の多くのアカウンティング・スクールでは，あまり充実していない。アカウンティング・スクールには研究に意欲的な研究

者が少なく，研究に熱心な数少ない研究者は同僚や博士学位候補者に研究の意図を積極的に伝える必要がある。研究者と大学の双方にとって，研究に関与することの直接的な見返りには，次のようなものがある。

- 自己実現
- 職位を得，昇進の機会が高まる
- 終身在職権が得られる可能性が高まる
- 研究と教育の相互作用による教育能力の向上
- 研究遂行のために教育・行政活動が免除される可能性が高まる
- 研究助成金を獲得できる機会が高まる
- コンサルティング契約を獲得する可能性が高まる
- 権威ある学会での論文発表のための海外渡航
- 大学院生の研究指導を行う機会の獲得
- 国立大学への資金援助体制を通じた資金の獲得（例えば，オーストラリア研究優秀リサーチイニシアティブ（ERA）またはイギリスの研究評価事業（RAE））

これらの具体的な利点は，研究の成功（自身の出版物への誇りや，最初の成功から次々と出版に結びつくことへの大きな喜び）から得られる個人的な満足感と比べると，さほど重要でないかもしれない。

2. どこに出版するか

会計の研究成果を出版する場所は多くあり，増え続けている。付録1では，すべてを網羅しているわけではないが，2010年にERAで認められている会計分野（税務とファイナンスを除く）における96の査読付学術誌を示している。どこに出版するかに関しては，まず，次のうちからどれかを選ぶことになる。

- 書物
- 書物の章（ケーススタディを含む）
- 委託された報告書
- 査読付学術誌論文

- 実務家向けの専門誌論文
- 学会報告論文

　最後の学会報告論文は最も取り組みやすく，査読付学術誌論文の出版に向けての重要な前段階となる。研究者の多くは，学会報告論文や専門誌論文から出版キャリアをスタートさせたことであろう。しかし，各出版物のメリット・デメリットについては，さらに検討する必要がある。

（1）　書物

　書物を執筆することは魅力的に思える。ハードカバーで装丁された印刷物を出版することは心動かされるものであり，印税が得られる可能性がある。しかし，執筆を始める前には十分な検討が必要である。Goldratt and Cox (1989) は例外であるが，ベストセラーになる可能性はほとんどない。大ヒット作とするべく，会計学で性と暴力を扱ったとしてもほとんど効果はないであろう。Ian Griffiths (1986) や Terry Smith (1992) のような一般読者を対象とした書物が大ヒット作となった例もある。書物の執筆には長期間を要するが，トップジャーナルへの掲載に匹敵するような学術的名声を得ることはほとんどない。書物の執筆には膨大なエネルギーを消耗し，半年以上にわたり他の研究（教育は言うまでもなく）の時間がなくなる。ウェブ・サイトのオンライン・サポート，設問集，指導マニュアルも追加的に作成する必要があれば，負担はさらに重くなる。推敲過程は，査読付学術誌と同程度に厳密で，いたるところに困難が伴う。多くの著者は，執筆を始めてから，野心的な書物のプロジェクトを始めたことを後悔する。将来性ある研究者は，大量販売を目的とした学部生向けの標準的教科書（例えば，管理会計におけるアメリカの「ホーングレン」（Horngren et al. 2003）またはイギリスの「ドルーリィ」（Drury 2005））の執筆を無計画に行うべきではない。専門家向けの教科書の執筆は比較的容易である。若い研究者は，イギリスやアメリカで成功した教科書を，より小さな市場（例えば，オーストラリアやニュージーランド）に合わせて執筆することに魅力を感じるかもしれない。金銭的な報酬はあるが，キャリア形成に重要な時期に，大著を練り上げるのに費やす時間と労力，文化の違いを克服する努力に値するものではない。

書物の執筆は，競争的研究資金の獲得と同じく，就職のための履歴書の業績を増やすことに役立つが，初めての出版には向かないであろう。書物の執筆を検討する前に，多くの査読付学術誌や実務家向け専門誌での出版を目指すことが望ましい。

（2） 書物の章

　書物の章を執筆することは，書物全体を執筆することに比べてはるかに容易である。しかし，出版社が対象とするマーケットに合うよう妥協して執筆しなければならない。また，編者は，書物全体が一定の様式に従うように配慮する必要があるため，用語や表現の変更を求められることがあり，執筆者が不必要と思う加筆や必要と思う段落の削除を余儀なくされるであろう。複数著者による書物の出版は，1つの大学の学部で行われることが多いが，著者達は，計画当初は良き同僚であっても，その書物が書店に並ぶまでにはそうではなくなっていることもある。

（3） 受託報告書

　博士課程の研究テーマの分野で，専門家として認知されるようになれば，(通常，研究資金付の) 委託された研究報告書を作成する機会を得ることもあろう。これとコンサルティングとの境界線は極めて曖昧であり，特に，特定の専門家が，同じ分野であるがわずかに異なる環境（例えば，異なる組織，異なる業界，異なる国などにおける同じ事柄）で多くの報告書を作成するような場合はそうである。しかし，学術文献における「研究の動向」では，受託報告書執筆者が批判されることが多い。この種の報告書は，学究肌の研究者達に軽んじられる傾向があるが，実務界におけるネットワークを構築し，仕事の機会を得，実務界で名声を築くのには役立つかもしれない。

（4） 査読付学術誌論文

　これは，一般的に最高の学術成果とみなされる。査読付学術誌への出版の量と質は，昇進や終身在職権のためにはもちろん，成功のために重要である。Parker et al.（1998，p.381）は，研究者の採用に権限を持つ会計学の教授の言葉を

引用して、このような認識に重みを与えている。研究者の任用や昇進において、研究・教育・行政・地域社会への貢献に関する相対的な重要性を評価するにあたって、ある面接官は「出版が101%であり、その他すべてはゼロである」と述べている。

優れた査読付学術誌に出版するためのハードルは高く、投稿論文の約70%が不採択となる（*The Accounting Review* では90%を超える）。さらなる問題は、査読付学術誌に論文が掲載されるまでに長期間を要することである。これを理解するためには、査読プロセスを知る必要がある。査読プロセスには次のような種類があり、それぞれ執筆者と査読者の関係は異なる。

- 公開…査読者は執筆者が誰であるかを知っており、執筆者も査読者が誰であるかを知っている。
- 片方が匿名…査読者は執筆者が誰であるかを知っているが、執筆者は査読者が誰であるかを知らない。
- 両方が匿名…査読者と執筆者が双方匿名である。

優れた査読付学術誌は、執筆者と査読者の両方を匿名にする方法を採用するが、執筆者の特徴が論題と執筆形式に表れることもあるため、潜在的な査読者バイアスを完全に取り除くことはできない。査読者が、執筆者が自身の強みを売り込むための初期段階の論文である学会報告論文やワーキングペーパーを目にしている可能性もある。

査読者は、一般的に、その論文の出版可能性を判断し、論文に関する意見を付して（別々に）編集者に送付する。これには、通常3〜6か月間、時にはそれ以上の期間を要する。編集者は、その論文を査読に回すかどうかを最初に判断し、共同編集者から助言を得ることもある。複数の査読者の意見が分かれた場合、編集者は査読期間をさらに2〜3か月延長し、裁定者として第3の査読者に頼ることもある。編集者からの最終的な返答は、次のいずれかとなる。

- 編集者による不採択…査読者に回すことなく、不採択として返却する。もし目標とする学術誌が適当でないならば、編集者が、より適当な学術誌を提案することもある。このケースでは、編集者に、論文の質が悪く査読に回す価値がないと思われて

いる。
- 査読報告付の不採択…簡潔すぎる査読報告は，出版の望みがないことを示すメッセージであり，望ましくない。
- 修正提案付の不採択…査読報告には，論文を妥当なものにするために必要な修正意見が詳細かつ建設的に述べられている。その修正には，(例えば，実験の再設計や新規サンプルでの処理など) 新たな論文を執筆するのと同じくらいの負担を要することもあるが，そのような査読報告は，たとえ当該学術誌で採択されなくとも，他の学術誌で採択される見込みがあることを示している。
- 条件付採択…査読者は，論文は良いと考えているが，直ちに採択できない重大な修正事項を指摘している。たとえ修正が広範囲で時間を要するものであったとしても，「採択」として扱わなければならない。なぜなら，学術誌編集者がその手続きの一貫性を確保する限り，この意見の表明は，採択を保証するものであるからである。
- 軽微な修正を伴う採択…査読者は，(執筆の最終段階として)いくつかの修正が必要であると感じているが，すぐに修正できる軽微なものである。合格。
- そのまま採択…査読者は，執筆者の優れた能力を認め，出版を認める。

「そのまま採択」は極めて稀であり，トップジャーナルでは事実上見られない。査読者が最終的に満足するまで，査読プロセスにおいて何度か(通常 2 ～ 3 回) のやり取りが行われるであろう。複数の査読者の意見が分かれている場合には，このやり取りは煩雑となる。このような状況では，編集者による優先順位の明確な指示が最重要となる。査読者が完全に満足したとしても，編集者を満足させるためにさらにやり取りが必要となることもある。論文の投稿から採択までに通常 1 年，掲載されるまでに追加的にもう 1 年かかるであろう。論文投稿の前に，研究に費やす作業とワークショップで報告する論文の執筆のために，平均で 2 年は費やすであろう。つまり，論文に取り掛かってから，執筆者の名前が出版物に表れるまで合計 4 年かかる。もし査読プロセス中に，査読者が亡くなるか心変わりがあれば，より長くなる可能性がある。ここに，査読付学術誌論文の重要な問題がある。長い査読プロセスの中で，執筆者として，同時に複数の論文の査読プロセスを抱えることもある。同一の論文を異なる学術

誌に同時に投稿することによって，このプロセスを短くしようとすることは賢明でない。優れた学術誌では，すでに他誌に投稿された論文の送付を禁止する方針を有している。

　査読プロセスから出版までのタイムラグは，内容の完全性を保証するために求められる期間を超えており，多くの編集者はそれを理解している。編集者は，時期を逸することで論文の妥当性が脅かされることに気づいている。しかし，編集者にとって，（通常）無報酬の適格な査読者に，忙しいスケジュールをぬって査読を依頼することは非常に困難である。出版を考える論文の電子投稿とオンライン出版は，このタイムラグを短縮することに役立つが，手続変更に時間を要している雑誌もある。

（5）　専門誌論文

　査読付論文で見られるような問題点は，専門誌論文では見られない。

- 論文の執筆に長期間を要しない。一般的に，専門誌論文に一週間以上費やすことはまずない。
- 内容は，世間を驚かせるようなものである必要はなく，学問へのオリジナルな貢献さえも必要とされない。専門誌論文は，適切かつタイムリーな内容で，実務家が知っておくべきまたは忘れている問題を気づかせるものでなければならない。
- 査読プロセスは迅速である。編集者は自分１人で論文を採択することもあれば，「専門家」の意見を求めることもある。
- いったん採択されると（修正なしでそのまま採択されることが普通である），論文は，掲載すべきその他の記事と広告頁の調整をして，通常３か月以内に掲載される。論文のテーマが重要であるほど，早く掲載される。
- 読者からの（ポジティブまたはネガティブな）フィードバックは早く，査読付学術誌論文に関するフィードバックよりも，はるかに一般的な内容である。

　専門誌論文を執筆することは比較的容易であり，教育経験が直接活かされることもある。専門誌論文で，実務に関連する学術的研究の結果，新しい手法の適用可能性，従来の手法の新しい方法での適用可能性に目を向けさせることによって，会計実務家の職業的展開に寄与することが可能である。例えば，

CAPM，製品ライフサイクル，時系列分析に関する論文は，専門誌でよく見られる。それは特定の論点について書かれており，何か新しいことが「まとめられている」からである。学術的に厳密である必要はなく，引用不足も利点にさえなる。論文は，短く，明瞭で，簡潔である必要がある。人目を引くタイトルや略語も，編集者に理想的なセールスポイントを与える。出版の経験はほとんどまたは全くなく教育や評価に従事している研究者にとって，専門誌論文は研究分野に足を踏み入れる最も容易な手段である。しかし，専門誌に掲載された論文は，実際に投稿・採択された論文とは大きく異なることがあることを覚悟しておくべきである。編集者は，用語をかなり「編集」し，執筆者に問い合わせることなくタイトルを変更したり，雑誌のスペースに合わせて「執筆者」の論文内容を短縮したりすることもある。残念ながら，近年では専門誌の内容の「質の低下」は不可避的な現象である。専門誌では，車やレジャーの記事と論文の掲載が競合するため，次のような問題をはらんでいる。

- 出版社は，学術論文の掲載にあまり積極的でなく，コンサルタントによる短い寄稿を好む。
- 研究者は，実務家向け論文の価値を低く見ているため，専門誌への投稿にあまり積極的でない。

The Harvard Business Review（*HBR*）は，査読付学術誌にも専門誌にも該当しない雑誌として特に言及するに値するものである。これは権威ある雑誌として，著名な会計学者による執筆も多く，引用もよくされる。しかし，論文の内容は学術的な厳密さに欠けるものが多い。方法論や理論的裏付けよりもむしろ，研究成果やその実務への適用に焦点が当てられている。編集プロセスも，査読付学術誌とは大きく異なる。実際，*HBR* の編集チームは，あるアイデアが有効であると確信すれば，対象とする実務家の読者に適切に伝えるために，実際の論文執筆において執筆者と共に作業を行う。伝統的な会計学者は *HBR* の名声を認めたがらないかもしれないが，自身の履歴書に素晴らしい引用実績を残せるかもしれない。

（6） 学会報告論文

学会報告論文は，それ自体が研究の最終目的ではないが，公表された学会報告集に掲載されることもある。他の分野，特にマーケティングや情報システムでは，公表された学会報告集が論文の最終到達点となることも多い。会計学の学会における査読プロセスは非常に多様であり，それによって許容可能と考えられる内容が異なる。論文要旨のみを査読し，（論文の初期の草稿段階において）予備的証拠に基づいて論文を受理するかどうかを決定する学会も多い。このような学会は，予備的発見事項を発表する優れた機会を提供している。一方，学会の主催者が，報告の受理を判断するにあたって，査読付学術誌に近い方法で完成論文の査読を望む場合もある。その場合，主催者は，大学内や大学間のワークショップですでに発表され，論文構成や欠点が修正されている完成版に近い論文を受理する傾向にある。近年，会計学の学会が数多く生まれており，学会参加予定者は学会発表しなければ参加費用が得られないことが多いことを主催者側は認識しているため，学会のレベルを問わなければ論文報告を受理されることはもはや難しいことではない。

3. 何を出版するか

専門誌では厳しい紙面の制約を守っている限り，テーマや執筆様式に関してほとんど制約はない。しかし，査読付学術誌では，テーマが適切で，許容可能なアプローチを採用していることが，極端なほど重要視される。この問題は，Gray（1996）が詳細に探究している。

Peat et al. の *Research Opportunities in Auditing*（1976）では，研究課題が学界にとって魅力的であるために，考慮する必要のあるいくつかの特徴を示している。

- 研究課題は興味深いものでなければならない。
- 研究課題は検証可能な仮説や識別可能な結果という観点から，科学的研究が実行可能でなければならない。
- 研究課題は容易にアクセス可能な知識と研究手法に基づくものでなければならない。

- 理論と仮説の展開を可能にするデータとサンプルが存在しなければならない。
- その課題は研究資金を獲得するにあたり十分に重要なものでなければならない。
- 予想される結果は査読付学術誌やそれに準ずる出版物での出版が可能な水準に達しなければならない。

　これらを考慮することは重要であるが，特定の研究課題を見極めるにあたっては，先行研究の調査が何より重要である。幅広い分野の最新の研究文献を把握することは，極めて時間がかかる作業であり，先行研究の調査と執筆を同時に進めることは不可能と言う人さえいる。時間を短縮する方法には，次のようなものがある。

- 学術誌名とキーワードに基づき，最近掲載された関連する学術誌論文すべての内容を知らせてくれるオンラインの通知サービスを利用する。
- ワーキングペーパー集，学会報告集，*近刊*論文へのオンラインアクセスを利用することで，少なくとも１年以内に学術誌に掲載されるであろう論文を知ることができる。
- 論文の「要旨」を読む。オンラインで要旨しか入手できない場合には，要旨を読むしか選択肢はない。
- 論文の全文またはハードコピーを読むことができる場合は，まず，論文の最初と最後の部分だけを読む。

　・「要旨」と，内容とアプローチが興味深いものかどうかを見るために「導入」を読む。
　・「結論」と，その論文で何ができなかったかを見るために「限界」を読む。

　次のことを通じて，新しく得た「アイデア」に基づいて，方法論における修正可能な欠点や，将来の研究の機会に気づくことも多い。

- 現時点の研究への批評を読むことで，探究されるべき分野や十分に研究されていない分野を識別できるであろう。
- 学会に参加することで，他の研究者達の研究内容を知り，彼らのアイデアを盗用ではなく，うまく活用することもできるであろう。

会計やファイナンス分野の研究テーマは，次のように大まかに分類することができる。

（1） 分析的かつ実証を伴わない分野

- 情報経済学や効用理論の文献に基づいた，形式的で高度な数理的議論（例えば，*Journal of Accounting Research* の論文）
- 意思決定のための会計情報の「測定」や「価値」に焦点を当てたファンダメンタルズへの回帰
- 批判理論研究

（2） 重点的実証主義

- 株価の反応によって「情報内容」を専ら調査するといった狭い範囲の研究から抜け出した，行動的側面の観点からの研究。これは，実験室状況下で行われることが多い。
- サーベイ研究やアーカイバル研究を通じた，特定の保険・医療・年金・退職年金などの（研究対象）機関，公的機関や非営利組織への適用。

（3） 社会政治構造

- 複雑な状況下の会計に関する知識体系のケースを用いた展開。
- 実務や最新の製造技術の影響などに関する非構造的，実証的，探索的なケースを用いた調査。
- フィールドにおける実験的研究（このような研究は極めて稀である）。

（4） 仮説演繹法

- 不確かな変数が会計システムに与える影響を評価するための，サーベイに基づく統計的推定。
- 競争環境の動向や戦略上の方針と関連した過去における会計システムの変更の影響。

これらの研究テーマのすべては，頭文字 NIRD（すなわち，新しく（N），興味深く（I），再現可能であり（R），自分の意見を正当化できる（D）（本書の25頁参照））で表すことができるであろう。しかし，**すべてのアプローチが，すべての学術誌で同じように採択されるとは限らない**。例えば，ケーススタディ論文は，好意的に受け入れられるようになっているとはいえ，（おそらく「再現可能性」を満たさないために）出版することは依然困難である。よって，例えば *Journal of Accounting Research* にこのような研究を投稿しても時間の無駄である。

　第10章でも，会計のトップジャーナルの2～3誌以外においても，批判理論研究を掲載するにあたり筆者が経験した困難について述べた。第8章で指摘したように，Van der Stede et al. (2005) は，会計のトップジャーナル4誌（*Contemporary Accounting Research, Accounting Review, Journal of Accounting Research, Journal of Accounting and Economics*）では，サーベイに基づく管理会計研究の論文はもはや掲載されていないと述べている。先行研究を読むことは，「編集者の研究」でもあり，どのような内容の論文がどこに掲載され，編集者が採択する可能性が高い論文のスタイルやテーマを知ることができる。これらを知ることで，採択される可能性の高い学術誌に焦点を定めて論文を投稿することができる。

　論文が，体系的で科学的アプローチを適用した標準的な構造に従っているならば，採択される可能性は高まるであろう。論文は，通常，図2.2で示した5段階の構造に従って執筆し，この5つは論文の概要を示す「要旨」に含まなければならない。この「6番目の」段階の重要性を見過ごし，本文中の適当な文章や段落を利用して要旨を作成する執筆者が多いが，これは大きな誤りである。要旨は編集者や査読者が最初に読む部分であり，論文内容やなぜそれが重要かを明らかにし，読者に論文を確実に「売り込む」ものであり，細心の注意が必要である。要旨と導入の最初の頁を読めば，その論文の重要な結果と先行研究への貢献の内容がわかるようにしておかなければならない。要旨がうまく書けておらず，ありきたりの内容なら，編集者はそれ以上読むことはない。次の5つの段階の執筆には，細心の注意が必要である。

（5） 研究課題

　研究課題は，研究の動機について詳しく，わかりやすく正確に記述しなければならない。それは，研究に値する課題でなければならない。研究課題の節の重要性は，強調してもしすぎることはない。研究課題の節は，アイデアを「売り込む」良い機会であり，その論文で何をしようとしているかを明確に示すものである。そのため，重要なポイントが他の文章に埋もれてしまわないようにしなければならない。論文は，「だから何？」と言われるレベルを越えるものでなければならない（本書の23-26頁も参照）。

（6） 理論と先行研究レビュー

　先行研究レビューでは，最新の研究をフォローし，関連する理論と先行研究の結果を適切に反映しなければならない。それは，過去の研究の批判を含み，他の研究のアプローチ上の欠点を指摘するものでなければならない。さらに重要なことは，文献研究は，方向性なく漠然と書いてはならず，仮説の設定と結び付けながら詳細に執筆しなければならない（本書の26-27頁も参照）。

（7） 仮説

　仮説は，基礎となる理論から設定されなければならず，その理論は，理論と仮説の推論上の飛躍を避けるようなものでなければならない。1つの論文には，通常，7つ以上の独立した仮説を含まない。それ以上は，別の論文として執筆した方がよいであろう（本書の62-63頁も参照）。

（8） 研究手法

　選択した調査手法は，研究課題と仮説の両方と首尾一貫していなければならない。実験デザインは，研究の文脈において可能な限り研究手段の内的妥当性と外的妥当性を確保しなければならない。調査手法の正当化が必要であり（例えば，なぜ調査するか），研究中の課題を検証することができる科学的な方法で構築されなければならない。用いたサンプリング手法を記述し，その選択が科学的であることを示し，正当化しなければならない（本書の63-65頁も参照）。

（9） 結果，結論と考察

　実証分析では，測定と仮説の検証のために，手法を適切に選択しなければならない。結果は明瞭でなければならず，不必要に複雑な数学を使うことや，標準的な検証手法の基礎理論について「ミニ講義」するようなことは避けなければならない。執筆者は，研究の限界について現実的に認識し，結論の重要性を誇張してはならない。その研究が拡張されうる分野と，関連する研究分野を強調しなければならない。

　論文は，その内容と厳密に一致した参考文献（すなわち，引用していないものは参考文献に含めず，参考文献に含まれないものは引用しない）で締めくくらなければならない。多くの査読者は，査読を始めるにあたり，論文の執筆者が注意深く論文を仕上げたかを確認するために，「引用と参考文献が一致しているか」を確かめている。執筆者の配慮が欠けていると，不注意な執筆者とみなされ，論文の他の箇所においても注意が散漫な印象を与えることになる（本書の202-203頁も参照）。

　論文全体は，興味深く，読みやすく，明瞭で，執筆者が理解してほしいと思うメッセージを伝えるものでなければならない。付録を含み25〜30頁の長さが標準であるが，これより長いまたは短い論文であっても許容される。ある段落，表，付録を含めるかどうか迷ったならば，削除した方がよい。同じことは，脚注（学術誌によっては文末注）にも言え，脚注の数は最小限に留めるべきである。目標とする学術誌における代表的な論文を参照することで，その学術誌のスタイルや編集者が何を求めているかを知ることができるであろう。学術誌に投稿する論文が，その学術誌の編集上のあらゆる様式（特に参考文献の表示方法）に従っているかを十分に確認しなければならない。他の学術誌の形式に従っていたならば，査読者に，この論文はもともと別の学術誌に投稿されたが不採択となったという意図せざるメッセージを送るかもしれない。「Endnote」ソフトウェアを利用することで，幸い今では，かつては時間を要した面倒な参考文献の再編集作業が単純化されている。

4. どのようにして出版するか

「出版」への疑問に答えるにあたって，何を答えることが適切で倫理的かについては様々な意見があるが，「編集者を知ること」と査読者の見解を「尊重すること」に尽きる。執筆者の中には，査読者による修正要求があることが明らかなため（もちろんそれが査読者の仕事である），75％程度しか完成していない論文を学術誌に投稿し，査読者に論文を完成してもらおうとさえ思っている者もいる。しかしこのようなやり方は問題である。倫理上の問題を別にしても，そのようなやり方をしていれば，すぐに編集者と査読者の両方から悪い評判を得ることになる。一般的に，そのまま掲載されても満足する内容の論文を，トップジャーナルに投稿し，査読者に「完成度が低い」箇所を改良してもらうのが望ましいやり方である。次のように進めるとよいであろう。

- 大まかな初稿を自分自身で書く。
- その初稿を，明瞭さ・要点・構造・文献の順序を念頭において編集し，スペル・文法・参考文献が完全であることを確かめる。
- その分野で尊敬されている人物に頼んで，論文を批判的に読んでもらい，修正してもらう。他人の初稿を読み修正することは真面目にすればかなりの時間を要する作業であるため，少なくともまっとうな初稿を仕上げるべきであり，また，（同僚の友情や協力を維持したいと望むなら）同じ同僚に毎年多くの初稿を渡さないことに配慮すべきである。
- これらに基づき，論文を改訂する。批評の中には，根本的で，論文全体の再考や書き直しを求めるものもあろう。
- 外部の1〜2大学の「ワークショップ」で論文を発表し，幅広い（できれば他分野の）研究者の見解を求める。
- その分野で権威ある学会に論文を投稿する。投稿する学会は，開催時期によって，地域部会，全国大会，国際学会が考えられる。
- 学会で得られたコメントに基づいてさらに改訂を行い，改訂版を目標とする学術誌に投稿する。

編集者は執筆者が一般的な手順に従うことを期待するため，執筆者は，論文

の最初の頁に，コメントをお願いした人物，論文を発表したワークショップ・セミナー・学会の参加者に，謝辞を述べているかどうかを確認した方がよい。実際に頻繁に行われているやり方として，完成度の高い論文の初稿を目標とする雑誌の編集委員会のメンバーに送り，コメントを求めるといった方法がある。そのコメントを論文に織り込み，編集者の名前を最初の頁に含めておくことは，編集者に良い心証を与え，その人物が正式な査読者となる可能性さえある。

　最初の段階で目標とする学術誌を定めて，その編集者と編集委員会のメンバーを調べ，編集者が得意とする分野は何か，自身の論文と同じテーマの分野の論文が今までに掲載されているか，を確認しなければならない。それによって，予想される査読者を絞り込むことができるであろう（学術誌では編集委員とは別の査読者に依頼することもあるが）。この作業を通じて，引用しておかなければ無礼または愚かでさえある文献の存在も確認すべきである。

　論文を投稿する際には，編集者に宛てた添え状を書き，その中で，この論文は当該学術誌に掲載するに値すること，この論文がその分野の最新の議論に与える貢献を簡潔に記述しなければならない。

　いったん論文が審査プロセスに入れば，辛抱強く待たなければならない。論文審査の進捗を確かめるために編集者に電話することは迷惑であり，すぐに悪評が立つため決してしてはならない。しかし，何の返信もなく3～4か月が過ぎたならば，問い合わせの手紙を書くか，メールを送ってもよい。返信が来ても，それが採択の知らせであることもあるが，不採択の知らせであることの方が多い。しかし，不採択は，その論文の終わりを意味するものではない。不採択（のどのような内容であっても）や査読者の否定的なコメントを受け取ったときは，最初，憤りや悲しみの感情を持つことが多いであろう。これは普通であり，多くの論文を掲載するためには，度重なる不採択に耐えうるように，厚かましくなることが必要である。すぐにできる対応は，多くの人が提案するように，第2希望の学術誌に論文を投稿することである。しかし，これは最善の戦略ではない。なぜなら，第2希望の学術誌でも同じ査読者に回されることが多々あるからである。論文テーマの分野が狭ければ狭いほど，この可能性は高くなる。査読者にとっては，すでに査読した論文で，以前に求めた修正が全く反映されていない論文の査読を求められることほど苛立たしいものはない。そ

のような行動は，長期的に，研究者としての評判を落とすことになるであろう。

不採択となった論文を机の引出しにしまい，しばらくの間忘れて，別のプロジェクトに専念する方がよっぽどよい。聡明な研究者であれば，継続的に論文を出版するために，少なくとも4つのプロジェクトを，異なる研究過程の段階で同時進行しているものである。不採択となった論文には，数週間後に取り掛かり，査読者のコメントを注意深く読み直す。査読者の見解を読み，まだ興奮や憤りを感じるならば，少なくとも歯を食いしばらなくてもよいほど十分に心が落ち着くまで，再度論文を引出しにしまうとよいであろう。査読者のコメントを比較的感情的にならずに読むことができるならば，彼らのコメントの要点を書き留め，コメントに正当性があるかを判断するために論文を再度読むとよい。少なくとも1つや2つのコメントについては，「査読者の言うとおりだ」という感情が湧き上がってくるであろう。査読者のコメントは，論文を書き直す過程で，積極的にかつ前向きに利用することができる。

- それぞれの査読者（通常2人）の指摘を別々に明確化し，主要な批判（方法論，先行研究の欠落）と些細な批判（表記，位置調整，脚注）に分類する。査読者が関心を持つ点には，通常いくつかの共通点がある。
- 明確化した個々の指摘に対処する。すべての点について，査読者に同意する必要はない。査読者が提案した修正を行わない場合は，その理由を明確に述べる必要がある（査読者が誤ることもあり，狭い特定分野の最近の文献に論文執筆者ほど詳しくない可能性もある）。選ばれた査読者が適切でないとして，査読者の変更を求めたくなる場合もある。しかし，査読者を批判することは，暗に編集者を批判することになる。なぜなら，編集者は最初に査読者を選ぶ責任を負っているため，このようなことは慎む必要がある。
- 単に「誤魔化す」ためだけの修正は，見抜かれてしまうためすべきではない。主要な批判に対応するには，新たな検証結果の提示や，改善された検証プロセスの適用を伴うため，相当量の改訂が求められるであろう。

主要な批判のすべてを受け入れ，修正を行ったならば，改訂された論文を同じ学術誌に再投稿できる。論文に重大な欠点が残っており，批判の余地があるならば，目標をより低いレベルの学術誌に落とした方がよいかもしれない。

再提出の際に同封する編集者への添え状には，編集委員の建設的な意見に謝意を述べ，論文を改善するために行った主な修正を明記しておくべきである。それぞれの査読者に宛てた査読コメントへの回答も作成し，添付すべきである。そこには，査読者の各指摘にどのように対処し，改訂論文のどの文章にその修正が反映されているかを明記しなければならない。編集者は，通常，元の査読者に再提出された論文を送る際に，査読者の指摘に対する執筆者のコメントを一緒に送る。査読者は，それに満足し掲載を薦めることもあれば，同じ指摘に関する更なる修正を求めたり，異なる指摘をしたりすることもある。

　査読者は，時に，頑固で，敵対的で，心変わりをすることさえある。このような場合は，苦情を言い，査読者の変更を求めることも考えられる。しかし，筆者の経験では，このような行動は通常あまり得策ではない。編集者は，大抵，この論文を当該学術誌に掲載しないと判断するため，そのような状況では，他の学術誌を探す方が賢明である。

5. 結び

　付録1は，オーストラリアの ERA (2010) リストに掲載されている会計分野で利用可能な査読付学術誌のランキングを示している。このようなランキングは，イギリスやニュージーランドでも行われている。学術誌評価の質の問題を取り上げ，科学的手法を用いて順位付けしようとしている研究者もいる（例えば，Beattie and Ryan 1989, Brinn et al. 1996, Brown 1996, Hull and Wright 1990, Parker et al. 1998, Lowe and Lock 2005, Kelly et al. 2009, Hussain 2010）。Bonner et al. (2006) は，これらのランキングに多様性があると指摘している。このようなランキングは概ね似通っているが，例外もあり，それが執筆者の行動に大きな影響を与えることもある。Northcott and Linacre (2010) は，様々な研究評価の実施と学術誌の質のランキングが，研究結果や研究行動の質に与える影響について，詳細に述べている。付録1の ERA (2010) のランキングでは，学術誌を A*, A, B, C の 4 つに順位付けしているが，ランキングに入っていない学術誌も多く存在する。編集者の変更により，大いに「このゲームを盛り上げる」学術誌もあれば，反対に，質が落ちる学術誌もあるため，

このようなランキングは時と共に変化していくことが予想される。しかし短期的には，A*やAランクの学術誌の査読期間は長く，掲載されるまでに長期間要するのに対し，Cランクの学術誌編集者は，質の高い論文の投稿を強く求めているであろう。このような状況は，未だランキングが低いかランキング外にある新しい学術誌の編集者の場合さらに当てはまる。

しかし，Ashton et al.（2009, p.201）は，最近のイギリスの研究評価の事例を紹介し，最も優れた研究が必ずしもトップジャーナルに掲載されているわけではないことを明らかにしている。したがって，「会計とファイナンス分野の研究の質を把握するにあたって学術誌のランキングに依存することは，研究の質の実際の水準を見誤る可能性がある」と結論付けている。

学術的な職位や昇任を求める人にとっては，査読付雑誌も専門誌もどちらも評価はされるが，査読付雑誌に特に重点が置かれる。これによって，実務家と研究者仲間に対して自身の能力を示すことができる。特にA*やAランクの学術誌に掲載された論文は，研究の生産性が継続的に高いことを十分に示すことになるが，一方で，履歴書では，単独でもチームの一員としても仕事ができることを示すために，単著と共著の両方の業績を記載しておくべきである。若手研究者は，自身の経歴の早い段階で，トップジャーナルに論文を投稿することを促されることもある。しかしこれは，若手研究者の研究動機や研究維持力にマイナスの影響も与える。さらに，ランキングのみに影響されることで，論文の内容に最も適した学術誌とは違う学術誌に投稿を促してしまうかもしれない。

本章では，個人的経験に基づいて「ゲームのルール」を詳しく説明した。本章を読むことで，執筆途中の論文が出版にまで至ったり，若い研究者にとって論文執筆の動機になったりすれば，本章の目的は果たされたことになるであろう。

さらに学習するための推奨文献

Ashton, D., Beattie, V., Broadbent, J., Brooks, C., Draper, P., Ezzamel, M. Gwilliam, D., Hodgkinson, R., Hoskin, K., Pope, P. and Stark, A. (2009) 'British Research in Accounting and Finance (2001-2007): The 2008 Research Assessment Exercise', *The*

British Accounting Review, Vol. 41, pp.199-207.

Brinn, T., Jones, M.J. and Pendlebury, M. (1996) 'UK Accountants' Perceptions of Research Journal Quality', *Accounting and Business Research*, Vol. 26, No. 3, pp.265-78.

Lowe, A. and Locke, J. (2005) 'Perceptions of Journal Quality and Research Paradigm : Results of a Web-based Survey of British Accounting Academics', *Accounting, Organizations and Society*, Vol. 30, No. 1, pp.81-98.

Parker, L.D., Guthrie, J. and Gray, R. (1998) 'Accounting and Management Research : Passwords from the Gatekeepers', *Accounting, Auditing and Accountability Journal*, Vol. 11, No. 4, pp.371-402.

付録 *1*
会計ジャーナルのランキング

　第12章では，会計ジャーナルのランキングに関する文献を紹介した。本付録では，オーストラリアの ERA ランキング (2010) に基づき，会計ジャーナルを評価の高い順に4つのカテゴリー（A*，A，B，C）で列挙している。

A*

Accounting, Auditing and Accountability Journal
Accounting, Organizations and Society
Accounting Review
Contemporary Accounting Research
Journal of Accounting and Economics
Journal of Accounting Research
Journal of Management Accounting Research

A

ABACUS : A Journal of Accounting and Business Studies
Accounting and Business Research
Accounting History
Accounting Horizons
Accounting, Business and Financial History
Advances in Accounting : A Research Journal
Auditing : A Journal of Theory and Practice
Behavioral Research in Accounting
British Accounting Review
Critical Perspectives on Accounting

Financial Accountability and Management
Harvard Business Review
Issues in Accounting Education
Journal of Accounting, Auditing and Finance
Journal of Accounting and Public Policy
Journal of Accounting Education
Journal of Accounting Literature
Journal of Business Finance and Accounting
Management Accounting Research
Review of Accounting Studies
The European Accounting Review
The International Journal of Accounting

B

Accounting and Finance
Accounting and the Public Interest
Accounting Education
Accounting Forum
Accounting Historians Journal
Accounting in Europe
Accounting Research Journal
Advances in Accounting Behavioral Research
Advances in International Accounting
Advances in Management Accounting
Advances in Public Interest Accounting
Advances in Quantitative Analysis of Finance and Accounting
Asia-Pacific Journal of Accounting and Economics
Australian Accounting Business and Finance Journal
Australian Accounting Review
International Journal of Accounting and Information Management

International Journal of Accounting Information Systems
International Journal of Accounting, Auditing and Performance Evaluation
International Journal of Auditing
Journal of Accounting and Organisational Change
Journal of Applied Accounting Research
Journal of Applied Research in Accounting and Finance
Journal of Construction Accounting and Taxation
Journal of Contemporary Accounting and Economics
Journal of Forensic Accounting : Auditing, Fraud and Taxation
Journal of International Accounting Research
Journal of International Accounting, Auditing and Taxation
Journal of International Financial Management and Accounting
Journal of Public Budgeting, Accounting and Financial Management
Managerial Auditing Journal
Pacific Accounting Review
Qualitative Research in Accounting and Management
Research in Accounting Regulation
Research in Governmental and Nonprofit Accounting

C

Academy of Accounting and Financial Studies Journal
Accounting, Accountability and Performance
Accountancy Business and the Public Interest
Accounting Commerce and Finance : The Islamic Perspective
Accounting Educators' Journal
Accounting Perspectives
Advances in Accounting Education : Teaching and Curriculum Innovations
Advances in Environmental Accounting and Management
African Journal of Accounting, Economics, Finance and Business Research
Art Law and Accounting Reporter

Asian Academy of Management Journal of Accounting and Finance
Asian Review of Accounting
Asia-Pacific Centre for Environmental Accountability Journal
Asia-Pacific Management Accounting Journal
Australian Journal of Accounting Education
China Accounting and Finance Review
Cost Management
Financial Reporting, Regulation and Governance
Journal of Accounting, Business and Management
Journal of Accounting, Ethics and Public Policy
Journal of Applied Management Accounting Research
Journal of Emerging Technologies in Accounting
Journal of Financial Reporting and Accounting
Journal of Modern Accounting and Auditing
Malaysian Accounting Review
National Accountant
Petroleum Accounting and Financial Management Journal
Research in Accounting in Emerging Economies
Review of Accounting and Finance
The International Journal of Digital Accounting Research
The Journal of Accounting Case Research
The Journal of Cost Analysis and Management
The Journal of Theoretical Accounting Research

付録 2

サンプル論文

本論文は，*Managerial Auditing Journal*, Vol. 16, No. 1, 2001, pp.40-49に掲載された論文であり，MCB Press の許可を得て再掲載している。

監査プロセスにおける組織と判断：Kinney 分類の検証

Malcolm Smith（南オーストラリア大学）
Brenton Fielder（南オーストラリア大学）
Bruce Brown（南オーストラリア大学）
Joanne Kestel（マードック大学）

キーワード：監査，判断，クリエイティブ・アカウンティング，ビッグ6 組織，会計方針，Kinney，ビッグ8

著者達は，Keith Houghton 教授，Gary Monroe 教授，Brenda Porter 教授，BAA 会議（1998年4月，マンチェスター）の学会参加者から頂いた貴重なコメントに謝意を表する。

要旨

Sullivan（1984）によれば，会計事務所が採用する監査アプローチは「組織（structure）」と「判断（judgment）」で表現され，それは監査人の判断が組織化された定量的なアルゴリズムで置き換えられる程度によって区分される。Cushing and Loebbecke（1986）は，この区分を操作可能にするため，会計事務所が監査業務に従事する監査人に提供するガイダンスを調査した。Kinney（1986）は，監査方法の違いにより，「組織化された」会計事務所，「半組織化された」

会計事務所,「組織化されていない(非組織化)」会計事務所に分類し,さらに研究を展開した。

本研究では,顧客の財務諸表上の利益に影響を及ぼす会計方針の選択を,会計事務所がどの程度許容するかを分析することで,Kinney の分類を検証する。ここでは,組織化された監査アプローチを用いる会計事務所は,機械的手続を信頼して監査リスクを管理することで,結果として利益操作をより許容してしまうことを明らかにする。研究対象期間ではこの結果が確認されたが,それ以後は監査法人ごとの監査アプローチの多様性が減少しているという証拠が示されている。

1. 背景

組織理論 (例えば, Burns and Stalker 1961, Mintzberg 1979) では,緻密な論拠の基礎を形成する推論として「機械的組織」と「有機的組織」が提唱されている。監査においては,この推論が「組織」と「判断」という観点から議論されてきた (Dirsmith and Haskins 1991)。

監査は,高度に組織化された機械的プロセスとみなされる場合もあれば (例えば, Joyce and Libby 1982),顧客に依存する判断プロセスとみなされる場合もある (例えば, Dirsmith and McAllister 1982)。特に Stringer (1981) は,定量的方法と高度に文書化された手続きを用いることで,監査上の意思決定が徐々に組織化される傾向を示している。Sullivan (1984) は,監査人を次の2つに区分している。

- 監査判断において組織化された定量的アルゴリズムを好む監査人。
- 専門的な判断を重視するため,定量化は望ましくないと信じる監査人。

Cushing and Loebbecke (1986) は,会計事務所が監査人に提供するガイダンスを実証的に分析することにより,この区分を調査している。彼らは,12の大手会計事務所の監査方針マニュアルを分析し,会計事務所間で,監査方法の「組織」水準に驚くべき相違があることを明らかにした。ここで「組織」とは,「所定の一連の論理的な手続き,意思決定や文書化の手順,包括的で統合化された

一連の監査方針として特徴付けられる監査の体系的なアプローチ」と定義されている (p.32)。

Cushing and Loebbecke は，どの会計事務所も事前計画と内部統制に関する質問を重視しているが，会計事務所によって高度組織化，半組織化，一部組織化，非組織化に分類することができると述べている。ここで，「高度組織化」とは，「監査リスクの定量化，詳細で包括的なガイダンス，監査人から会計事務所中枢への監査意思決定の移行が行われている」ことであり，「非組織化」とは，「細目化・統合化・定量化の水準が明確に定められていない」こととして特徴付けられる。

Cushing and Loebbecke (1986) は，会計事務所の組織水準の相違やそれによる異なる監査アプローチのインパクトを認識する研究の重要性を指摘し，これが本研究を行う動機となっている。

Kinney (1986) は，Cushing and Loebbecke (1986) の研究を拡張し，非組織化アプローチを採用する会計事務所は，現場の監査人に判断を委ねる傾向があることを明らかにした。Kinney は，独自調査の結果と Cushing and Loebbecke の研究に基づき，22の監査法人（当時の「ビッグ8」とその他14の中小法人）を次のように分類している。

- 組織化
  - デロイト・ハスキンズ・アンド・セルズ (DHS)
  - ピート・マーウィック・ミッチェル (PMM)
  - トウシュ・ロス (TR)
  - ビッグ8以外の2法人
- 半組織化
  - アーサー・アンダーセン (AA)
  - アーサー・ヤング (AY)
  - アーンスト・アンド・ウィニー (EW)
  - ビッグ8以外の3法人
- 非組織化
  - クーパース・アンド・ライブランド (CL)

－プライス・ウォーターハウス（PW）
－ビッグ8以外の9法人

　この分類を用いて，本研究では検定を実施する。監査の組織水準は，顧客の財務情報の開示方法と関連していることが知られている。Morris and Nichols (1998) は，組織化された監査法人は，会計原則の継続性に関する例外処理をより幅広く認めていると指摘している。Williams and Dirsmith (1988) は，組織化された監査法人は，顧客の財務諸表開示をよりタイムリーに行うことを示している。本研究はこの研究分野を拡張し，顧客企業が行う利益を増減させる会計方針の選択を監査法人が許容する際，組織水準がどの程度影響を与えるかを検証する。また，本論文では，監査リスク，すなわち，顧客の財務諸表が真実かつ公正であるという間違った保証を与えてしまうリスクに対する許容度に対して，組織水準が及ぼす影響を論じている。

　Dirsmith and Haskins (1991) は，計画策定における監査リスクを扱った研究は多く（例えば，Fellingham and Newman 1985），監査リスクが高いほど，監査意見を支持するために収集する証拠が増える（例えば，Graham 1985）ことを指摘している。

　近年の監査基準や研究（例えば，Graham 1985, Dirsmith and Haskins 1991）では，内部統制リスクと固有リスクは相互に依存しており，監査を計画する際，望ましい発見リスクを決定するため，内部統制リスクと固有リスクの両方を考慮しなければならないと認識している。固有リスクの評価に対して監査組織水準が与える影響が指摘されてきた。そこでは，重要な定量的変数すべてを徹底的に評価することが，一貫性のある監査判断につながると言われてきた（例えば，Joyce and Libby 1982）。これに対して，Sullivan (1984) は，財務報告の要件が複雑になりすぎて定量的尺度だけでは十分ではないことから，詳細な情報に基づく監査人の判断が常に必要だと反論している。

　監査法人の固有リスク評価アプローチへの対応が曖昧であることについては，「組織水準が異なる監査法人は，異なるリスク評価をする可能性がある」との指摘がある（Dirsmith and Haskins 1991, p.75）。Dirsmith and Haskins は，会計事務所に内在する理念や世界観を見ることで，より有用な研究が可能となると

結論付けている。彼らの研究は,「機械的な世界観」と「有機的な世界観」という仮説を用いて,主に監査リスクの評価に関連する相違に注目している。機械的な世界観における仮説では,監査は部品を重視する組織化過程であり,部品間の優先順位や,監査判断における定量的要素と定性的要素の相対的な重要性が問題となる。一方で,有機的な世界観による仮説では,判断過程を形成する定性的考察をより重視し,総合的な統合過程として監査を捉えている。

Dirsmith and Haskins の前提は次のとおりである。

　監査人の固有リスク評価の認識や,特定の顧客の評価の説明に用いる言葉は,個々の監査法人の異なる世界観に影響されるであろう (1991, p.75)。

さらに Dirsmith and Haskins が述べていることは,機械的に組織化された監査法人では,本質的に定性的な監査分野を軽視し,分析の評価対象としない傾向についてである。結果として,そのような監査法人は「相対的に組織化され,プログラム可能であり,具体的で既知の…」監査分野に焦点を当てようとする。それに対し,組織水準の低い監査法人は,定量的・定性的証拠の両方にバランス良く対応する。

これらの仮説は,監査法人の組織とリスク評価の姿勢に関連があることを認めている。組織化された監査法人に所属する監査人は,例えば,分析的レビュー戦略(定量的な非財務指標の分析を含む),サンプリング手法,広範な監査アプローチの戦略的利用による結果を重要視する。したがって,組織化された監査法人は,監査の計画・実行にあたり,関連する定性的・定量的リスク要因の評価の両方の重要性を認識しているが,戦略的な定量的分析を用いたリスク要因の特定方法をより重視しているため,定性的評価をさほど重視しない。組織化された監査法人は,技術部門に多くの資源を投入し,現場の監査スタッフが利用できる高品質で包括的なデータを作成する(例えば,産業統計,一般的な定性的産業リスク評価・プログラム,最新の技術的論点に関する論文や政府通達など)。このようなデータが利用できることは,組織化された監査法人が顧客に対する包括的なリスク評価を行う上で重要であると思われる。組織化された監査法人が,顧客が利益の「平準化」や「操作」を目的として選択する会計方針を許容する傾向にあることと,定量データの重視には関連がある可能性がある。

組織化された監査法人は，監査リスク全体に関する意思決定と不適切な監査意見を表明することによる結果を判断する資源を有している。組織化された監査法人の基本的な監査アプローチに不備があるというわけではないが，組織化された監査法人は，長期的な観点での顧客倒産というリスクを重視し，短期的な利益操作を重視していないように見える[1]。

同様の結果を得るために，組織化されていない監査法人は，調査において定性的評価を重視し，より信頼できる定性データを用いることが可能なため，利益操作に対する許容度が低くなる可能性がある。Cushing and Loebbecke(1986)は，監査法人が高度に組織化されているほど，専門的な判断を適用する機会が少ないという相関関係を立証している。本論文では，監査法人の組織水準（詳細な監査マニュアル，手続き，戦略を含む）が高くなるほど定性的な評価を軽視し，企業が行う利益操作（「利益の平準化」）は監査リスクに影響しないとして，その許容範囲が広がるとの仮説を立てた。この仮説を，(Kinney 1986の分類による）ビッグ8の監査法人の顧客が利益に影響を与える会計方針の選択をどの程度行っているかを調査することで検証する。特定の会計方針を採用する顧客が特定の会計事務所を選択する傾向にあるが，本研究では顧客の属性についてのコントロールはしていない。

2. 研究方法

西オーストラリア全上場企業463社の年次報告書について，1987年と1988年に終了する会計年度における会計方針変更の件数を調査した。96社については，1987年または1988年のいずれか，もしくは1987年と1988年の両年度で利用可能な報告書がなかった。その理由としては，1987年6月30日以降の設立，1988年6月30日以前の破綻，またはデータの欠如である。これらの企業は分析対象から除外している。研究対象の会計年度はKinney分類が公表された年と一致し

---

[1] 本研究は，会計方針の選択に関する実証理論（Mian and Smith 1990, Anderson and Zimmer 1992a など）に基づいている。先行研究では，会計手続の多様性は，効率的な契約を望む企業の要求，企業環境の違い，将来の営業利益を減少させるような会計方針の変更は望まないこと，と関連していると指摘されている。

ており,合併前のビッグ8監査法人の調査が可能である。

ある会計年度から翌会計年度にかけての会計方針の変更は,開示方針の選択の変更として定義される[2]。強制的な変更は分析対象とせず,任意の変更のみ検証した。これらの変更は,監査報告書や財務諸表の注記(特に,オーストラリア会計基準 AASB1001が要求している重要な会計方針に関する注記)を参照して特定した。

本研究が対象とするのは,上場企業が開示する会計方針の変更であり,それらをすべて独立したケースとして扱った。また,その影響の程度にかかわらず,変更に関する全データを収集した。分析により,会計方針の変更を次の5つに分類した。

- 限定意見の付いた監査報告書に対応した変更
- 法律や会計基準の新設・改訂に対応した強制的な変更
- 利益への影響が不確定な変更(貸借対照表への影響が明確な場合も含む)
- 利益の増加をもたらす変更であり,正常・異常な営業活動に関連する変更や,合理的には正常・異常項目に含まれる可能性があったが特別項目として費用処理されたために利益の増加をもたらす変更を含む
- 結果として税引後利益を減少させる,利益の減少をもたらす変更

会計方針の変更に関する事例を複数の研究者が個別に調査し,それらの分類は概ね一致した。さらに,3か月後に再度,分類作業を行った結果,わずか4％の会計方針の変更しか再分類されなかったので,分類は十分に信頼できるといえる。

全企業について次のようなデータも収集した。

- 監査人(観察期間に監査人が変更された場合は母集団から除外した)
- (「破綻」,「経営不振」,「破綻していない」と定義される)財政状態
- 総資産で測定された企業規模
- 業種分類

2　この点において,本論文では Anderson and Zimmer (1992b, p.58) の研究,すなわち「会計技術は各年度で『独立して』選択され,企業環境に依存する」という指摘に従っている。

これらの情報は，これらの変数が結果に及ぼす可能性のある影響を検証するために収集された。会計方針変更に対する許容度に対する仮説の検証結果は，監査人の変更，企業の財政状態，企業規模，業種属性をコントロールすることにより，強固なものになると考えられる。

3. 結果

データが完全な367社を母集団として，そのうち176社が行った会計方針の変更数は合計278件であり，次のように分類される。

監査意見への対応	9
強制変更	109
利益への影響が不確定	52
利益増加	79
利益減少	29
	278

会計方針の変更は，図1で示すとおり企業間でバラツキがある。

会計方針の任意変更を3回以上行っている企業9社のうち，ビッグ8の監査を受けている企業は7社であり，採掘産業に属する企業は5社であった。また，

図1　企業における会計方針変更の分布

会計方針 変更数合計	企業数	強制変更	企業数	任意変更	企業数
0	191	0	276	0	249
1	105	1	73	1	77
2	48	2	18	2	32
3	17			3	8
4	4			4	1
5	2				
企業数合計	367	企業数合計	367	企業数合計	367
変更数合計	278	変更数合計	109	変更数合計	169

図4の区分において,「大」企業は1社のみであり,「小」企業は4社であった。28の会計方針変更のうち,半数は利益を増加させるものであった。

会計方針変更の内容の詳細を示す図2により,監査人選択との関連性の検証を含む,複数の統計的検証を行うことができる。図2a〜2dに示す結果は,すべて図2のデータに基づいている。

ビッグ8とそれ以外という区分は重要な要因であり,会計方針変更の発生度合いと関連している。図2aのすべての変更を対象とした結果ではP＜.002であり,図2bの強制変更を除いた場合の結果はP＜.01である。

ビッグ8の顧客企業に関して,Kinney分類は会計方針変更と関連があることが示されている。図2cは会計方針変更数を示し,Kinney分類によってビッグ8をⅠ,Ⅱ,Ⅲの3段階の組織水準により分類している。一般的なカイ二乗検定による結果は有意ではなかった（$X_2^2 = 1.5$）。しかし,Kinney分類による自然順序を考慮した場合に,Kendallの順位相関係数に基づく検定結果はz＝1.68, P＜.05 となった。Kendallの順位相関係数検定の詳細については,Brown (1988),また,順序カテゴリーと分割表の検定に関するより一般的な研究については,Best and Rayner (1996),Beh and Davey (1999) とその参考文献を参照されたい。

図2cの結果から会計方針の強制変更を除いた場合,統計的有意性は強まる。図2dはその詳細を示している。Kinney分類を無視した一般的な検定でさえ,$X_2^2 = 7.84$, P＜.00 という結果が得られた。一方で,Kendallの順位相関係数検定については,z＝2.295, P＝.011 という結果であった。

図2のデータを用いてさらなる分析を行い,ビッグ8とそれ以外の分類またはKinneyによる会計事務所の分類と「利益変化をもたらす事象」との関連性を調査した。複合的な「利益変化をもたらす事象」と特定の会計事務所との関連を調査するためには,異なる形式の統計的検定が必要である。

しかし,ポアソンモデルを利益変化をもたらす事象の発生に適用することができれば分析は単純となる。観察されたセルの数は独立したポアソンのランダム変数とみなされ,そのパラメータは内在するポアソン比とセルの総数に寄与する企業数の積である。ポアソン変数の集合分布は,多項分布（または2変数であれば2項分布）であるという一般的事実に基づき,予測パターンと実際に

観察された数を比較することができる。この場合は適合度検定を用いることが一般的である。

図2 会計方針変更に対する監査法人の影響

監査法人	企業			会計方針						
	企業数	変更なし	変更あり	強制	限定付監査報告書への対応	中立	利益の増加(営業利益の増加)	利益の増加(営業利益に影響しない増加)	利益の減少	合計
(DHS)デロイト	15	6	9	7	1	3	1	3	2	17
(PMH)ピート・マーウィック	18	9	9	3	0	3	2	3	2	13
(TR)トウシュ・ロス	26	8	18	11	0	2	8	9	2	32
(AA)アーサー・アンダーセン	43	18	25	11	4	5	9	4	5	38
(AY)アーサー・ヤング	38	19	19	9	0	5	7	0	3	24
(EW)アーンスト・アンド・ウィニー	32	15	17	11	0	6	7	6	2	32
(CL)クーパース・アンド・ライブランド	25	13	12	11	1	2	1	0	1	16
(PW)プライス・ウォーターハウス	18	9	9	8	0	4	0	0	1	13
ビッグ「8」	215	97	118	71	6	30	35	25	18	185
ビッグ「8」以外	152	94	58	38	3	22	8	11	11	93
合計	367	191	176	109	9	52	43	36	29	278

図2a 会計方針変更の発生と会計事務所の分類

$(\chi_1^2 = 9.98, P < .00.)$

	変更なし	変更あり	合計
「ビッグ8」	97	118	215
「ビッグ8以外」	94	58	152
合計	191	176	367

図 2 b 会計事務所の分類と強制変更を除く会計方針変更の発生

($\chi_1^2 = 7.43$, P < .00.)

	変更なし	変更あり	合計
「ビッグ 8」	97	47	144
「ビッグ 8 以外」	94	20	114
合計	191	67	258

図 2 c 会計方針変更の発生と Kinney 分類に基づいたビッグ 8 会計事務所

(順序カテゴリーの分割表における Kendall の順位相関係数検定では, $z = 1.68$, P < .05)

Kinney 分類	変更なし	変更あり	合計
I 〔DHS, PMH, TR〕	23	36	59
II 〔AA, AY, EW〕	52	61	113
III 〔CL, PW〕	22	21	43
合計	97	118	215

図 2 d 会計方針変更の発生と強制変更を除く Kinney 分類に基づいた ビッグ 8 会計事務所

(順序カテゴリーの分割表における Kendall の順位相関係数検定では, $z = 2.295$, P = .011)

Kinney 分類	変更なし	変更あり	合計
I	23	15	38
II	52	30	82
III	22	2	24
合計	97	47	144

例えば、「ビッグ8」と「ビッグ8以外」の会計事務所の比較では、図2のデータは次のように示される。

	ビッグ8	ビッグ8以外	合計
利益変化をもたらす事象の数	78	30	108
会計事務所の数	215	152	367
期待値	63.270	44.730	108

(「観察数」(78, 30)と「期待値」(63.27, 44.73)を比較した場合、$\chi_1^2 = 8.27$, P = .00)

Kinney分類を用いて検定を行うと、図2のデータは次のとおりとなる。

Kinney分類	I	II	III	合計
利益変化をもたらす事象の数	32	43	3	78
企業数	59	113	43	215
期待値	21.405	40.995	15.600	78

(ここでは $\chi_2^2 = 15.52$, P = .0004となり、結果が著しく有意であることから、順序カテゴリー検定を適用する意味がほどんどない)

図3は、Kinney (1986) の分類に従って監査法人をグループ分けした場合と実質的に同じ結果を示している。グループ1と2 (「組織化」と「半組織化」) とグループ3 (「非組織化」) による区分は、極めて重要であると考えられる。グループ1の監査法人により認められた会計方針変更のうち42%が利益を増加させている一方、グループ2の場合は35%、グループ3の場合はわずか3%である。ビッグ8以外の監査法人はこのグループ分けから除外されている。その大半 (Kinneyの分析では75%と報告されている) はグループ3に区分されているが、グループに含まれたとしても結果は大きく変わらない。さらに、図3が示すように、グループ3の顧客企業が認められた利益を減少させる会計方針変更は7%に過ぎず、それに対してグループ1の顧客企業では10%、グループ2の顧客企業では11%であった。

図3　1986年における利益の増加または減少の分類

Kinney 分類	利益の増加		利益の減少	変更数合計	企業数
	営業利益の増加	営業利益に影響しない増加			
グループ1	11	15	6	62	59
グループ2	23	10	10	94	113
グループ3	1	0	2	29	43
ビッグ8	35	25	18	185	215
ビッグ8以外	8	11	11	93	152
合計	43	36	29	278	367

　営業利益の増加と営業利益に影響しない増加項目を用いた利益増加に関する分析では，1986年からの特別項目の概念の変更は考慮していない。しかし，現在においても特別項目への分類変更はほとんど行われていない。

4. 考察

　分析結果から明らかになったことは，Kinney（1986）のカテゴリーにおいて「判断に依存する」と分類された監査法人の顧客企業では，利益を増加または減少させる会計方針の変更が極めて少ない。本調査対象のビッグ8に含まれているクーパース・アンド・ライブランドとプライス・ウォーターハウスは，他の監査法人よりも会計方針の選択を通じた利益操作への許容範囲が狭いようである。しかし，他の複数要因も本研究の観察結果に影響を与えていることが想定されるため，ここで検討する。

　多くの研究者（例えば，Morse and Richardson 1983）が，企業規模と業種が利益を増加させる会計方針の変更に影響を及ぼすと論じている。Eichenseher and Danos（1981）は，監査人の特定業種への特化に注目している。会計方針の変更は，監査人よりも企業規模または業種と関連しているかもしれない。図4は，監査法人による顧客企業の規模を示している。

図4　監査法人と顧客の規模

監査法人/企業規模	小 (総資産<10百万ドル)	中	大 (総資産>60百万ドル)	合計
ピート・マーウィック	11	4	3	18
トウシュ・ロス	15	9	2	26
デロイト	5	7	3	15
監査法人グループ1	31	20	8	59
アーサー・アンダーセン	26	13	4	43
アーサー・ヤング	15	13	10	38
アーンスト・アンド・ウィニー	16	14	2	32
監査法人グループ2	57	40	16	113
クーパース・アンド・ライブランド	10	7	8	25
プライス・ウォーターハウス	6	7	5	18
監査法人グループ3	16	14	13	43
合計	104	74	37	215

ここでは，ビッグ8において，Kinney 分類と顧客の企業規模との間に弱い関連があるという証拠が示されている。伝統的なカイ二乗検定の結果は有意でなかったが，図4aによれば，顧客の企業規模と Kinney 分類の Kendall の順位相関係数検定では $z = 1.546$, $P = .06$ という結果が得られた。この P 値は概ね有意であり，Kinney 分類が企業規模との関連を通じて間接的に会計方針変更に影響している可能性を示している。しかし，関連性の強さは図4aで示されたものより，図2a〜2dで示されたものが強いことから，この解釈は限定的である。

ビッグ8における顧客企業の分布は，業種による偏りは見られない。図5のデータに基づく検証の結果（レジャー産業と非銀行系金融機関はサンプル数が少ないため合計した），$\chi_{10}^2 = 10.77$ となり有意ではなかった。

Cravens, Flagg and Glover (1994) は，プライス・ウォーターハウスやクーパース・アンド・ライブランドのような監査法人の顧客は，市場リスクが低く，

図4a 監査法人と顧客の規模

(Kendall の順位相関係数検定の関連性では, z = 1.546, P = .06)

Kinney 分類	規模			合計
	小	中	大	
I	31	20	8	59
II	57	40	16	113
III	16	14	13	43
合計	104	74	37	215

図5 業種の分布と監査法人グループ

業種	監査法人			合計
	グループ1	グループ2	グループ3	
研究・コンサルティング	7	11	2	20
小売・流通業	8	13	6	27
製造・建設業	5	16	1	22
金融・投資業	10	16	10	36
採掘業	27	45	19	91
レジャー産業	2	6	2	10
非銀行系金融機関	0	6	3	9
合計	59	113	43	215

利益率が高く,負債比率も低いことを明らかにしている。会計方針の変更は,企業の財務業績の悪化や業種と関連する可能性がある。財務的な困窮の度合いを示すZ値は,Houghton and Smith (1991) においても,西オーストラリアのビジネス環境をモデル化するにあたり,監査人と業種による財務業績を比較するために用いられた。図6は,7業種における財務業績の平均の差を示したものである。

図6 業種と財務業績

業種	企業数	Z値	
		平均	標準偏差
研究・コンサルティング	20	0.730	2.279
小売・流通業	27	0.716	2.029
製造・建設業	22	0.202	2.721
金融・投資業	36	−0.314	2.777
採掘業	91	0.724	1.728
レジャー産業	10	−0.019	1.508
非銀行系金融機関	9	1.531	1.186
合計	215	0.482	2.141

図6a 業種における財務的困窮度の差の検定を行うための分散分析

	自由度	分散分析		
		平方和	平均平方	F値
業種	6	44.947	7.49	1.66 (P>0.1)
誤差	208	938.103	4.51	
合計	214	983.050		

非銀行系金融機関と**採掘業**の業績は明らかに良いが，**金融・投資業**は財務的に困窮している。図6のデータは，業種間の財務的困窮を示すZ値の差を検定する分散分析を行うために用いられている（図6a参照）。

ここでは，業種間で財務業績が異なるという証拠は得られていない。また，財務業績の変化とKinney分類との関連は見られない。図7は，個別の監査法人とKinney分類における財務業績の平均の差を示している。

図7のデータは，Kinney分類における監査法人のグループ間で財務的な困窮を示すZ値の平均の差を検定する分散分析を行うために用いられている（図7a参照）。

図7aの分散分析は有意ではない。しかし，財務業績は，グループ1からグループ2へ，グループ3へとより改善されていることがわかる。しかし，グループ2内のZ値の差の大きさにより，グループ間のZ値の差には統計的差異が生じていない。個々の監査法人を対象とした分析では，Z値の平均が最も高かったのは，アーサー・ヤング（グループ2），クーパース・アンド・ライブランド（グループ3），デロイト（グループ1）であり，監査組織のKinney分類と顧客の財務業績との間に直接的な関係は見られない。

　本研究の結果については，ビッグ8がまだ優勢であった1980年代後半の西オーストラリアにのみ適用可能である点において，外的妥当性の欠如が指摘されるかもしれない。次に，これらの問題について検討する。

　Smith (1998)は，Smith (1992)によって報告されたイギリスの上場企業の時価総額上位208社のデータを再検証し，監査人と12の会計操作方法との関連を分析した。Smith (1998)はそのうち7つの方法を利益数値への影響があるとして特定し，ビッグ6の顧客企業185社と監査法人との関係を調査している。その研究で指摘されているのは，取得前評価減という方法に関しては，KPMGが平均より多く許容しており，プライス・ウォーターハウスとクーパース・アンド・ライブランドは平均より少なくしか許容していない。また，プライス・ウォーターハウスは，特別または例外損益項目の操作を平均より少なくしか許容していない。全体として，KPMGは予想以上に会計操作を許容しており，クーパース・アンド・ライブランドは予想より低い。しかし，本研究と比較して，それ以外の監査法人の許容度は明確になっていない。1992年のイギリスのデータの分析結果では，先行研究と比較して，1987年のKinney分類の影響を示すことができていないことは確かである。

　Smith and Kestel (1999)が行った会計方針変更に関する時系列分析では，本研究で用いたデータと同一の西オーストラリアの企業の1988～1994年のデータを用いている。しかし，全期間を通して独立して存続した企業は49社にとどまり，それらの企業のうち会計方針の変更を行った数は相対的に少ない（全体としては67件であり，そのうち「大手」監査法人に関わるものは40件である）。サンプル数が限られているため，統計的分析方法が制限されるが，それでも1987年における監査法人の違いは期間を通じて重要でないことが明らかである。グ

図7 監査法人と顧客の財務業績

監査法人	企業数	Z値 平均	Z値 標準偏差
ピート・マーウィック	18	0.784	1.590
トウシュ・ロス	26	−0.130	1.349
デロイト	15	0.749	1.156
監査法人グループ1	59	0.372	1.432
アーサー・アンダーセン	43	−0.203	3.399
アーサー・ヤング	38	0.018	1.746
アーンスト・アンド・ウィニー	32	0.790	1.621
監査法人グループ2	113	0.489	2.524
クーパース・アンド・ライブランド	25	0.784	1.935
プライス・ウォーターハウス	18	0.379	1.798
監査法人グループ3	43	0.615	1.868

図7a Kinney 分類における財務的困窮度の平均水準の差の検定を行うための分散分析

	自由度	分散分析 平方和	分散分析 平均平方	F値
監査法人グループ間	2	7.012	3.506	<1, 非有意
企業間：				
グループ1内	2	11.739	5.870	<1
グループ2内	2	21.756	10.878	1.30, 非有意
グループ3内	1	1.717	1.717	<1
誤差	206	931.487	4.522	

ループ3(非組織化)に属する監査法人であるプライス・ウォーターハウスやクーパース・アンド・ライブランドは,顧客の利益の減少をもたらす会計方針の変更を予想よりも許容していなかったが,他の点では3つのグループ間で差異はなかった。

多くの研究において,会計事務所の健全性に関するイメージの重要性が強調されている。Scott and Van der Walt (1994)が述べているが,顧客が監査法人を選定する際にイメージは最も重視される特性である。Beattie and Fearnley (1995)は,「評判や品質」が最重要の特性であることを明らかにし,Armstrong and Smith (1996)は,専門性がビッグ6の顧客にとってサービスの品質を表す最も重要な側面であると結論付けている。サービスの多様化や差別化の追求にあたり,イメージは会計事務所や監査法人の重要な要素である。Moizer (1998)は,1987年と1996年におけるイギリス企業の財務担当役員を調査し,大手会計事務所の特徴を明らかにした。会計事務所を説明するために用いられた様々な言い回しに注目し,意味差判別法を適用した分析を行った。1987年時点で,会計事務所間には多様性が観察され(その多くは,アーサー・アンダーセンとデロイト・ハスキンズ・アンド・セルズに起因する),イメージに基づき会計事務所を4つに区分している。

グループA (CL, PW, KPMG),グループB (EW, AY),グループC (DHS, TR),グループD (AA)

この区分は,同年に行われたKinney分類とほぼ一致している。

1996年の調査では,アーサー・アンダーセンが競合相手の会計事務所とは「最も異質な」法人として特徴付けられているが,多くの相違点が失われているため,次のような修正した分類が適当である。

グループA (CL, PW, KPMG),グループB (EY, D&T),グループC (AA)

Moizerの研究は,1987~1996年の世界的な会計事務所間における相違点が少なくなったことを示しているが,これは前述した会計方針の変更に関する研究結果に反映されている。主要会計事務所の数は8社から(現在)5社に減少し,会計事務所の合併が進んだ。すべての研究では,(CLとPW)と(EWとAY)

を同じグループに分類しており，この会計事務所の文化の類似性が合併を成功に導くであろう。

5. 結論

本研究の結果から，会計方針の変更の程度は，Kinney (1986) や Moizer (1998) が用いた類似の方法で行った監査法人のグループ分けと関連があることがわかった。企業の経営活動への監査法人の関与度合いは，グループごとに異なり，その後の合併の成功や失敗を説明することにも有益であろう。

最近の実証研究が示すように，大手監査法人の多様化の度合いは1980年代後半以降減少しており，現在では組織化されたアプローチが幅広く用いられている。しかし，監査法人間と監査方法の差異は未だ存在する。

これらの研究の発見は，監査法人の選択・変更や将来の合併について示唆を与えるものであり，今後のビッグ5の世界的な活動に焦点を当てた研究の必要性を示している。

参考文献

Anderson, D. and I. Zimmer (1992a) 'Reactions to Regulation of Accounting for Goodwill', *Accounting and Finance*, Vol. 32, No. 2, pp.27-50.

Anderson, D. and I. Zimmer (1992b) 'Time Series Analysis of Accounting Policy Choice : Reply', *Accounting and Finance*, Vol. 32, No. 2, pp.57-60.

Armstrong, R.W. and M. Smith (1996) 'Marketing Cues and Perceptions of Service Quality in the Selection of Accounting Firms', *Journal of Customer Service in Marketing and Management*, Vol. 2, No. 2, pp.37-60.

Beattie, V.A. and S. Fearnley (1995) 'The Importance of Audit Firm Characteristics and the Drivers of Auditor Change in UK Listed Companies', *Accounting and Business Research*, Vol. 25, No. 100, Autumn, pp.227-239.

Beh, E.J. and P.J. Davy (1999) 'Partitioning Pearson's Chi-squared Statistic for a Partially Ordered Three-way Contingency Table', *Australian and NewZealand Journal of Statistics*, Vol. 2, pp.233-246.

Best, D.J. and J.C.W. Rayner (1996) 'Nonparametric Analysis for Doubly Ordered Two-way Contingency Tables', *Biometrics*, Vol. 52, pp.1153-1156.

Brown, B.M. (1988) 'Kendall's tau and Contingency Tables', *Australian Journal of Statistics*, Vol. 30, pp.276-291.

Burns, T. and G.M. Stalker (1961) *The Management of Innovation*, Tavistock, London.

Cravens, K.S., J.C. Flagg and H.D. Glover (1994) 'A Comparison of Client Characteristics by Auditor Attributes: Implications for the Auditor Selection Process', *Managerial Auditing Journal*, Vol. 9, No. 3, pp.27-36.

Cushing, B.E. and J.K. Loebbecke (1986) Comparison of Audit Methodologies of Large Accounting Firms, *Studies in Accounting Research*, No. 26, American Accounting Association, Sarasota, Florida.

Dirsmith, M.W. and M.E. Haskins (1991) 'Inherent Risk Assessment and Audit Firm Technology: A Contrast in World Theories', *Accounting, Organizations and Society*, Vol. 16, No. 1, pp.61-90.

Dirsmith, M.W. and J.P. McAllister (1982) 'The Organic vs. The Mechanistic Audit', *Journal of Accounting, Auditing and Finance*, Vol. 5, No. 3, pp.214-228.

Eichenseher, J. and P. Danos (1981) 'The Analysis of Industry Specific Auditor Concentration: Towards an Explanatory Model', *The Accounting Review*, Vol. 56, No. 3, pp.479-492.

Fellingham, J.C. and D.P. Newman (1985) 'Strategic Considerations in Auditing', *The Accounting Review*, Vol. 60, No. 4, pp.634-650.

Graham, L.E. (1985) 'Audit Risk — Part III', *CPA Journal*, October, pp.36-43.

Houghton, K.A. and M. Smith (1991) 'Loan Risk and the Anticipation of Corporate Distress: West Australian Evidence', in K. Davis and I. Harper (eds), *Risk Management in Financial Institutions*, Allen and Unwin, Sydney, NSW, pp.61-74.

Joyce, E.J. and R. Libby (1982) 'Behavioral Studies of Audit Decision Making', *Journal of Accounting Literature*, Vol. 1, pp.103-121.

Kinney, W. (1984) 'Discussants' Response to an Analysis of the Audit Framework Focusing on Inherent Risk and the Role of Statistical Sampling in Compliance Testing', in H.F. Settler and N.A. Ford (eds), *Auditing Symposium VII*, University of Kansas, pp.127-132.

Kinney, W. (1986) 'Audit Technology and Preferences for Auditing Standards', *Journal of Accounting and Economics*, Vol. 8, No. 1, pp.73-89.

Mian, S.L. and C.W. Smith (1990) 'Incentives for Unconsolidated Financial Reporting',

Journal of Accounting and Economics, Vol. 12, No. 1-3, pp.141-171.

Mintzberg, H. (1979) *The Structuring of Organizations*, Prentice Hall, Englewood Cliffs, NJ.

Moizer, P. (1998) 'The Corporate Images of the 1996 Big Six and the 1987 Big Eight', *Conference of the European Accounting Association*, Antwerp, April.

Morris, M. and W. Nichols (1988) 'Consistency Exceptions : Materiality Judgments and Audit Firm Structure', *The Accounting Review*, Vol. 63, No. 2, pp.237-254.

Morse, D. and G. Richardson (1983) 'The LIFO/FIFO Decision', *Journal of Accounting Research*, Vol. 21, No. 1, pp.106-127.

Scott, D.R. and N.T. Van der Walt (1994) 'Choice Criteria in the Selection of International Accounting Firms', *European Journal of Marketing*, Vol. 29, No. 1, pp.27-39.

Smith, M. (1998) 'Creative Accounting : The Auditor Effect', *Managerial Auditing Journal*, Vol. 13, No. 3, pp.155-158.

Smith, M. and J. Kestel (1999) 'A Time-Series Analysis of Accounting Policy Changes : West Australian Evidence', *School of Accounting Seminar Series*, University of South Australia.

Smith, T. (1992) *Accounting for Growth*, Century Business, London.

Stringer, K.W. (1981) 'Future Directions in Auditing Research', *The Auditor's Report*, Summer, pp.3-4.

Sullivan, J.D. (1984) 'The Case for the Unstructured Audit Approach', in H.F. Stettler and N.A. Ford (eds), *Auditing Symposium VII*, University of Kansas.

Williams, D.D. and M.W. Dirsmith (1988) 'The Effects of Audit Technology on Auditor Efficiency : Auditing and the Timelines of Client Earnings Announcements', *Accounting, Organizations and Society*, Vol. 13, No. 5, pp.487-508.

References

Abdel-Khalik, A.R. and Ajinkya, B.B. (1979) *Empirical Research in Accounting : A Methodological Viewpoint*, American Accounting Association, Accounting Education Series, 4, Sarasota FL.

Abdolmohammadi, M. and Wright, A. (1987) 'An Examination of the Effects of Experience and Task Complexity on Audit Judgments', *The Accounting Review*, January, pp.1-13.

Abernethy, M.A., Chua, W.F., Luckett, P.F. and Selto, F.H. (1999) 'Research in Managerial Accounting : Learning from Others' Experiences', *Accounting and Finance*, Vol. 39, No. 1, pp.1-28.

Abrahamson, E. and Amir, E. (1996) 'The Information Content of the President's Letter to Shareholders', *Journal of Business Finance and Accounting*, Vol. 23, No. 8, pp.1157-82.

Abrahamson, E. and Park, C. (1994) 'Concealment of Negative Organizational Outcomes : An Agency Theory Perspective', *Academy of Management Journal*, Vol. 37, No. 5, pp.1302-34.

Aerts, W. (2005) 'Picking up the Pieces : Impression Management in the Retrospective Attributional Framing of Accounting Outcomes', *Accounting, Organizations and Society*, Vol. 30, No. 6, pp.493-517.

Agarwal, V. and Taffler, R.J. (2007) 'Twenty-five Years of the Taffler Z-score Model : Does it Really Have Predictive Value?', *Accounting and Business Research*, Vol. 37, No. 4, pp.285-97.

Agnew, N.M. and Pike, S.W. (1994) *The Science Game : An Introduction to Research in the Social Sciences*, 6th Edition, Prentice Hall, Englewood Cliffs, NJ.

Ahrens, T. and Chapman, C. (2006) 'Doing Qualitative Field Research in Management Accounting : Positioning Data to Contribute to Theory', *Accounting, Organizations and Society*, Vol. 31, No. 8, pp.819-41.

Aiken, M. and Hage, J. (1968) 'Organizational Interdependence and Intra-organizational Structure', *American Sociological Review*, December, pp. 912-30.

Alcouffe, S., Berland, N. and Levant, Y. (2008) 'Actor-networks and the

Diffusion of Managerial Accounting Innovations : A Comparative Study', *Management Accounting Research*, Vol. 19, No. 1, pp.1-17.

Altman, E.I. (1968) 'Financial Ratios, Discriminant Analysis and the Prediction of Corporate Bankruptcy', *Journal of Finance*, Vol. 23, No. 4, pp.580-609.

Altman, E.I. (1993) *Corporate Financial Distress and Bankruptcy : A Complete Guide to Predicting and Avoiding Distress and Profiting from Bankruptcy*, 2nd Edition, Wiley, New York.

Altman, E.I., Haldeman, R. and Narayanan, P. (1977) 'Zeta Analysis : A New Model to Identify Bankruptcy Risk of Corporations', *Journal of Banking and Finance*, Vol. 1, No. 1, pp.29-54.

Altman, E.I., Marco, G. and Varetto, F. (1994) 'Corporate Distress Diagnosis : Comparisons Using Linear Discriminant Analysis and Neural Networks (The Italian Experience)', *Journal of Banking and Finance*, Vol. 18, No. 3, pp.505-29.

Amernic, J.H. and Craig, R. (2006) *CEO Speak : The Language of Corporate Leadership*, McGill-Queens University Press, Montreal.

Amernic, J.H. and Craig, R. (2008) 'A Privatization Success Story : Accounting and Narrative Expression over Time', *Accounting, Auditing and Accountability Journal*, Vol. 21, No. 8, pp.1085-115.

Anderson, M.J. (1985) 'Some Evidence on the Effect of Verbalization on Process : A Methodological Note', *Journal of Accounting Research*, Vol. 23, pp.843-53.

Anderson, M.J. (1988) 'A Comparative Analysis of Information Search and Evaluation Behavior of Professional and Non-professional Financial Analysts', *Accounting, Organizations and Society*, Vol. 13, No. 5, pp.431-46.

Anderson, M.J. and Potter, G.S. (1998) 'On the Use of Regression and Verbal Protocol Analysis in Modeling Analysts' Behavior in an Unstructured Task Environment : A Methodological Note', *Accounting, Organizations and Society*, Vol. 23, No. 5 and 6, pp.435-50.

Anderson, T.W. and Rubin, H. (1949) 'Estimation of the Parameters of a Single Equation in a Complete System of Stochastic Equations', *Annals of Mathematics and Statistics*, Vol. 20, pp.46-63.

Andrews, F.M. (1984) 'Construct Validity and Error Components of Survey

Methods : A Structural Modelling Approach', *Public Opinion Quarterly*, Vol. 48, pp.409-42.

Argyris, C. (1952) *The Impact of Budgets on People*, Controllership Foundation Inc., Cornell University, Ithaca, NY.

Armstrong, P. (1987) 'The Rise of Accounting Controls in British Capitalist Enterprises', *Accounting, Organizations and Society*, Vol. 12, No. 5, pp.415-36.

Arrington, C.E. and Francis, J.R. (1989) 'Letting the Chat out of the Bag : Deconstruction, Privilege and Accounting Research', *Accounting, Organizations and Society*, Vol. 14, No. 1/2, pp.1-28.

Arrington, C.E. and Puxty, A.G. (1991) 'Accounting, Interests and Rationality : A Communicative Relation', *Critical Perspectives on Accounting*, Vol. 2, No. 1, pp.31-58.

Ashton, D., Beattie, V., Broadbent, J., Brooks, C., Draper, P., Ezzamel, M., Gwilliam, D., Hodgkinson, R., Hoskin, K., Pope, P. and Stark, A. (2009) 'British Research in Accounting and Finance (2001-2007) : The 2008 Research Assessment Exercise', *The British Accounting Review*, Vol. 41, pp. 199-207.

Ashton, R.H. (1974) 'An Experimental Study of Internal Control Judgments', *Journal of Accounting Research*, Spring, pp.143-57.

Ashton, R.H. (1983) *Research in Audit Decision-making : Rationale, Evidence and Implications*, The Canadian General Accountants Research Foundation, Vancouver.

Ashton, R.H. and Ashton, A.H. (eds.) (1995) *Judgment and Decision-making Research in Accounting and Auditing*, Cambridge University Press, New York.

Ashton, R.H. and Kramer, S.S. (1980) 'Students as Surrogates in Behavioral Accounting Research : Some Evidence', *Journal of Accounting Research*, Vol. 18, pp.1-15.

Askarany, D. and Smith, M. (2008) 'The Diffusion of Management Accounting Innovation : A Longitudinal Study of PACIA', *Managerial Auditing Journal*, Vol. 23, No. 9, pp.900-16.

Assal, H. and Keon, J. (1982) 'Nonsampling vs. Sampling Error in Survey Research', *Journal of Marketing*, Vol. 46, Spring, pp.114-23.

Baiman, S. (1982) 'Agency Research in Managerial Accounting : A Survey', *Journal of Accounting Literature*, Vol. 1, pp.154-213.

Baines, A. and Langfield-Smith, K. (2003) 'Antecedents to Management Accounting Change : A Structural Equation Approach', *Accounting, Organizations and Society*, Vol. 28, No. 6, pp.675-98.

Baker, C.R. and Bettner, M.S. (1997) 'Interpretive and Critical Research in Accounting : A Commentary on its Absence from Mainstream Accounting Research', *Critical Perspectives on Accounting*, Vol. 18, No. 4, pp.293-310.

Ball, R. and Brown, P. (1968) 'An Empirical Evaluation of Accounting Income Numbers', *Journal of Accounting Research*, Vol. 6, pp.159-78.

Bandura, A. (1977) *Social Learning Theory*, Prentice-Hall, Englewood Cliffs, NJ.

Barrett, M., Cooper, D.J. and Jamal, K. (2005) 'Globalisation and the Co-ordinating of Work in a Global Audit', *Accounting, Organizations and Society*, Vol. 25, No. 2, pp.1-24.

Barrow, J.C. (1977) 'The Variables of Leadership : A Review and Conceptual Framework', *Academy of Management Review*, Vol. 2, No. 2, pp.231-51.

Baruch, Y. (1999) 'Response Rates in Academic Studies : A Comparative Analysis', *Human Relations*, Vol. 52, No. 4, pp.421-38.

Bauman, M.P. (1996) 'A Review of Fundamental Analysis Research in Accounting', *Journal of Accounting Literature*, Vol. 15, pp.1-33.

Bayne, C.K., Beauchamp, J.J., Kane, V.E. and McCabe, G.P. (1983) 'Assessment of Fisher and Logistic Linear and Quadratic Discriminant Models', *Computational Statistics and Data Analysis*, Vol. 1, pp.257-73.

Beattie, V.A. and Ryan, R.J. (1989) 'Performance Indices and Related Measures of Journal Reputation in Accounting', *British Accounting Review*, Vol. 21, pp.267-78.

Beattie, V.A., McInnes, B. and Fearnley, S. (2004) 'A Methodology for Analyzing and Evaluating Narratives in Annual Reports : A Comprehensive Descriptive Profile and Metrics for Disclosure Quality Attributes', *Accounting Forum*, Vol. 28, pp.205-36.

Beaver, W.H. (1966) 'Financial Ratios as Predictors of Failure', *Empirical*

Research in Accounting (supplement to *Journal of Accounting Research*), pp. 71–111.

Becker, S. and Green, D. (1962) 'Budgeting and Employee Behaviour', *The Journal of Business*, October, pp.392–402.

Bedford, N.M. (1965) *Income Determination Theory : An Accounting Framework*, Addison-Wesley, London.

Bem, D.J. (1972) 'Self-Perception Theory', in L. Berkowitz (ed.), *Advances in Experimental Social Psychology*, Vol. 6, Academic Press, New York, pp.1–62.

Bennett, R. (1991) 'How is Research Carried out?' in N.C. Smith and P. Dainty (eds), *The Management Research Handbook*, Routledge, London.

Berelson, B. (1952) *Content Analysis in Communication Research*, Free Press, London.

Berry, A.J., Capps, T., Cooper, D., Ferguson, P., Hopper, T. and Lowe, E.A. (1985) 'Management Control in an Area of the NCB : Rationales of Accounting in a Public Enterprise', *Accounting, Organizations and Society*, Vol. 10, No. 1, pp.3–28.

Bettman, J.R. and Weitz, B.A. (1983) 'Attributions in the Boardroom : Causal Reasoning in Corporate Annual Reports', *Administrative Science Quarterly*, Vol. 28, pp.165–83.

Birnberg, J.G., Turopolec, L. and Young, S.M. (1983) 'The Organizational Context of Accounting', *Accounting, Organizations and Society*, Vol. 8, No. 2/3, pp.111–29.

Birnberg, J., Shields, M. and Young, S. (1990) 'The Case for Multiple Methods in Empirical Research in Management Accounting (with an Illustration from Budget Setting)', *Journal of Management Accounting Research*, Vol. 2, pp.33–66.

Black, F. and Scholes, M. (1973) 'The Pricing of Options and Corporate Liabilities', *Journal of Political Economy*, Vol. 81, pp.637–54.

Bloomfield, R. and O'Hara, M. (1999) 'Market Transparency : Who Wins and Who Loses?', *Review of Financial Studies*, Vol. 12, pp.5–35.

Bloor, M. (1978) 'On the Analysis of Observational Data : A Discussion of the Worth and Uses of Inductive Techniques and Respondent Validation', *Sociology*, Vol. 12, pp.542–54.

Blum, M. (1974) 'Failing Company Discriminant Analysis', *Journal of Accounting Research*, Vol. 12, No. 1, pp.1-25.

Bollen, K.A. and Long, J.S. (1993) 'Introduction', in K.A. Bollen and J.S. Long (eds), *Testing Structural Equation Models*, Sage, Newbury Park, CA, pp.1-9.

Bonner, S.E. and Sprinkle, G.B. (2002) 'The Effects of Monetary Incentives on Effort and Task Performance : Theories, Evidence and a Framework for Research', *Accounting, Organizations and Society*, Vol. 27, No. 4/5, pp. 303-45.

Bonner, S.E., Hesford, J.W., Van der Stede, W.A. and Young, S.M. (2006) 'The Most Influential Journals in Academic Accounting', *Accounting, Organizations and Society*, Vol. 31, No. 7, pp.663-85.

Bouwman, M.J. (1984) 'Expert versus Novice Decision Making in Accounting : A Summary', *Accounting, Organizations and Society*, Vol. 9, No. 3, pp. 325-7.

Bowman, E.H. (1984) 'Content Analysis of Annual Reports for Corporate Strategy and Risk', *Interfaces*, Vol. 14, January-February, pp.61-71.

Boys, P.G. and Rutherford, B.A. (1984) 'The Use of Accounting Information by Institutional Investors', in B. Carsberg and M. Page (eds), *Current Cost Accounting : The Benefits and the Costs*, Vol. 2, Prentice Hall, London, pp.103-27.

Brannick, T. and Coghlan, D. (2007) 'In Defence of Being Native : The Case for Insider Academic Research', *Organisational Research Methods*, Vol. 10, No. 1, pp.59-74.

Brennan, N.M., Guillamon-Saorin, E. and Pierce, A. (2009) 'Impression Management: Developing and Illustrating a Scheme of Analysis for Narrative Disclosures-A Methodological Note', *Accounting, Auditing and Accountability Journal*, Vol. 22, No. 5, pp.789-832.

Briers, M. and Hirst, M. (1990) 'The Role of Budgetary Information in Performance Evaluation', *The Accounting Review*, Vol. 15, No. 4, pp.373-98.

Brinn, T., Jones, M.J. and Pendlebury, M. (1996) 'UK Accountants' Perceptions of Research Journal Quality', *Accounting and Business Research*, Vol. 26, No. 3, pp.265-78.

Broadbent, J. (1998) 'The Gendered Nature of "Accounting Logic": Pointers to an Accounting that Encompasses Multiple Values', *Critical Perspectives on Accounting*, Vol. 9, No. 3, pp.267–97.

Brookfield, D. and Morris, R. (1992) 'The Market Impact of UK Company News Announcements', *Journal of Business Finance and Accounting*, Vol. 9, No. 4, pp.585–602.

Brown, B.M. (1988) 'Kendall's-*tau* and Contingency Tables', *Australian Journal of Statistics*, Vol. 30, pp.276–91.

Brown, C.E. and Solomon, I. (1993) 'An Experimental Investigation of Explanations for Outcome Effects on Appraisals of Capital Budgeting Decisions', *Contemporary Accounting Research*, Vol. 10, No. 1, pp.83–111.

Brown, D.A., Booth, P.J. and Giacobbe, F. (2004) 'Technological and Organisational Influences on the Adoption of Activity-based Costing in Australia', *Accounting and Finance*, Vol. 44, No. 3, pp.329–56.

Brown, L.D. (1996) 'Influential Accounting Articles, Individuals, PhD Granting Institutions and Faculties: A Citation Analysis', *Accounting, Organizations and Society*, Vol. 21, No. 7/8, pp.723–54.

Brownell, P. (1982) 'The Role of Accounting Data in Performance Evaluation, Budgetary Participation, and Organizational Effectiveness', *Journal of Accounting Research*, Spring, pp.12–27.

Brownell, P. (1995) *Research Methods in Management Accounting*, Coopers and Lybrand, Melbourne.

Bryer, R.A. (1999) 'Marx and Accounting', *Critical Perspectives on Accounting*, Vol. 10, No. 5, pp.683–709.

Bryman, A. (2001) *Social Research Methods*, Oxford University Press, Oxford.

Buchanan, D., Boddy, D. and McCalman, J. (1988) 'Getting In, Getting On, Getting Out and Getting Back', in A. Bryman (ed.) *Doing Research in Organizations*, Routledge, London, pp.53–67.

Burns, R.P. and Burns, R. (2008) *Business Research Methods and Statistics Using SPSS*, Sage, London.

Burns, T. and Stalker, G.M. (1961) *The Management of Innovation*, Tavistock, London.

Byrne, B.M. (2001) *Structural Equation Modelling with AMOS: Basic Concepts, Applications and Programming*, Lawrence Erlbaum, Mahwah, NJ.

Callon, M. (1986) 'The Sociology of an Actor-network: The Case of the Electric Vehicle', in M. Callon, J. Law and A. Rip (eds), *Mapping the Dynamics of Science and Technology*, MacMillan, London, pp.19-34.

Campbell, D. (2003) 'Intra- and Intersectoral Effects in Environmental Disclosures: Evidence for Legitimacy Theory?', *Business Strategy and the Environment*, Vol. 12, No. 6, pp.357-71.

Campbell, D.T. (1965) 'Ethnocentric and other Altruistic Motives', in D. Levine (ed.) *Symposium on Motivation*, University of Nebraska Press, Lincoln NB, pp.283-311.

Campbell, D.T. and Stanley, J. (1963) *Experimental and Quasi-Experimental Designs for Research*, Rand-McNally, Chicago.

Canning, J.B. (1929) *The Economics of Accountancy: A Critical Analysis of Accounting Theory*, Ronald Press, New York.

Casey, C.J. (1980) 'Variation in Accounting Information Overload: The Effect on Loan Officers' Predictions of Bankruptcy', *The Accounting Review*, Vol. 55, No. 1, pp.36-49.

Chapman, C.S. (1998) 'Accountants in Organizational Networks', *Accounting, Organizations and Society*, Vol. 23, No. 8, pp.737-66.

Checkland, P. (1981) *Systems Thinking, Systems Practice*, Wiley, Chichester.

Chen, J., Patten, D.M. and Roberts, R.W. (2008) 'Corporate Charitable Contributions: A Corporate Social Performance or Legitimacy Strategy?', *Journal of Business Ethics*, Vol. 82, No. 1, pp.131-44.

Cheng, M., Luckett, P.F. and Schulz, A.K.-D. (2003) 'The Effects of Cognitive Style Diversity on Decision Making Dyads: An Empirical Analysis in the Context of a Complex Task', *Behavioral Research in Accounting*, Vol. 15, pp.13-36.

Chong, V.K. and Chong, K.M. (1997) 'Strategic Choices, Environmental Uncertainty and SBU Performance: A Note on the Intervening Role of Managerial Accounting Systems', *Accounting and Business Research*, Vol. 27, pp.268-76.

Chong, V.K. and Johnson, D.M. (2007) 'Testing a Model of the Antecedents and Consequences of Budgetary Participation on Job Performance', *Accounting and Business Research*, Vol. 37, No. 1, pp.3-16.

Christensen, L.B. (1994) *Experimental Methodology*, 6th Edition, Allyn and

Bacon, Boston.

Chua, W.F. (1988) 'Interpretive Sociology and Management Accounting Research: A Critical Review', *Accounting, Auditing and Accountability Journal*, Vol. 1, No. 2, pp.59-79.

Chua, W.F. (1995) 'Experts, Networks, and Inscriptions in the Fabrication of Accounting Images: A Story of the Representation of Three Public Hospitals', *Accounting, Organizations and Society*, Vol. 20, No. 2/3, pp.111-45.

Chua, W.F. (1996) 'Issues in Substantive Areas of Research: Field Research in Accounting', in A.J. Richardson (ed.), *Research Methods in Accounting: Issues and Debates*, The Canadian General Accountants Research Foundation, Vancouver, pp.209-28.

Chua, W.F. and Degeling, P. (1993) 'Interrogating an Accounting-based Intervention on Three Axes: Instrumental, Moral and Aesthetic', *Accounting, Organizations and Society*, Vol. 18, No. 4, pp.291-318.

Clapham, S.E. and Schwenk, C.R. (1991) 'Self-serving Attributions, Managerial Cognition and Company Performance', *Strategic Management Journal*, Vol. 12, pp.219-29.

Clatworthy, M. and Jones, M.J. (2001) 'The Effect of Thematic Structure on the Variability of Annual Report Readability', *Accounting, Auditing and Accountability Journal*, Vol. 14, No. 3, pp.311-26.

Clatworthy, M. and Jones, M.J. (2006) 'Differential Patterns of Textual Characteristics and Company Performance in the Chairman's Statement', *Accounting, Auditing and Accountability Journal*, Vol. 19, No. 4, pp. 493-511.

Clor-Proell, S.M. (2009) 'The Effects of Expected and Actual Accounting Choices on Judgments and Decisions', *The Accounting Review*, Vol. 84, No. 5, pp.1465-93.

Coffey, A. (1999) *The Ethnographic Self: Fieldwork under the Representation of Reality*, Sage, London.

Cole, C.J. and Jones, C.L. (2005) 'Management Discussion and Analysis: A Review and Implications for Future Research', *Journal of Accounting Literature*, Vol. 24, pp.135-74.

Collins, F., Lowensohn, S.H., McCallum, M.H. and Newmark, R.I. (1995)

'The Relationship between Budgetary Management Style and Organizational Commitment in a Not-for-profit Organization', *Behavioral Research in Accounting*, Vol. 7, pp.65-79.

Colombo, R. (2000) 'A Model for Diagnosing and Reducing Nonresponse Bias', *Journal of Advertising Research*, Vol. 40, No. 1/2, pp.85-93.

Connole, H. (1993) *Issues and Methods in Research*, Distance Education Centre, University of South Australia, Adelaide.

Cook, T.D. and Campbell, D.T. (1979) *Quasi-Experimentation : Design and Analysis of Issues for Field Settings*, Houghton Mifflin, Boston, MA.

Cooper, D.C. and Emory C.W. (1995) *Business Research Methods*, Irwin, New York.

Cooper, D.J. and Morgan, W. (2008) 'Case Study Research in Accounting', *Accounting Horizons*, Vol. 22, No. 2, pp.158-78.

Cooper, D.J. and Sherer, M. (1984) 'The Value of Corporate Accounting Reports : Arguments for a Political Economy of Accounting', *Accounting, Organizations and Society*, Vol. 9, No. 3/4, pp.207-32.

Cooper, R. and Kaplan, R.S. (1992) 'Profit Priorities from Activity Based Costing', *Harvard Business Review*, Vol. 70, May-June, pp.130-35.

Coppage, R.E. and Baxendale, S. (2001) 'A Synergistic Approach to an Accounting Educator's Primary Responsibilities', *Accounting Education : An International Journal*, Vol. 10, No. 3, pp.239-46.

Crichton, M. (1995) *The Lost World*, Arrow Books, New York.

Cushing, B.E. and Loebekke, J.K. (1986) 'Comparison of Audit Methodologies of Large Accounting Firms', *Studies in Accounting Research*, No. 26, American Accounting Association, Sarasota, FL.

Cyert, R.M. and March, J.G. (1963) *A Behavioural Theory of the Firm*, Prentice Hall, Englewood Cliffs, NJ.

D'Aveni, R.A. and MacMillan, A.C. (1990) 'Crisis and Content of Managerial Communications : A Study of the Focus of Attention of Top Managers in Surviving and Failing Companies', *Administrative Science Quarterly*, Vol. 35, pp.634-57.

De Sanctis, G. and Poole, M.S. (1994) 'Capturing the Complexity in Advanced Technology Use : Adaptive Structuration Theory', *Organization Science*, Vol. 5, No. 2, pp.121-47.

Demski, J.S. and Feltham, G.A. (1976) *Cost Determination: A Conceptual Approach*, Iowa State University Press, Ames, IA.

Dent, J. (1991) 'Accounting and Organizational Cultures: A Field Study of the Emergence of a New Organizational Reality', *Accounting, Organizations and Society*, Vol. 16, No. 8, pp.705-32.

Denzin, N.K. (1970) *The Research Act in Sociology*, Butterworth, London.

Diamond, S.S. (2000) 'Reference Guide on Survey Research', in *Reference Manual on Scientific Evidence*, 2nd Edition, The Federal Justice Center, Washington, DC, pp.229-76.

Dikolli, S. and Smith, M. (1996) 'Implementing ABC: An Australian Feasibility Study', *Australian Accounting Review*, Vol. 6, No. 2, pp.45-55.

Dillman, D.A. (1978) *Mail and Telephone Surveys: The Total Design Method*, John Wiley, New York.

Dillman, D.A. (2007) *Mail Internet Surveys: The Tailored Design Method*, 2nd Edition, Wiley, Hoboken, NJ.

Dirsmith, M.W. and Haskins, M.E. (1984) 'Inherent Risk Assessment and Audit Firm Technology: A Contrast in World Theories', *Accounting, Organizations and Society*, Vol. 16, No. 1, pp.61-90.

Dirsmith, M.W. and Haskins, M.E. (1991) 'Inherent Risk Assessment and Audit Firm Technology: A Contrast in World Theories', *Accounting, Organizations and Society*, Vol. 16, No. 1, pp.61-90.

Ditton, J. (1977) *Part-time Crime: An Ethnography of Fiddling and Pilferage*, Macmillan, London.

Dooley, D. (1995) *Social Research Methods*, Prentice Hall, Englewood Cliffs, NJ.

Dowd, K. (2004) 'Qualitative Dimensions in Finance and Risk Management Research', in C. Humphrey and B. Lee (eds), *The Real Life Guide to Accounting Research*, Elsevier, London, pp.509-24.

Drury, C. (2005) *Management Accounting*, 4th Edition, Thomson Learning, London.

Dunk, A.S. (1993) 'The Effect of Budget Emphasis and Information Asymmetry on the Relation between Budgetary Participation and Slack', *The Accounting Review*, Vol. 68, No. 2, pp.400-10.

Dunk, A.S. and Nouri, H. (1998) 'Antecedents of Budgetary Slack: A Literature Review and Synthesis', *Journal of Accounting Literature*, Vol.

17, pp.72-96.

Dwyer, P.D. and Roberts, R.W. (2004) 'The Contemporary Gender Agenda of the US Public Accounting Profession: Embracing Feminism or Maintaining Empire?', *Critical Perspectives on Accounting*, Vol. 15, No. 1, pp.159-77.

Easterby-Smith, M., Thorpe, R. and Jackson, P.R. (2008) *Management Research*, 3rd Edition, Sage, London.

Edwards, R.S. (1938) 'The Nature and Measurement of Income', *The Accountant*, Vol. 99, pp.22-6.

Edwards, S.P., Roberts, I., Clarke, M., Di Giuseppe, C., Prataps, S., Wentz, R. and Kwan, I. (2002) 'Increasing Response Rates to Postal Questionnaires: Systematic Review', *British Medical Journal*, Vol. 324, May, pp. 1183-91.

Eisenbeis, R.A. (1977) 'Pitfalls in the Application of Discriminant Analysis in Business, Finance and Economics', *Journal of Finance*, Vol. 22, No. 3, pp. 875-90.

Ezzamel, M. and Bourn, M. (1990) 'The Roles of Accounting Information Systems in an Organization Experiencing Financial Crisis', *Accounting, Organizations and Society*, Vol. 15, No. 5, pp.399-424.

Ezzamel, M. and Willmott, H. (1992) 'Accounting and Trust: Some Implications for Management Control', in T. Polesie and I.L. Johansson (eds), *Responsibility and Accounting: The Organizational Regulations of Boundary Conditions*, Studentlitteratur, Lund.

Fama, E.F. (1970) 'Efficient Capital Markets: A Review of Theory and Empirical Work', *Journal of Finance*, Vol. 25, pp.383-417.

Ferreira, L.D. and Merchant, K.A. (1992) 'Field Research in Management Accounting and Control: A Review and Evaluation', *Accounting, Auditing and Accountability Journal*, Vol. 5, No. 4, pp.3-34.

Ferris, K.R. (1977) 'A Test of the Expectancy Theory of Motivation in an Accounting Environment', *The Accounting Review*, July, pp.604-15.

Festinger, L. (1957) *A Theory of Cognitive Dissonance*, Stanford University Press, Stanford, CA.

Flyvbjerg, B. (2001) *Making Social Science Matter*, Cambridge University Press, Cambridge.

Fogarty, T.J., Singh, J., Rhoads, G.K. and Moore, R.K. (2000) 'Antecedents and Consequences of Burnout in Accounting : Beyond the Role Stress Model', *Behavioral Research in Accounting*, Vol. 12, pp.31–69.

Foster, G. (1986) *Financial Statement Analysis*, 2nd Edition, Prentice Hall, Englewood Cliffs, NJ.

Foster, G. and Young, S.M. (1997) 'Frontiers of Management Accounting Research', *Journal of Management Accounting Research*, Vol. 9, pp.63–77.

Frazier, K.B., Ingram, R.W. and Tennyson, B.M. (1984) 'A Methodology for the Analysis of Narrative Accounting Disclosures', *Journal of Accounting Research*, Vol. 22, No. 1, pp.318–31.

Freeman, R.E. (1984) *Strategic Management : A Stakeholder Approach*, Pitman, Boston, MA.

Friedman, A.O. and Lyne, S.R. (2001) 'The Beancounter Stereotype : Towards a General Model of Stereotype Generation', *Critical Perspectives on Accounting*, Vol. 12, pp.423–51.

Friedman, M. (1953) 'The Methodology of Positive Economics', in M. Friedman, *Essays in Positive Economics*, University of Chicago Press, Chicago, IL.

Frydman, H.E., Altman, E.I. and Kao, D.L. (1985) 'Introducing Recursive Partitioning for Financial Classification : The Case of Financial Distress', *Journal of Finance*, Vol. 40, No. 1, pp.269–91.

Gallhofer, S. (1998) 'The Silences of Mainstream Feminist Accounting Research', *Critical Perspectives on Accounting*, Vol. 9, No. 3, pp.355–75.

Gerdin, J. and Greve, J. (2008) 'The Appropriateness of Statistical Methods for Testing Contingency Hypotheses in Management Accounting Research', *Accounting, Organizations and Society*, Vol. 33, No. 7/8, pp.995–1009.

Gibbins, M. (1992) 'Deception : A Tricky Issue for Behavioral Research in Accounting and Auditing', *Auditing : A Journal of Theory and Practice*, Fall, pp.113–26.

Gibbins, M. and Salterio, S. (1996) 'Experimental Accounting Research : Current Methodological Issues and Debates', in A.J. Richardson (ed.), *Research Methods in Accounting : Issues and Debates*, The Canadian General Accountants Research Foundation, Vancouver, pp.9–24.

Giddens, A. (1984) *The Constitution of Society*, Polity Press, Cambridge.
Gill, J. and Johnson, P. (1997) *Research Methods for Managers*, 2nd Edition, Sage, London.
Gill, J. and Johnson, P. (2002) *Research Methods for Managers*, 3rd Edition, Sage, London.
Gill, J. and Johnson, P. (2010) *Research Methods for Managers*, 4th Edition, Sage, London.
Glaser, B.G. and Strauss, A.L. (1967) *The Discovery of Grounded Theory : Strategies for Qualitative Research*, Aldine Publishing, Chicago, IL.
Goldratt, E.M. and Cox, J. (1989) *The Goal*, Gower, Aldershot.
Gramling, A.A. and Stone, D.N. (2001) 'Audit Firm Industry Expertise : A Review and Synthesis of the Archival Literature', *Journal of Accounting Literature*, Vol. 20, pp.1-29.
Gray, R. (1996) 'Some Personal Reflections on Publication, Journal "Quality" and Journal Ranking in the Academic Accounting Community', University of Dundee Discussion Paper, Dundee.
Grey, C. (1996) 'On Being a Professional in a "Big Six" Firm', *Accounting, Organizations and Society*, Vol. 23, No. 5/6, pp.569-87.
Griffiths, I. (1986) *Creative Accounting : How to Make your Profits What you Want them to Be'*, Firethorn Press, London.
Guilding, C., Cravens, K.S. and Tayles, M. (2000) 'An International Comparison of Strategic Management Accounting Practices', *Management Accounting Research*, Vol. 11, No. 1, pp.113-35.
Gummerson, E. (2007) 'Case Study Research and Network Theory : Birds of a Feather', *Qualitative Research in Organizations and Management*, Vol. 2, No. 3, pp.226-48.
Gurd, B.G. (2008) 'Remaining Consistent with Method? An Analysis of Grounded Theory Research in Accounting', *Qualitative Research in Accounting and Management*, Vol. 5, No. 2, pp.122-38.
Hair, J.F., Anderson, R.E., Tatham, R.L. and Black, W.C. (1995) *Multivariate Data Analysis with Readings*, 4th Edition, Prentice Hall, Upper Saddle River, NJ.
Hamer, M. (1983) 'Failure Prediction : Sensitivity of Classification Accuracy to Alternative Statistical Methods and Variable Sets', *Journal of Account-*

ing and Public Policy, Vol. 2, pp.289–307.

Hamilton, D.L. and Troiler, T.K. (1986) 'Stereotypes and Stereotyping : An Overview of the Cognitive Approach', in J.F. Dovidio and S.L. Gaertner (ed.), *Prejudice, Discrimination and Racism*, Academic Press, Orlando, FL, pp.127–58.

Hammersley, M. and Atkinson, P. (1983) *Ethnography : Principles in Practice*, Tavistock, London.

Hammond, T. (1997) 'Culture and Gender in Accounting Research : Going beyond Mynatt et al.', *Critical Perspectives on Accounting*, Vol. 8, No. 6, pp. 685–92.

Hammond, T. and Oakes, L. (1992) 'Some Feminisms and their Implications for Accounting Practice', *Accounting, Auditing and Accountability Journal*, Vol. 3, No. 3, pp.52–70.

Harte, J.M. and Koele, P. (1995) 'A Comparison of Different Methods for the Elicitation of Attribute Weights : Structural Modeling, Process Tracing and Self Reports', *Organizational Behavior and Human Decision Processes*, Vol. 64, pp.49–64.

Hartmann, F.G.H. and Moers, F. (1999) 'Testing Contingency Hypotheses in Budgetary Research : An Evaluation of the Use of Moderated Regression Analysis', *Accounting, Organizations and Society*, Vol. 24, pp.291–315.

Hartmann, L. (2000) 'Ethics in Business Research : Some Issues', University of South Australia Working Paper Series, Adelaide.

Harvey-Jones, J. (1992) *Troubleshooter 2*, BBC Books, London.

Harvey-Jones, J. and Massey, A. (1990) *Troubleshooter*, BBC Books, London.

Hawking, S. (1998) *A Brief History of Time*, Bantam press, London.

Healy, P.M. (1985) 'The Effect of Bonus Schemes on Accounting Decisions', *Journal of Accounting and Economics*, April, pp.85–107.

Heiman, V. (1990) 'Auditors' Assessments of the Likelihood of Error Explanations in Analytical Review', *The Accounting Review*, Vol. 65, No. 4, pp.875–90.

Henri, J.-F. (2007) 'A Quantitative Assessment of the Reporting of Structural Equation Modeling Information : The Case of Management Accounting Research', *Journal of Accounting Literature*, Vol. 26, pp.76–115.

Herzberg, F. (1966) *Work and the Nature of Man*, World Publishing, Cleveland, OH.

Hines, R. (1988) 'Financial Accounting: In Communicating Reality we Construct Reality', *Accounting, Organizations and Society*, Vol. 13, No. 3, pp.251-61.

Hines, R. (1992) 'Accounting: Filling the Negative Space', *Accounting, Organizations and Society*, Vol. 17, No. 3/4, pp.313-41.

Holsti, O.R. (1969) *Content Analysis for the Social Sciences and Humanities*, Addison-Wesley, Reading, MA.

Hopwood, A.G. (1983) 'On Trying to Study Accounting in the Contexts in which it Operates', *Accounting, Organizations and Society*, Vol. 8, No. 2/3, pp.287-305.

Hopwood, A.G. (1987) 'The Archaeology of Accounting Systems', *Accounting, Organizations and Society*, Vol. 12, No. 3, pp.207-34.

Horngren, C.T., Foster, G. and Datar, S.M. (2003) *Cost Accounting: A Managerial Emphasis*, 11th Edition, Prentice Hall, Englewood Cliffs, NJ.

Houghton, K.A. (1987) 'The Development of Meaning in Accounting: An Inter Temporal Study', *Accounting and Finance*, Vol. 27, No. 2, pp.25-40.

Houghton, K.A. (1988) 'The Measurement of Meaning in Accounting: A Critical Analysis of the Principal Evidence', *Accounting, Organizations and Society*, Vol. 13, No. 3, pp.263-80.

Houghton, K.A. and Smith, M. (1991) 'Loan Risk and the Anticipation of Corporate Distress: West Australian Evidence', in K. Davis and I. Harper (eds), *Risk Management in Financial Institutions*, Allen and Unwin, Sydney.

House, R.J. (1970) 'Scientific Investigation in Management', *Management International Review*, Vol. 4/5, No. 10, pp.139-50.

Howard, K. and Sharp, J.A. (1983) *The Management of a Student Research Project*, Gower, Aldershot.

Hronsky, J.J.F. and Houghton, K.A. (2001) 'The Meaning of a Defined Accounting Concept: Regulatory Changes and the Effect on Auditor Decision Making', *Accounting, Organizations and Society*, Vol. 26, No. 2, pp.123-39.

Hull, R.P. and Wright, F.B. (1990) 'Faculty Perceptions of Journal Quality:

An Update', *Accounting Horizons*, Vol. 4, No. 1, pp.77-80.

Hult, G.T.M., Ketchen, D., Cui, A.S., Prudhomme, A.M., Seggie, S.H., Stanko, M.A., Xu, A.S., and Cavuseil, S.T. (2006) 'An Assessment of the Use of Structural Equation Modelling in International Business Research', in *Research Methodology in Strategy and Management*, Vol. 3, pp. 385-415.

Humphrey, C. and Lee, B. (2004) *The Real Life Guide to Accounting Research*, Elsevier, London.

Hussain, S. (2010) 'Accounting Journals and the ABS Quality Rankings', *British Accounting Review*, Vol. 42, No. 1, pp.1-16.

Inanga, E.L. and Schneider, W.B. (2005) 'The Failure of Accounting Research to Improve Accounting Practice: A Problem of Theory and Lack of Communication', *Critical Perspectives on Accounting*, Vol. 16, No. 3, pp.227-48.

Ingram, R.W. and Frazier, K.B. (1980) 'Environmental Performance and Corporate Disclosure', *Journal of Accounting Research*, Vol. 18, No. 2, pp. 614-22.

Ingram, R.W. and Frazier, K.B. (1983) 'Narrative Disclosures in Annual Reports', *Journal of Business Research*, Vol. 11, pp.49-60.

Ittner, C. and Larcker, D. (2001) 'Assessing Empirical Research in Managerial Accounting: A Value-based Management Perspective', *Journal of Accounting and Economics*, Vol. 32, No. 1-3, pp.349-410.

Ittner, C.D. and Larcker, D.F. (2002) 'Empirical Management Accounting Research: Are We Just Describing Management Consulting Practice?', *European Accounting Review*, Vol. 11, No. 4, pp.787-94.

Ittner, C.D., Larcker, D.F. and Meyer, M.W. (2003) 'Subjectivity and the Weighting of Performance Measures: Evidence from the Balanced Scorecard', *The Accounting Review*, Vol. 78, No. 2, pp.725-58.

Ittner, C., Larcker, D.F. and Rajan, M.V. (1997) 'The Choice of Performance Measures in Annual Bonus Contracts', *The Accounting Review*, Vol. 72, pp.231-55.

Jack, L. and Kholeif, A. (2007) 'Introducing Strong Structuration Theory for Informing Qualitative Case Studies in Organization, Management and Accounting Research', *Qualitative Research in Organizations and Manage-*

ment, Vol. 2, No. 3, pp.208-25.

Jackling, B., Cooper, B.J., Leung, P. and Dellaportas, S. (2007) 'Professional Accounting Bodies Perceptions of Ethical Issues, Causes of Ethical Failure and Ethics Education', *Managerial Auditing Journal*, Vol. 22, No. 9, pp.928-44.

Jaworski, B.J. and Young, S.M. (1992) 'Dysfunctional Behaviour and Management Control: An Empirical Study of Marketing Managers', *Accounting, Organizations and Society*, Vol. 17, No. 1, pp.17-35.

Jayazeri, M. and Cuthbert, P. (2004) 'Research in Management Accounting: What Needs to Be Researched?' British Accounting Association Annual Conference, April, York.

Jensen, M.C. and Meckling, W.H. (1976) 'Theory of the Firm: Managerial Behavior, Agency Costs and Ownership Structure', *Journal of Financial Economics*, Vol. 3, pp.305-60.

Jones, M.J. and Shoemaker, P.A. (1994) 'Accounting Narratives: A Review of Empirical Studies of Content and Readability', *Journal of Accounting Literature*, Vol. 13, pp.142-84.

Jones, T.C. and Dugdale, D.A. (2002) 'The ABC Bandwagon and the Juggernaut of Modernity', *Accounting, Organizations and Society*, Vol. 27, No. 1/2, pp.121-63.

Jönsson, S. (1982) 'Budgetary Behavior in Local Government: A Case Study over Three Years', *Accounting, Organizations and Society*, Vol. 7, No. 3, pp. 287-304.

Jönsson, S. and Macintosh, N.B. (1997) 'Cats, Rats and Ears: Making the Case for Ethnographic Accounting Research', *Accounting, Organizations and Society*, Vol. 22, No. 3/4, pp.367-86.

Jöreskog, K.G. (1969) 'A General Approach to Confirmatory Maximum Likelihood Factor Analysis', *Psychometrica*, Vol. 34, pp.183-202.

Joyce, E.J. and Biddle, G.C. (1981) 'Anchoring and Adjustment in Probabilistic Inference in Auditing', *Journal of Accounting Research*, Vol. 19, No. 1, pp.120-45.

Kahnemann, D. and Tversky, A. (1972) 'Subjective Probability: A Judgment of Representativeness', *Cognitive Psychology*, July, pp.430-54.

Kaplan, R.S. (1983) 'Measuring Manufacturing Performance: A New

Challenge for Managerial Accounting Research', *The Accounting Review*, Vol. 58, No. 4, pp.686–705.

Kaplan, R.S. (1984) The Evolution of Management Accounting, *The Accounting Review*, Vol. 59, No. 3, pp.390–418.

Kaplan, R.S. (1998) 'Innovation Action Research : Creating New Management Accounting Theory and Practice', *Journal of Management Accounting Research*, Vol. 10, pp.89–118.

Kaplan, R.S. and Norton, D.P. (1992) 'The Balanced Scorecard : Measures that Drive Performance', *Harvard Business Review*, Vol. 70, January–February, pp.61–74.

Kaplan, R.S. and Norton, D.P. (1993) 'Putting the Balanced Scorecard to Work', *Harvard Business Review*, Vol. 71, September–October, pp.134–47.

Kaplan, R.S. and Norton, D.P. (2004) 'Strategy Maps', *Strategic Finance*, March, pp.27–35.

Kelley, H.H. (1972) 'Attribution in Social Interaction', in E. Jones (ed.), *Attribution : Perceiving the Causes of Behavior*, General Learning Press, Morristown, NJ.

Kelly, A., Morris, H., Rowlinson, M. and Harvey, C. (2009) *ABS Academic Journal Quality Guide*, Association of Business Schools, London.

Kelly, M. and Alam, M. (2008) 'Management Accounting and the Stakeholder Value Model', *Journal of Applied Management Accounting Research*, Vol. 6, No. 1, pp.75–86.

Kelly-Newton, L. (1980) 'A Sociological Investigation of the USA Mandate for Replacement Cost Disclosures', *Accounting, Organizations and Society*, Vol. 5, No. 3, pp.311–21.

Kidder, L.H. and Judd, C.L. (1986) *Research Methods in Social Relations*, Holt, Rinehart and Winston, London.

Kinney, W. (1986) 'Audit Technology and Preferences for Auditing Standards', *Journal of Accounting and Economics*, Vol. 48, No. 1, pp.73–89.

Kirk, J. and Miller, M.L. (1986) *Reliability and Validity in Qualitative Research*, Sage, Newbury Park, CA.

Kline, R.B. (1998) *Principles and Practice of Structural Equation Modeling*, Guilford Press, New York.

Knopf, J.W. (2009) 'Doing a Literature Review', *Political Science and Politics*,

Vol. 39, No. 1, pp.127-32.

Koh, H.C. (1991) 'Model Predictions and Auditor Assessments of Going Concern Status', *Accounting and Business Research*, Vol. 21, No. 4, pp.331-38.

Kolb, D.A., Rubin, I.M. and McIntyre, J.M. (1979) *Organisational Psychology : An Experimental Approach*, Prentice Hall, London.

Kools, S., McCarthy, M., Durham, R. and Robrecht, L. (1996) 'Diminishing Analysis : Broadening the Conception of Grounded Theory', *Qualitative Health Research*, Vol. 6, No. 3, pp.312-30.

Krippendorff, K. (1980) *Content Analysis : An Introduction to its Methodology*, Sage, Beverley Hills, CA.

Krippendorff, K. (2004) *Content Analysis : An Introduction to its Methodology*, 2nd Edition, Sage, Thousand Oaks, CA.

Krumweide, K.R. (1998) 'The Implementation Stages of Activity-based Costing and the Impact of Contextual and Organizational Factors', *Journal of Management Accounting Research*, Vol. 10, pp.239-77.

Kuhn, T.S. (1970) *The Structure of Scientific Revolutions*, 2nd Edition, University of Chicago Press, Chicago, IL.

Lachenbruch, P.A. (1967) 'An Almost Unbiased Method of Obtaining Confidence Intervals for the Probability of Misclassification in Discriminant Analysis', *Biometrics*, Vol. 23, No. 4, pp.639-45.

Lang, M.H. and Lundholm, R.J. (1996) 'Corporate Disclosure Policy and Analyst Behavior', *Accounting Review*, Vol. 71, pp.467-92.

Lang, M.H., Lins, K.V. and Miller, D.P. (2003) 'ADRs, Analysts and Accuracy : Does Cross Listing in the United States Improve a Firm's Information Environment and Increase Market Value?' *Journal of Accounting Research*, Vol. 41, No. 2, pp.317-45.

Langfield-Smith, K. (1997) 'Management Control Systems and Strategy : A Critical Review', *Accounting, Organizations and Society*, Vol. 22, No. 2, pp.207-32.

Lapsley, I. (2004) 'Making Sense of Interactions in an Investigation of Organisational Practices and Processes', in C. Humphrey and B. Lee (eds), *The Real Life Guide to Accounting Research*, Elsevier, London, pp.175-90.

Larcker, D.F. and Lessig, V.P. (1983) 'An Examination of the Linear and Retrospective Process Tracing Approaches to Judgment Modeling', *The Accounting Review*, Vol. 58, pp.58-77.

Laswell, H.D. (1948) 'The Structure and Function of Communications in Society', in L. Bryson (ed.), *The Communication of Ideas*, Harper and Row, New York.

Latour, B. (1986) 'The Powers of Association : Power Action and Belief : A New Sociology of Knowledge?' in J. Law (ed.), *Sociological Review Monograph* 32, Routledge, London, pp.264-80.

Laughlin, R.C. (1987) 'Accounting Systems in Organizational Contexts : A Case for Critical Theory', *Accounting, Organizations and Society*, Vol. 12, No. 5, pp.479-502.

Laughlin, R.C. (1995) 'Empirical Research in Accounting : Alternative Approaches and a Case for Middle-range Thinking', *Accounting, Auditing and Accountability Journal*, Vol. 8, No. 1, pp.63-87.

Laughlin, R.C. (1999) 'Critical Accounting : Nature, Progress and Prognosis', *Accounting, Auditing and Accountability Journal*, Vol. 12, No. 1, pp.73-8.

Lawler, E. (1973) *Motivation in Organizations*, Brodis/Cole, Monterey, CA.

Le Quesne, L. (1983) *The Bodyline Controversy*, Unwin, London.

Leake, J. (2009) 'Climate Change Data Dumped', *The Sunday Times*, 29 November.

LeClere, M.J. (2000) 'The Occurrence and Timing of Events : Survival Analysis Applied to the Study of Financial Distress', *Journal of Accounting Literature*, Vol. 19, pp.158-89.

Lee, N. and Lings, I. (2008) *Doing Business Research : A Guide to Theory and Practice*, Sage, London.

Lee, T.A. (2004) 'Accounting and Auditing Research in the United States', in C. Humphrey and B. Lee (eds), *The Real Life Guide to Accounting Research*, Elsevier, London, pp.57-62.

Lehman, G. (1999) 'Disclosing New Worlds : Social and Environmental Accounting', *Accounting, Organizations and Society*, Vol. 24, No. 3, pp.217-41.

Lehmann, C.M., Norman, D.S. and Kerr, D.S. (2009) 'Goal Orientation,

Knowledge Encapsulation, Experience and Personality Factors in Accounting Research', *The Journal of Theoretical Accounting Research*, Vol. 4, No. 2, pp.37-59.

Lennox, C. (1999) 'Identifying Failing Companies: A Re-evaluation of the Logit, Probit and DA Approaches', *Journal of Economics and Business*, Vol. 51, pp.347-64.

Libby, R. (1981) *Accounting and Human Information Processing: Theory and Applications*, Prentice Hall, Englewood Cliffs, NJ.

Libby, R. and Frederick, D. (1990) 'Expertise and Ability to Explain Audit Findings', *Journal of Accounting Research*, Vol. 28, No. 2, pp.348-67.

Libby, R. and Lipe, M. (1992) 'Incentive Effects and the Cognitive Processes Involved in Accounting Judgments', *Journal of Accounting Research*, Vol. 30, No. 2, pp.249-73.

Libby, R. and Luft, J. (1993) 'Determinants of Judgment Performance in Accounting Settings: Ability, Knowledge, Motivation and Environment', *Accounting, Organizations and Society*, Vol. 18, No. 5, pp.425-50.

Libby, R., Bloomfield, R. and Nelson, M.W. (2002) 'Experimental Research in Financial Accounting', *Accounting, Organizations and Society*, Vol. 27, pp.775-810.

Lillis, A.M. (1999) 'A Framework for the Analysis of Interview Data from Multiple Field Research', *Accounting and Finance*, Vol. 39, No. 1, pp.79-105.

Liou, D.K. and Smith, M. (2007) 'Financial Distress and Corporate Turnaround: A Review of the Literature and Agenda for Research', *Journal of Accounting, Accountability and Performance*, Vol. 13, No. 1, pp.76-116.

Littleton, A.C. (1933) *Accounting Evolution to 1900*, American Institute Publishing, New York.

Liyanarachchi, G.A. (2007) 'Feasibility of Using Student Subjects in Accounting Experiments: A Review', *Pacific Accounting Review*, Vol. 19, No. 1, pp.47-67.

Lo, A.W. (1986) 'Logit versus Discriminant Analysis', *Journal of Econometrics*, Vol. 31, pp.151-78.

Locke, A.E. (1968) 'Toward a Theory of Task Motivation and Incentives', *Organizational Behaviour and Human Performance*, Vol. 3, pp.157-69.

Lowe, A. and Locke, J. (2005) 'Perceptions of Journal Quality and Research Paradigm : Results of a Web-based Survey of British Accounting Academics', *Accounting, Organizations and Society*, Vol. 30, No. 1, pp,81 -98.

Lowe, E.A. and Shaw, R.W. (1968) 'An Analysis of Managerial Biasing : Evidence of a Company's Budgeting Process', *Journal of Management Studies*, October, pp.304-15.

Luft, J. and Shields, M.D. (2003) 'Mapping Management Accounting : Graphics and Guidelines for Theory Consistent Empirical Research', *Accounting, Organizations and Society*, Vol. 28, No. 2/3, pp.169-249.

Lynn, J. and Jay, A. (1987) *Yes, Prime Minister*, BBC Books, London.

Lys, T. and Vincent, L. (1995) 'An Analysis of Value Destruction in AT&T's Acquisition of NCR', *Journal of Financial Economics*, Vol. 39, pp.353-78.

MacDonald, A.P., Jr (1970) 'Revised Scale for Ambiguity, Tolerance, Reliability and Validity', *Psychological Reports*, Vol. 26, pp.791-8.

Macintosh, N.B. (1994) *Management Accounting and Control Systems : An Organizational and Behavioral Approach*, John Wiley, New York.

Macintosh, N.B. and Scapens, R.W. (1990) 'Structuration Theory in Management Accounting', *Accounting, Organizations and Society*, Vol. 15, No. 5, pp.455-77.

MacKay, D.B. and Villarreal, A. (1987) 'Performance Differences in the Use of Graphic and Tabular Displays of Multivariate Data', *Decision Science*, Vol. 18, No. 4, pp.535-46.

McConnell, D., Haslem, J.A. and Gibson, V.R. (1986) 'The President's Letter to Stockholders : A New Look', *Financial Analysts Journal*, September-October, pp.66-70.

McGowan, S., Lehman, G. and Smith, M. (2000) 'Stakeholder Accountability and Corporate Environmental Perspectives', *Journal of Accounting, Accountability and Performance*, Vol. 6, No. 2, pp.63-88.

McLeay, S. (1986) 'Student's t and the Distribution of Financial Ratios', *Journal of Business, Finance and Accounting*, Vol. 13, No. 2, pp.209-22.

McLeay, S. and Omar, A. (2000) 'The Sensitivity of Prediction Models to the Non-normality of Bounded and Unbounded Financial Ratios', *British Accounting Review*, Vol. 58, No. 2, pp.228-46.

McLelland, D.C. (1967) *The Achieving Society*, Free Press, New York.

Magness, V. (2008) 'Who are the Stakeholders Now? An Empirical Examination of the Mitchell, Agle and Wood Theory of Stakeholder Salience', *Journal of Business Ethics*, Vol. 83, No. 2, pp.177-92.

Mahoney, T.A., Jerdee, T.H. and Carroll, S.J. (1963) *Development of Managerial Performance : A Research Approach*, South-West Publishing, Cincinnati, OH.

Malina, M. and Selto, F. (2001) 'Communicating and Controlling Strategy : An Empirical Study of the Balanced Scorecard', *Journal of Management Accounting Research*, Vol. 13, pp.47-90.

Malmi, T. and Granlund, M. (2009) 'In Search of Management Accounting Theory', *European Accounting Review*, Vol. 18, No. 3, pp.597-620.

Marginson, D.E.W. and Ogden, S.G. (2005) 'Coping with Ambiguity through the Budget : The Positive Effects of Budgetary Targets on Managers' Budgeting Behaviours', *Accounting, Organizations and Society*, Vol. 30, No. 5, pp.435-6.

Markowitz, H. (1952) 'Portfolio Selection', *The Journal of Finance*, March, pp. 77-91.

Maruyama, G.M. (1998) *Basics of Structural Equation Modeling*, Sage, Thousand Oaks, CA.

Maslow, A.H. (1954) *Motivation and Personality*, Harper and Row, New York.

Mason, J. (1994) 'Linking Qualitative and Quantitative Data Analysis', in A. Bryman and R.G. Burgess (eds), *Analysing Qualitative Data*, Routledge, London.

Mayo, E. (1933) *The Human Problems of Industrial Civilization*, Macmillan, New York.

Merchant, K. (1985) 'Organizational Controls and Discretionary Program Decision Making : A Field Study', *Accounting, Organizations and Society*, Vol. 10, No. 1, pp.67-85.

Merchant, K. and Manzoni, J.-F. (1989) 'The Achievability of Budget Targets in Profit Centers : A Field Study', *The Accounting Review*, Vol. 64, No. 3, pp.539-58.

Merchant, K. and Van der Stede, W. (2006) 'Field-based Research in Accounting : Accomplishments and Prospects', *Behavioral Research in*

Accounting, Vol. 18, pp.117-34.

Merkl-Davies, D.M. and Brennan, N.M. (2007) 'Discretionary Disclosure Strategies in Corporate Narratives : Incremental Information or Impression Management', *Journal of Accounting Literature*, Vol. 26, pp.116-94.

Mia, L. (1989) 'The Impact of Participation in Budgeting and Job Difficulty on Managerial Performance and Work Motivation', *Accounting, Organizations and Society*, Vol. 14, No. 4, pp.347-57.

Milani, K.W. (1975) 'The Relationship of Participation in Budget Setting to Industrial Supervisor Performance and Attitudes : A Field Study', *The Accounting Review*, April, pp.274-84.

Miles, M.B. and Huberman, A.M. (1994) *Qualitative Data Analysis : An Expanded Sourcebook*, Sage, Thousand Oaks, CA.

Modell, S. (2005) 'Triangulation between Case Study and Survey Methods in Management Accounting Research : An Assessment of Validity Implications', *Management Accounting Research*, Vol. 16, No. 2, pp.231-54.

Modigliani, F. and Miller, M.H. (1958) 'The Cost of Capital, Corporation Finance and the Theory of Investment', *American Economic Review*, Vol. 48, pp.261-97.

Moizer, P. (1998) 'The Corporate Images of the 1996 Big Six and the 1987 Big Eight', Conference of the European Accounting Association, Antwerp, April.

Moore, D.L. and Tarnai, J. (2002) 'Evaluating Nonresponse Errors in Mail Surveys', in R.M. Groves, D.A. Dillman, J.L. Eltinge and R.J.A. Little (eds), *Survey Nonresponse*, Wiley, New York. pp.197-211.

Morgan, S.J. and Symon, G. (2004) 'Electronic Interviews in Organizational Research', in C. Cassell and G. Symon (eds), *Essential Guide to Qualitative Methods in Organizational Research*, Sage, London, pp.3-33.

Moses, I. (1985) 'Supervising Postgraduates', Green Guide No. 3, *Higher Education Research and Development Society of Australia (HERDSA)*, Canberra.

Mosteller, F. and Wallace, D.L. (1963) 'Inference in an Authorship Problem', *Journal of the American Statistical Association*, Vol. 58, pp.275-309.

Myers, C.S. (1924) *Industrial Psychology in Great Britain*, Jonathon Cape, London.

Myers, S. (1977) 'Determinants of Corporate Borrowing', *Journal of Financial Economics*, Vol. 5, No. 2, pp.147-75.

NHMRC (National Health and Medical Research Council, Australia) (2000) 'Australian Health Ethics Committee'.

Northcott, D. and Linacre, S. (2010) 'Producing Spaces for Academic Discourse : The Impact of Research Assessment Exercises and Journal Quality Rankings', *Australian Accounting Review*, Vol. 20, No. 1, pp.63-79.

Nunnally, J. (1978) *Psychometric Theory*, McGraw-Hill, New York.

Oakes, L.S. and Hammond, T.A. (1995) 'Biting the Epistemological Hand : Feminist Perspectives on Science and their Implications for Accounting Research', *Critical Perspectives on Accounting*, Vol. 6, No. 1, pp.49-75.

O'Donovan, G. (2002) 'Environmental Disclosures in the Annual Report : Extending the Applicability and Predictive Power of Legitimacy Theory', *Accounting, Auditing and Accountability Journal*, Vol. 15, No. 3, pp.344-71.

Ohlson, J.S. (1980) 'Financial Ratios and the Probabilistic Prediction of Bankruptcy', *Journal of Accounting Research*, Vol. 18, No, 1, pp.109-31.

Onsi, M. (1973) 'Factor Analysis of Behavioral Variables Affecting Budgetary Slack', *The Accounting Review*, Vol. 48, No. 3, pp.535-48.

Osgood, C.E. and Walker, E.G. (1959) 'Motivation and Language Behavior : A Content Analysis of Suicide Notes', *Journal of Abnormal and Social Psychology*, Vol. 59, pp.58-67.

Osgood, C.E., Suci, G.J. and Tannenbaum, P.H. (1957) *The Measurement of Meaning*, University of Illinois Press, Urbana, IL.

Otley, D.T. (1980) 'The Contingency Theory of Management Accounting : Achievement and Prognosis', *Accounting, Organizations and Society*, Vol. 5, No. 4, pp.423-8.

Otley, D.T. (1984) 'Management Accounting and Organization Theory', in R.W. Scapens, D.T. Otley and R.J. Lister (eds), *Management Accounting, Organisation Theory and Capital Budgeting*, Macmillan, London.

Ouchi, W.G. (1977) 'A Conceptual Framework for the Design of Organizational Control Mechanisms', *Management Science*, Vol. 25, No. 9, pp. 833-48.

Parker, L.D. (1992) 'Questionnaires and Mail Surveys', School of Commerce

Working Paper, Flinders University of South Australia, Adelaide.
Parker, L.D. (2008) 'The Interview Method', Qualitative Research Colloquium, Centre for Accounting, Governance and Sustainability, University of South Australia, Adelaide, July.
Parker, L.D. and Roffey, B.H. (1997) 'Back to the Drawing Board : Revisiting Grounded Theory and the Everyday Accountant's Reality', *Accounting, Auditing and Accountability Journal*, Vol. 10, No. 2, pp.212–47.
Parker, L.D., Guthrie, J. and Gray, R. (1998) 'Accounting and Management Research : Passwords from the Gatekeepers', *Accounting, Auditing and Accountability Journal*, Vol. 11, No. 4, pp.371–402.
Paton, W. and Littleton, A.C. (1940) *An Introduction to Corporate Accounting Standards*, American Accounting Association Monograph, No. 3, New York.
Peat, Marwick and Mitchell (1976) *Research Opportunities in Auditing*, Peat, Marwick, Mitchell and Co., New York.
Pedhazur, E.J. (1982) *Regression in Behavioral Research : Explanation and Prediction*, 2nd Edition, Holt, Rhinehart and Winston, New York.
Perrow, C. (1970) *Organizational Analysis : A Sociological View*, Wadsworth, Belmont, CA.
Perrow, C. (1972) *Complex Organizations : A Critical Essay*, Scott, Foreman and Co., Glenview, IL.
Peters, T.J. and Waterman, R.H. (1982) *In Search of Excellence : Lessons from America's Best-run Companies*, Harper and Row, New York.
Phillips, E.M and Pugh, D.S. (1994) *How to Get a PhD*, 2nd Edition, Open University Press, Milton Keynes.
Popper, K.R. (1959) *The Logic of Scientific Discovery*, Hutchinson, London.
Porter, M.E. (1980) *Competitive Strategy : Techniques for Analyzing Industries and Competitors*, Free Press, New York.
Porter, M.E. (1985) *Competitive Advantage : Creating and Sustaining Superior Performance*, Free Press, New York.
Power, M. and Laughlin, R.C. (1996) 'Habermas, Law and Accounting', *Accounting, Organizations and Society*, Vol. 21, No. 5, pp.441–65.
Power, M., Laughlin, R.C. and Cooper, D.J. (2002) 'Accounting and Critical Theory', in M. Alvesson and H. Willmott (eds), *Critical Management*

Studies, Sage, London.

Preston, A.M. (1986) 'Interactions and Arrangements in the Process of Informing', Accounting, Organizations and Society, Vol. 11, No. 6, pp.521-40.

Preston, A.M. (1989) 'The Taxman Cometh : Some Observations on the Interrelationship between Accounting and Inland Revenue Practice', Accounting, Organizations and Society, Vol. 15, No. 5/6, pp.389-413.

Preston, A., Chua, W.F. and Neu, D. (1997) 'The Diagnostic-related Group Prospective Payment System and the Problem of Government Rationing of Health Care to the Elderly', Accounting, Organizations and Society, Vol. 22, No. 2, pp.147-64.

Preston, A., Cooper, D.J. and Coombs, R.W. (1992) 'Fabricating Budgets : A Study of the Production of Management Budgeting in the National Health Service', Accounting, Organizations and Society, Vol. 17, No. 6, pp. 561-93.

Puxty, A.G. (1993) *The Social Organizational Context of Management Accounting*, Academic Press, London.

Rapkin, D.P. and Braaten, D. (2009) 'Conceptualising Hegemonic Legitimacy', *Review of International Studies*, Vol. 35, No. 1, pp.113-49.

Rawls, J. (1971) *A Theory of Justice*, Harvard University Press, Cambridge, MA.

Robbins, S.P. (1995) *Organizational Behavior : Concepts, Controversies and Applications*, Prentice Hall, Englewood Cliffs, NJ.

Roberts, E.S. (1999) 'In Defence of the Survey Method : An Illustration from a Study of User Information Satisfaction', *Accounting and Finance*, Vol. 39, No. 1, pp.53-78.

Robinson, G. (2004) *I'll Show them who's Boss : The Six Secrets of Highly Successful Management*, BBC Active, London.

Rockness, H.O. (1977) 'Expectancy Theory in a Budgetary Setting : An Experimental Examination', *The Accounting Review*, October, pp.893-903.

Roethlisberger, F.J. and Dickson, W.J. (1939) *Management and the Worker*, Harvard University Press, Cambridge, MA.

Ronen, J. and Livingstone, J.L. (1974) 'An Expectancy Approach to the

Motivational Impacts of Budgets', *The Accounting Review*, October, pp. 671-85.

Rosenhahn, D.L. (1982) 'On being Sane in Insane Places', in M. Bulmer (ed.), *Social Research Ethics: An Examination of the Merits of Covert Participation Observation*, Macmillan, London, pp.42-56.

Rosenthal, R. (1966) *Experimenter Effects in Behavioral Research*, Appleton Century Crofts, New York.

Ross, S.A. (1977) 'The Determination of Financial Structure: The Incentive Signaling Approach', *Bell Journal of Economics*, Vol. 8, No. 1, pp.23-40.

Ryan, R., Scapens, R.W. and Theobald, M. (2002) *Research Method and Methodology in Finance and Accounting*, 2nd Edition, Thomson, London.

Salancik, G.R. and Meindl, J.R. (1984) 'Corporate Attributions as Strategic Illusions of Management Control', *Administrative Science Quarterly*, Vol. 29, pp.238-54.

Sapsford, R. (2000) *Survey Research*, 2nd Edition, Sage, London.

Saunders, M., Lewis, P. and Thornhill, A. (2009) *Research Methods for Business Students*, 5th Edition, Prentice Hall, Harlow.

Schepanski, A., Tubbs, R.M. and Grimlund, R.A. (1992) 'Within-subjects and Between-subjects Designs in Behavioral Accounting Research: An Examination of Some Issues of Concern', *Journal of Accounting Literature*, Vol. 11, pp.121-50.

Schulz, A.K.-D. (1999) 'Experimental Research Method in a Management Accounting Context', *Accounting and Finance*, Vol. 39, No. 1, pp.29-52.

Schumacker, R.E. and Lomax, R.G. (1996) *A Beginner's Guide to Structural Equation Modeling*, Lawrence Erlbaum, Mahwah, NJ.

Scott, J. (1981) 'The Probability of Bankruptcy: A Comparison of Empirical Predictions and Theoretical Models', *Journal of Banking and Finance*, September, pp.317-44.

Searcy, D.L. and Mentzer, J.T. (2003) 'A Framework for Conducting and Evaluating Research', *Journal of Accounting Literature*, Vol. 22, pp.130-67.

Sharp, J.A., Peters, J. and Howard, K. (2002) *The Management of a Student Research Project*, 3rd Edition, Gower, Aldershot.

Sharpe, W. (1964) 'Capital Asset Prices: A Theory of Market Equilibrium under Conditions of Risk', *Journal of Finance*, Vol. 19, pp.425-42.

Shields, J.F. and Shields, M.D. (1998) 'Antecedents of Participative Budgeting', *Accounting, Organizations and Society*, Vol. 23, No. 1, pp.49-76.

Shields, M.D. (1997) 'Research in Management Accounting by North Americans in the 1990s', *Journal of Management Accounting Research*, Vol. 9, pp.3-62.

Shumway, T. (2001) 'Forecasting Bankruptcy More Accurately : A Simple Hazard Model', *Journal of Business*, Vol. 74, No. 1, pp.101-23.

Sikka, P. (2001) 'Regulation of Accountancy and the Power of Capital', *Critical Perspectiveson Accounting*, Vol. 12, No. 2, pp.199-211.

Sikka, P. and Willmott, H. (1997) 'Practising Critical Accounting', *Critical Perspectives on Accounting*, Vol. 8, No. 1/2, pp.149-65.

Silverman, D. (1985) *Qualitative Methodology and Sociology*, Gower : Ardershot.

Silverman, D. (1989) 'Telling Convincing Stories : A Plan for Cautious Positivism in Case Studies', in B. Glassner and T.D. Moreno (eds), *The Qualitative-quantitative Distinction in Social Sciences*, Kluwer Academic, London.

Simnett, R. and Trotman, K.T. (1992) 'Identification of Key Financial Ratios for Going Concern Decisions', *Charter*, April, pp.39-41.

Simon, H.A. (1959) 'Theories of Decision Making in Economics and Behavioral Science', *American Economic Review*, Vol. 49, pp.253-83.

Simons, R. (1990) 'The Role of Management Control Systems in Creating Competitive Advantage : New Perspectives', *Accounting, Organizations and Society*, Vol. 15, No. 1/2, pp.127-43.

Simsek, Z. and Veiga, J.F. (2001) 'A Primer on Internet Organizational Surveys', *Organizational Research Methods*, Vol. 3, No. 4, pp.218-35.

Slovic, P. (1969) 'Analyzing the Expert Judge : A Descriptive Study of a Stockbroker's Decision Processes', *Journal of Applied Psychology*, Vol. 53, No. 4, pp.255-63.

Smith, D. and Langfield-Smith, K. (2004) 'Structural Equation Modeling in Management Accounting Research', *Journal of Accounting Literature*, Vol. 23, pp.49-86.

Smith, K.J., Everly, G.S. and Johns, T.R. (1993) 'The Role of Stress Arousal in the Dynamics of the Stressor-to-illness Process among Accountants',

Contemporary Accounting Research, Vol. 9, Spring, pp.432–49.

Smith, M. (1992) 'Quantification of the Trade-off between the Desirable Characteristics of Accounting Disclosures', Conference of the Accounting Association of Australia and New Zealand, Palmerston, New Zealand, July.

Smith, M. (1993) 'The Effect of Heuristics on Accounting Decision Making', *Accounting Research Journal*, Spring, pp.38–47.

Smith, M. (1994a) 'Improving Management Accounting Reporting Practices: A Total Quality Management Approach (Part 1)', *Journal of Cost Management*, Vol. 7, No. 4, pp.50–7.

Smith, M. (1994b) 'Improving Management Accounting Reporting Practices: A Total Quality Management Approach (Part 2)', *Journal of Cost Management*, Vol. 8, No. 1, pp.49–56.

Smith, M. (1994c) 'Benchmarking in Practice: Some Australian Evidence', *Managerial Auditing Journal*, Vol. 9, No. 3, pp.11–16.

Smith, M. (1996) 'Qualitative Characteristics in Accounting Disclosures: A Desirability Trade-off', *Managerial Auditing Journal*, Vol. 11, No. 3, pp.11–16.

Smith, M. (1997) *Strategic Management Accounting: Issues and Cases*, 2nd Edition, Butterworth, London.

Smith, M. (1998a) 'Creative Accounting: The Auditor Effect', *Managerial Auditing Journal*, Vol. 13, No. 3, pp.155–58.

Smith, M. (1998b) 'Conflicting Messages in Annual Reports', *Accountability and Performance*, Vol. 4, No. 2, pp.43–60.

Smith, M. (2005) *Performance Measurement and Management*, Sage, London.

Smith, M. and Briggs, S.P. (1999) 'From Bean Counter to Action Hero: Changing the Image of the Accountant', *Management Accounting*, Vol. 77, No. 1, pp.28–30.

Smith, M. and Chang, C. (2009) 'The Impact of Customer Related Strategies on Shareholder Value: Evidence from Taiwan', *Asian Review of Accounting*, Vol. 17, No. 3, pp.247–68,

Smith, M. and Graves, C. (2005) 'Corporate Turnaround and Financial Distress', *Managerial Auditing Journal*, Vol. 20, No. 3, pp.304–20.

Smith, M. and Gurd, B.G. (2000) *Accounting Organisations and Society*, Prentice

Hall, Sydney.

Smith, M. and Kestel, J.M. (1999) 'A Time Series Analysis of Accounting Policy Changes: West Australian Evidence', School of Accounting Seminar Series, University of South Australia, Adelaide.

Smith, M. and Taffler, R.J. (1992) 'The Chairman's Statement and Financial Performance', *Accounting and Finance*, Vol. 32, No. 2, pp.75-90.

Smith, M. and Taffler, R.J. (1995) 'The Incremental Effect of Narrative Accounting Information in Corporate Annual Reports', *Journal of Business Finance and Accounting*, Vol. 22, No. 8, pp.1195-210.

Smith, M. and Taffler, R.J. (1996) 'Improving the Communication of Accounting Information through Cartoon Graphics', *Accounting, Auditing and Accountability Journal*, Vol. 9, No. 2, pp.70-87.

Smith, M. and Taffler, R.J. (2000) 'The Chairman's Statement: A Content Analysis of Discretionary Narrative Disclosures', *Accounting, Auditing and Accountability Journal*, Vol. 13, No. 5, pp.624-46.

Smith, M., Fiedler, B., Brown, B. and Kestel, J. (2001) 'Structure versus Judgement in the Audit Process: A Test of Kinney's Classification', *Managerial Auditing Journal*, Vol. 16, No. 1, pp.40-9.

Smith, T. (1992) *Accounting for Growth: Stripping the Camouflage from Company Accounts*, Random House, London.

So, S. and Smith, M. (2002) 'Colour Graphics and Task Complexity in Multivariate Decision Making', *Accounting, Auditing and Accountability Journal*, Vol. 15, No. 4, pp.565-93.

So, S. and Smith, M. (2004) 'Multivariate Decision Accuracy and the Presentation of Accounting Information', *Accounting Forum*, Vol. 28, No. 3, pp.283-306.

Sobel, D. (1995) *Longitude*, Fourth Estate, London.

Soin, K. (1995) 'Management Control in the Financial Services Sector', in A. J. Berry, P. Broadbent and D.T. Otley (eds), *Management Control - Theories, Issues and Practices*, Macmillan, Basingstoke, pp.283-98.

Spence, M. (1973) 'Job Market Signaling', *Quarterly Journal of Economics*, Vol. 87, No. 3, pp.355-74.

Spicer, B.H. and Ballew, V. (1983) 'Management Accounting Systems and the Economics of Internal Organization', *Accounting, Organizations and*

Society, Vol. 8, No. 1, pp.73-96.

Staw, B.M. (1984) 'Organizational Behavior : A Review and Reformulation of the Field's Outcome Variables'. *Annual Review of Psychology*, Vol. 35, pp.627-66.

Staw, B.M., McKechnie, P.I. and Puffer, S.M. (1983) 'The Justification of Organizational Performance', *Administrative Science Quarterly*, Vol. 28, No. 4, pp.582-600.

Stock, D. and Watson, C.J. (1984) 'Human Judgment Accuracy, Multidimensional Graphics and Humans versus Models', *Journal of Accounting Research*, Vol. 22, pp.192-206.

Stone, P.J. and Hunt, E.B. (1963) 'Computer Approach to Content Analysis Using the General inquirer System', in E.C. Johnson (ed.), *Conference Proceedings of the American Federation of Information Processing Societies*, AFIPS, Baltimore, MD, Montvale, NJ, pp.241-56.

Strauss, A. (1987) *Qualitative Analysis for Social Scientists*, Cambridge University Press, New York.

Strauss, A. and Corbin, J. (1990) *Basics of Qualitative Research : Grounded Theory Procedures and Techniques*, Sage, London.

Strauss, A. and Corbin, J. (2008) *Basics of Qualitative Research*, 3rd Edition, Sage, Thousand Oaks, CA.

Sullivan, J.D. (1984) 'The Case for the Unstructured Audit Approach', in H. F. Stettler and N.A. Ford (eds), *Auditing Symposium VII*, The University of Kansas, Kansas City, KS.

Svenson, O. (1979) 'Process Descriptions of Decision Making', *Organisational Behaviour and Human Performance*, Vol. 23, pp.86-112.

Swales, G.S. (1988) 'Another Look at the President's Letter to Stockholders', *Financial Analysts Journal*, March-April, pp.71-3.

Taffler, R.J. (1983) 'The Assessment of Company Solvency and Performance Using a Statistical Model : A Comparative UK-based Study', *Accounting and Business Research*, Vol. 15, No. 5, pp.295-308.

Taffler, R.J. (1995) 'The Use of the Z-score Approach in Practice', Working Paper No. 95/1, Centre for Empirical Research in Finance and Accounting, City University, London.

Tajfel, H. and Turner, J. (1985) 'The Social Identity Theory of Intergroup

Behavior', in S. Worchel and W. Austin (eds), *Psychology of Inter Group Relations*, Nelson–Hall, Chicago, IL.

Tennyson, B.M., Ingram, R.W. and Dugan, M.T. (1990) 'Assessing the Information Content of Narrative Disclosures in Explaining Bankruptcy', *Journal of Business Finance and Accounting*, Vol. 17, No. 3, pp.390 –410.

Thompson, J.D. (1969) *Organizations in Action*, McGraw–Hill, New York.

Tinker, A.M. (1980) 'Towards a Political Economy of Accounting: An Empirical illustration of the Cambridge Controversies', *Accounting, Organizations and Society*, Vol. 5, No. 1, pp.147–60.

Tinker, A.M. and Niemark, M.D. (1987) 'The Role of Annual Reports in Gender and Class Contradictions at General Motors: 1917-1976', *Accounting, Organizations and Society*, Vol. 12, No. 1, pp.71–88.

Tinker, A.M., Lehman, C. and Niemark, M. (1991) 'Falling Down the Hole in the Middle of the Road: Political Quietism in Corporate Social Reporting', *Accounting, Auditing and Accountability Journal*, Vol. 4, No. 2, pp.28–54.

Tomaksovic-Devey, D., Leiter, J. and Thompson, S. (1994) 'Organizational Survey Nonresponse', *Administrative Science Quarterly*, Vol. 39, No. 3, pp. 439–57.

Tomkins, C. and Groves, R. (1983) 'The Everyday Accountant and Researching His Reality', *Accounting, Organizations and Society*, Vol. 8, No. 4, pp. 361–74.

Trotman, K.T. (1996) *Research Methods for Judgment and Decision-making Studies in Auditing*, Coopers and Lybrand, Melbourne.

Trotman, K.T. and Wright, W.F. (1996) 'Recency Effects, Task Complexity, Decision Mode and Task Specific Experience', *Behavioral Research in Accounting*, Vol. 8, pp.175–98.

Trubik, E. and Smith, M. (2000) 'Developing a Model of Customer Defection in the Australian Banking Industry', *Managerial Auditing Journal*, Vol. 15, No. 5, pp.199–208.

Van der Laan, G., Van Ees, H. and Van Wittesloostuijn, A. (2008) 'Corporate Social and Financial Performance: An Extended Stakeholder Theory and Empirical Test with Accounting Measures', *Journal of*

Business Ethics, Vol. 79, No. 3, pp.299-310.

Van der Stede, W., Young, S.M. and Chen, C.X. (2005) 'Assessing the Quality of Evidence in Empirical Management Accounting Research: The Case of Survey Studies', *Accounting, Organizations and Society*, Vol. 30, No. 5, pp.655-84.

Vroom, V.H. (1964) *Work and Motivation*, Josey-Bass, New York.

Vroom, V.H. and Yetton, P.W. (1973) *Leadership and Decision Making*, University of Pittsburgh Press, Pittsburgh, PA.

Walker, M. and Tsalta, A. (2001) *Corporate Financial Disclosure and Analyst Forecasting Activity : Preliminary Evidence for the UK*, Certified Accountants Educational Trust, London.

Wallace, W.A. (1991) *Accounting Research Methods : Do Facts Speak for Themselves?* Irwin, Holmwood, IL.

Watson, J.D. (1968) *The Double Helix*, Penguin Books, New York.

Watts, R. and Zimmerman, J.L. (1978) 'Towards a Positive Theory of the Determination of Accounting Standards', *The Accounting Review*, Vol. 53, pp.112-33.

Watts, R. and Zimmerman, J.L. (1986) *Positive Accounting Theory*, Prentice Hall, Englewood Cliffs, NJ.

Watts, T. and McNair, C.J. (2008) 'Trigger Points : Enhancing Generic Skills in Accounting Education through Changes to Teaching Practice', *Australasian Accounting Business and Finance Journal*, Vol. 2, No. 2, pp.34-51.

Weber, R.P. (1985) *Basic Content Analysis*, Sage, Beverley Hills, CA.

Weber, R.P. (1990) *Basic Content Analysis*, 2nd Edition, Sage, Newbury Park, CA.

Weber, S.J. and Cook, T.D. (1972) 'Subject Effects in Laboratory Research : An Examination of Subject Roles, Demand Characteristics and Valid Inference', *Psychological Bulletin*, Vol. 77, No. 4, pp.273-95.

Wilcox, J. (1971) 'A Simple Theory of Financial Ratios as Predictors of Failure', *Journal of Accounting Research*, Vol. 9, No. 2, pp.389-95.

Williamson, O.E. (1979) 'Transaction-cost Economics : The Governance of Contractual Relations', *Journal of Law and Economics*, October, pp.233-61.

Willmott, H. (2008) 'Listening, Interpreting, Commending : A Commentary on the Future of Interpretive Accounting Research', *Critical Perspectives on Accounting*, Vol. 19, No. 6, pp.920-25.

Woodward, J. (1965) *Industrial Organization : Theory and Practice*, Oxford University Press, Oxford.

Yin, R.K. (1984) *Case Study Research : Design and Methods*, Sage, Beverley Hills, CA.

Yin, R.K. (2009) *Case Study Research : Design and Methods*, 4th Edition, Sage, Thousand Oaks, CA.

Yoon, Y. and Swales, G. (1991) 'Predicting Stock Market Performance : A Neural Network Approach', *Proceedings of the IEEE 24th Annual International Conference of Systems Science*, IEEE Computer Society Press, Hawaii, January, pp.156-62.

Young, S.M. (1996) 'Survey Research in Management Accounting : A Critical Assessment', in A.J. Richardson (ed.), *Research Methods in Accounting : Issues and Debates*, The Canadian General Accountants Research Foundation, Vancouver, pp.55-68.

Young, S.M. and Selto, F.H. (1993) 'Explaining Cross-sectional Workgroup Performance Differences in a JIT Facility : A Critical Appraisal of a Field-based Study', *Journal of Management Accounting Research*, Vol. 5, pp. 300-26.

Zavgren, C.V. (1985) 'Assessing the Vulnerability of Failure of American Industrial Firms : A Logistic Analysis', *Journal of Business Finance and Accounting*, Vol. 12, No. 1, pp.19-45.

Zimmerman, J.L. (2001) 'Conjectures Regarding Empirical Managerial Accounting Research', *Journal of Accounting and Economics*, Vol. 32, No. 1/3, pp.411-27.

Zmijewski, M.E. (1984) 'Methodological Issues Related to the Estimation of Financial Distress Prediction Models', *Journal of Accounting Research* (Supplement), Vol. 22, pp.59-86.

索　引

【人名】

Andrews, F.M. ·················157
Appleby, Sir Humphrey ···············8
Barrett, M. ····················68
Bennett, R. ····················2
Brownell, P.
　·········44, 135, 139, 144, 145, 166, 184
Corbin, J. ····················177
Crick, Francis ·················31
Dillman, D.A. ········147, 154, 155-157
Franklin, Rosalind ············31, 32
Glaser, B.G. ···················177
Harrison, John ··················38
Harvey-Jones, John ···············39
Howard, K. ····················20
Huberman, A.M. ················174
Humphrey, C. ··················169
Kaplan, R.S. ···················169
Knopf, J.W. ····················56
Kolb, D.A. ··················28-29
Krippendorff, K. ············188-189
Kuhn, T.S. ·····················5
Laughlin, R.C. ·················190
Le Quesne, Lawrence ·········33-36
Lee, B. ······················169
Miles, M.B. ···················174
Nunnally, J. ··················135
Pauling, Linus ·················31
Robinson, Gerry ················39
Ryan, R. ··················171, 173
Sharp, J.A. ··················19-20
Silverman, D. ·················175
Smith, M. ········43, 102-103, 129, 188
Sobel, Dava ····················37
Spence, M. ····················44
Strauss, A.L. ··················177
Taffler, R.J. ······43, 108-109, 129, 188
Trotman, K.T. ········129, 130, 133, 138
Van der Stede, W. ·····146, 148, 153, 156
Watson, James D. ················30
Yin, R.K. ····················171
Young, S.M. ················145-148

【英字】

DNA 構造 ·················30-32
Z 検定 ····················80-81

【ア行】

アーカイバル研究
　·········67, 120, 134, 136, 180-192
アクションリサーチ ···39, 123, 167-169
アクターネットワーク理論 ·········50
新しく，興味深く，再現可能であり，自分の意見を正当化できる（の頭文字）·················25, 219
アンケート
　インタビュー ·················160
　三角測量 ····················172
　デザイン ····················157
意思決定 ················47-50, 127
　言語プロトコル ···············76-77
　ヒューリスティック（経験則）
　　·····················27, 49, 141
一次資料 ····················180
（他の条件を）一定にして ········133
一般化 ······················3, 68
意味差判別法 ··················72
意味指向分析 ··············187, 188
因果関係 ········8, 9, 28, 30, 45, 58-59, 62

サーベイ …………………………144
　実験 …………………125, 126, 127
　内容分析 …………………………186
インセンティブ・シグナリング理論
　…………………………………44, 48
インターネット
　サーベイ, 調査 ………144, 162-164
　電子商取引 ………………………27
　文献調査 …………………………56
インタビュー ………………………67
　アンケート調査 …………………160
　内容分析 …………………………186
　長い間 ……………………………161
　方法 …………………………159-164
　倫理 …………………………161-162
インフォームド・コンセント
　……………………………119-122, 123
エージェンシーコスト ……………48
エージェンシー理論 ……4, 6, 53, 127
エスノメソドロジー ………………175
演繹的推論 ……………3-4, 28-29, 46
横断的(クロスセクション)フィールド
　スタディ …………………………166
オプション価格モデル ……………48
オンライン調査 ………………162-164

【カ行】

回帰分析 ……………70, 77, 97-103, 137
開示 ……………………………58-59
解釈的観点 ………………4-7, 190-191
外的妥当性 ………44-45, 61, 63, 64, 134
　アーカイバル研究 ………………184
　脅威 …………………………138-139
　サーベイ …………………………144
　実験 …………………126, 127, 131
　フィールドワーク
　　………………166, 168, 169, 173, 174
　ホーソン効果 ……………………141

回答誤差 ……………………………158
概念, 定義 …………………………43
概念的枠組み …………………28-30
カイ二乗検定 …………………81, 91
カウンターバランス ………………133
科学的アプローチ …………22, 28, 46
学術誌
　サンプル論文 ………………232-253
　文献批評 ……………………10-17
　ランキング …………225, 228-231
　論文 …………………209-210, 211-226
仮説 ……………………………42-66
　帰無 …………………………62, 79, 82
　競合 ………………………………10
　設定 …………………………62, 63
　対立 ………………………………62
　定義 ………………………………43
　論文 ………………………………220
仮説演繹法 ……………………218-219
学会報告論文 ………………………216
間隔尺度 ………………………62, 70-71
監査 …………………………………126
　サンプル論文 ………………232-253
　文献批評 ……………………14-17
干渉主義者的なアプローチ ………169
完全観察研究 …………………167-168
完全参与研究 ………………………167
観測値 …………………………78, 79
ガントチャート ……………………20
感度分析 ……………………………173
管理会計システム …………………54
関連性の測定 …………………88-92
機器, 実験用具, 計測
　…………………63, 134, 136, 184-185
棄却値 …………………………79, 99
企業の新古典派理論 ………………46
記述的ケーススタディ ……………170
記述的研究 …………………2, 8, 79

索引

記述統計 …………………… 78-83
帰属理論 ………………………… 51
期待値 …………………………… 78,79
期待理論 ………………………… 51
帰納的推論 ……………… 3-4, 28-29
規範的会計 ……………… 27, 46, 53
規範理論 ………………… 45, 46, 54
帰無仮説 ………………… 62, 79, 82
客観性 …………………………… 4
競合仮説 ………………………… 10
業績
　　管理会計システム …………… 54
　　言語プロトコル分析 ……… 76-77
共著 …………………………… 122
共変動 ………………………… 9, 58
グラウンデッド・セオリー
　　……………… 28, 176, 177-178
クラスカル・ウォリス検定
　　………………… 71, 92, 95, 96
クラメールのV ……………… 91-92
クリケットにおけるブラッドマン
　　問題 ……………………… 32-36
繰越効果 ……………………… 132
クロス集計, クロス表 ……… 81-82
クロスセクションデータ … 181-182
クロンバックの α …… 44, 100, 159
経営現場の研究 ………………… 22
経営者の利己的動機 …………… 47
計画 ………………… 20-21, 149-152
経験学習 ………………………… 28
経済学 …………………………… 46-48
経済組織理論 …………………… 47
形式指向分析 ……………… 186, 188
系統的標本抽出 ………………… 69
経度問題 ……………………… 36-39
ケーススタディ研究
　　……… 67-68, 75, 164, 165, 169-173, 176
結果の発表 …………………… 20-21

月距法 ………………………… 37-39
欠損値 …………………………… 73
決定係数 ………………………… 89
研究アイデア ………………… 19-41
研究課題 ……… 12, 15, 125, 126, 220
研究課題 …………………… 13, 15, 39
研究計画書 …………… 26-27, 122-123
研究テーマ …………………… 23-27
研究手順 …………… 19-23, 30-39
研究の貢献 …………………… 26, 27
研究のタイトル ………………… 26
研究の論点 ……………………… 26
研究目的 ………………………… 26
言語プロトコル ……………… 76-77
現実的コンフリクト理論 ……… 50
検定 ……………………… 64, 136
検定－再検定信頼係数 ……… 158
限定合理性 ……………………… 47
交互作用効果 ……………… 130, 139
構成概念, 定義 ………………… 43
構成概念妥当性 …… 44-45, 63, 134-135
構造化インタビュー ………… 160
構造化理論 ……………………… 51
構造方程式モデリング（共分散構造
　　分析） …………… 96, 100, 104-107
行動会計学 ……………………… 46
口頭試問（口頭試験） …… 193-194, 206
項目別尺度 ……………………… 71
交絡変数 ……………………… 131
効率的市場仮説 ………………… 9
合理的会計理論 ……………… 174
国際会計基準 …………………… 77
誤差
　　回答 …………………………… 158
　　システマティック ………… 157
　　相関 ………………………… 157
　　測定 ……………… 72, 157-159, 173
　　第1種の過誤, 第2種の過誤 …… 62

データ入力 ……………………73
非標本 ……………………………158
無回答 ……………………………158
ランダム …………………………157
個人レベルの …………………………50, 52
コンジョイント分析 ……………………96
コンティンジェンシー研究 ……60, 104
コンティンジェンシー理論 …46, 51-54
コンピューター
　インターネットの項目参照
　データ管理 ……………………72-74
コンフリクト理論 ………………………50

【サ行】

サーベイ，調査
　………………44, 67, 75, 122, 124, 144-164
　オンライン ……………………162-164
　データ収集 ……………………153-157
　デザインと計画 ………………149-152
　内容分析 ………………………………186
　パイロットテスト ……………152-153
サーベイにおけるパイロットテスト
　…………………………………152-153, 158
サーベイの回答率 ……………………145
サーベイのフィードバック …………155
最小二乗回帰 ……72, 97, 99-101, 107
三角測量 ……………………………75, 172
参加のインセンティブ ………………128
三次資料 …………………………………180
サンプルサイズ …………69, 98, 147, 156
サンプル選択 ……13, 16, 68-70, 151, 220
参与観察研究 …………………168-169, 176
時間的妥当性 …………………………139
資金調達 …………………………………75
シグナリング理論 ………………………43
時系列データ ……………………183-184
時系列分析 ………………………………97

刺激となる手がかりに惹きつけられ
　る効果 …………………………………132
自己申告による測定 …………………148
自己相関 …………………………………100
自己知覚理論 ……………………………49
事後テストのみの統制群デザイン …129
市場競争力学理論 ………………………53
市場の効率性 ……………………………48
システマティック誤差 ………………157
システム理論 ……………………………46
事前・事後テストの統制群デザイン
　……………………………………………130
実験者効果 ………………………129, 141
実験上の偽装 …………………………129
実験的研究 ………………65, 67, 125-143
　ケーススタディ ………………………170
　デザイン，設計 ……………125, 129-134
　理論とその背景 ……………125, 126-129
　倫理 ……………………………115-116, 122
実証主義 ………5-7, 22, 28, 30, 41, 45, 47
実証理論 ……………………………27, 45
実証を伴わない研究 …………………218
実践効果 …………………………………132
質的分析の手順 …………………173-177
指導 ……………………………122, 193-207
指導教員の役割 …………………193, 194-201
指標性 ……………………………………141
資本資産評価モデル（CAPM）………48
社会学 ………………………………49-50
社会政治構造 …………………………218
社会的アイデンティティ理論 ………50
社会的学習理論 …………………………49
重回帰 ……………………………100, 104
充実した情報に基づいたケーススタディ
　研究 ……………………………………75
従属変数 ……………………………58-59, 126
集団意思決定 ……………………………27
縦断的フィールドスタディ …………166

集団力学	51
重点的実証主義	218
自由度	79
受託報告書	211
出版物	
学術誌の項目参照	
学術誌ランキング	225, 228-231
共著	122
研究手順	19
研究を出版する	208-277
サンプル論文	232-253
文献批評	10-17
論文	205
需要効果	131
順位法	89, 91
準実験的研究	65, 139-143
順序尺度	62, 70, 71
象徴的相互作用主義	175
情報経済学	47
剰余変数	60
所得決定	46
書物，出版	210-211
事例的ケーススタディ	170
新規株式公開	76
審査委員の経歴	201-202
審査過程	193-207
信頼性	42, 44, 63
アーカイバル研究	190
サーベイ	153
測定	158-159
定義	43
フィールドワーク	166
心理学	48-49
図式縮尺	71
ステークホルダー理論	49
ステップワイズ回帰	101
スピアマンの相関係数	89-91
正規分布	69, 82
政治	75
政治的影響力	44
成熟	64, 135
正準相関分析	96
生態学的妥当性	138
正統性理論	49
説明	2, 8-10
説明的ケーススタディ	170
説明変数	130, 131
線形縮尺	71
線形判別分析	107
潜在的説明変数	100
潜在変数のための線形構造方程式モデル	96
潜在変数を伴う構造方程式モデリング（共分散構造分析）	104
選択	13, 16, 63, 68-70, 137, 151, 171-172, 220
専門家の（研究）参加者	126, 128
専門誌	214-215
戦略的管理会計	39-41
相関係数	82-83, 89-91
相関誤差	157
総合デザイン法	156
測定誤差	72, 157-159
測定尺度	70-72
組織行動論	50-54
組織システム	50, 52
組織理論	46, 52

【夕行】

第1種の過誤	62
第2種の過誤	62
対応のある場合	84-86
対応のある場合のt検定	84
退出	64, 136, 140
対立仮説	62
代理変数	44, 45, 134

妥当性 ……………13, 16, 39, 42, 63-65
　外的妥当性，内的妥当性の項目参照
　アーカイバル研究 ……………184-185
　構成概念 …………44-45, 63, 134-135
　サーベイ ………………153, 162-163
　時間的 ………………………………139
　実験 ………125, 126, 127, 131, 134-139
　生態学的 ……………………………138
　定義 …………………………………43
　判別分析 ……………………109-110
　フィールドワーク ……………………166
　母集団 ………………………………138
多変量分散分析 ………………113-114
多変量モデル構築 ……………96-114
緩和変数 …………………………59-60
緩和変数を用いた回帰分析 …60, 97, 104
直接標本抽出法 ………………………69
定常宇宙理論 ……………………………3
定性的（質的）データ・研究
　……………………………66, 74-75, 186
定量的（量的）データ・研究
　……………………………66-68, 74, 173, 186
データ管理 ……………………72-74
データ収集 ………8, 21, 66-77, 153-157
データ分析 ………13, 16, 20-21, 78-114
データ変換 …………………………69
適応的構造化理論 ……………………51
手元の別のサンプル，ホールドアウト
　サンプル ……………………110, 173
電子商取引 …………………………27
動機，意欲 …………………………138
　文献批評 ……………………11, 14-15
　理論 …………………………………50
倒産
　定義 …………………………………185
　予測モデル化 ………………2, 112
等質性信頼係数 ……………………158
統制群 ………………………………132

独立サンプル ………83-84, 86-88, 92
独立変数 …………………58-59, 126

【ナ行】

内的妥当性 ……………44-45, 63, 64, 134
　アーカイバル研究 ……………………184
　脅威 …………………………135-138, 140
　サーベイ ……………………………144
　実験 ………………………125, 131, 132
　フィールドワーク ……………166, 173
　ホーソン効果 ………………………141
内容分析 ………………………185-189
ナラティブ・データの管理 ………74
二次資料 ……………………………180
日食・月食のデータ …………………37
ニュートンの物理学の法則 …………3-4
認知人類学 …………………………175
認知的不協和理論 ……………………51
ノンパラメトリック検定
　…………………69, 70-72, 79, 86-88

【ハ行】

ハーバード・ビジネス・レビュー …215
バイアス，偏りのある ………………140
　サーベイ ……………………………156
　フィールドワーク ……………172-174
　符号化，コーディング …172-173, 174
　無回答 ……………………147, 149, 156
媒介変数 ………………………………59
ハイゼンベルクの不確定性原理 …9, 169
パス解析 ………………96, 97, 104-105
外れ値 …………………………69, 165
外れ値変換 ……………………………69
破綻予測 ……………48, 61, 107-113, 185
パラダイムシフト ……………………5-6
パラメトリック検定 …………69, 71, 79
半構造化インタビュー ………160, 172
反復測定 ……………………………84-86

判別分析	107-110
ピアソンの積率相関係数	89, 98
比較尺度	72
光の波動説	4
被験者の媒介	141
非構造化インタビュー	160
比尺度	62, 70-71, 188
非数値の構造化されていないデータを索引付検索・理論化するソフトウェア（NUDIST）	74, 174
ビッグバン理論	3
批判会計理論	174
批判的観点	4-7, 10-17, 219
批判的分析	190-191
非標本誤差	158
ファイ（ϕ）係数	91-92
ファイナンス理論	48
フィールドワーク	67, 121, 164, 165-179
不確定性原理	9, 169
不均一分散	100
複数項目尺度	72
覆面研究	121, 142, 167-168
符号化，コーディングにおけるバイアス	172-173, 174
符号検定	86
部分最小二乗法	104, 105
ブラッドマン問題	32-36
プロビット回帰	111-113
分割表	91-92
文献	42-66
研究テーマ	23
参考文献	221
調査	55-57
レビュー	26, 22
分散分析	70, 92-96, 132
分析的帰納法	176
分析的研究	218
文脈	127

分類	2
分類尺度	71
平均値の差の検定	83-88
変数	
（変数の）無視	133
緩和	59-60
研究手順	21
交絡	131
従属	58-59, 126
剰余	60
説明	129-131
代理	43, 45, 134
定義	43
媒介	59
方法	12, 16, 26, 27
方法間三角測量	172
方法内三角測量	172
ホーソン実験	140-141, 142
ホーソン効果	141
母集団の妥当性	138

【マ行】

マッチング	140
アーカイバル研究	184
要因デザイン	133
マン・ホイットニーのU検定	71, 86, 87-88
ミクロ経済理論	46
ミラーニの構成概念	44, 135
民族学的研究	167-168, 174-175
無回答	
誤差	158
サーベイ	155, 156
バイアス	147, 149, 156
無作為化	132
無作為標本	64, 68, 69
名義尺度	62, 7
目標設定理論	48

模倣 …………………………………138

【ヤ行】

有意水準 …………………………………79
郵送調査 …………………………145-149
要因デザイン ……………………130-134
　被験者間 ………………………130-131
　被験者内 ………………………131-134
要旨 ……………………………26,219
予算関与 …………………………………44
予測 ………………………………………2
　倒産 ……………………………2,111
　破綻 ………………48,61,107-113,185

【ラ行】

ランダム誤差 …………………………157
リーダー参加型モデル …………………52
リッカート尺度 …………………………70

理論 ……………………………39,42-66
　基盤 ……………………………42-54
　検証可能な説明としての ………8-10
　実験的研究 ……………125,126-129
　文献 ……………………………220
倫理 ……………………10,31,75,115-124
　インタビュー …………………161-162
　ガイドライン ………119,122-124
　規定 ……………………………115
　参加のインセンティブ ………128
　実験 ……………………128-129
　質問 ……………………116-119
　覆面調査 ………………………142
歴史 ………………………64,136,184,185
レッグセオリー……………………………35
労働プロセスのパラダイム …………47
ロジスティック（ロジット）回帰
　………………………………108,111-112

監訳者紹介

平松一夫（ひらまつ・かずお）

1947年兵庫県生まれ。商学博士。
1970年関西学院大学商学部卒業。
1975年関西学院大学大学院商学研究科修了，関西学院大学商学部専任講師。
1977-79年アメリカ・ワシントン大学客員研究員。
1979年関西学院大学商学部助教授。
1985年関西学院大学商学部教授。
1991年イギリス・グラスゴー大学客員教授。
1995年インドネシア・サティアワチャナキリスト教大学客員教授。
2009年インドネシア・マチュン大学客員教授。
2010年インドネシア・サティアワチャナキリスト教大学名誉博士。
2002年4月-2008年3月関西学院大学学長。
2016年4月関西学院大学名誉教授。

　国際会計研究学会会長，日本会計研究学会会長，アメリカ会計学会（AAA）副会長，日本学術会議会員（第20期，第21期），公認会計士第2次試験試験委員，公認会計士・監査審査会委員，企業会計基準委員会委員，国際会計士連盟（IFAC）国際会計教育基準審議会委員，世界会計学会（IAAER）会長，アメリカ会計学会（AAA）Presidential Scholar 等を歴任。
　日本学術会議連携会員（第23期）金融庁・企業会計審議会委員，IFRS財団・教育諮問グループ委員，IFRS翻訳レビュー委員会委員長，関西生産性本部副会長，大阪商工会議所・大阪簿記会計学協会理事長などを務めた。

　著書に『外部情報会計』中央経済社（1980年），『年次報告書会計』中央経済社（1986年），『国際会計の新動向』中央経済社（1994年）。
　編著書に『国際財務報告論』中央経済社（2007年）。
　共編著書に Accounting and Financial Reporting in Japan, Van Nostrand Reinhold（UK）(1987)，『会計制度改革と企業行動』中央経済社（2004年），『会計基準の国際的統一』中央経済社（2005年）。
　監修書に『IFRS 国際会計基準の基礎（第4版）』中央経済社（2015年）などがある。

　アメリカ会計人協会（NAA，現 IMA）東京支部・研究賞杯（1981年），日本会計研究学会・太田賞受賞（1986年），アメリカ公認会計士協会・アメリカ会計学会共同協力賞（The Joint AICPA/AAA Collaboration Award, 1998年），日本経営分析学会・学会賞（2000年），アメリカ会計学会国際会計セクション・卓越した国際会計教育者賞（Outstanding International Accounting Educator Award, 2005年），兵庫県・県勢高揚功労者表彰（2012年），日本公認会計士協会・公認会計士の日大賞（2016年）を受賞。

〈原著者〉

Malcolm Smith（マルコム・スミス）

会計学の研究方法

2015年3月20日　第1版第1刷発行
2021年3月25日　第1版第4刷発行

監訳者　平　松　一　夫
発行者　山　本　　　継
発行所　㈱中央経済社
発売元　㈱中央経済グループ
　　　　パブリッシング

〒101-0051　東京都千代田区神田神保町1-31-2
電話　03（3293）3371（編集代表）
　　　03（3293）3381（営業代表）
https://www.chuokeizai.co.jp
印刷／昭和情報プロセス㈱
製本／誠　製　本㈱

© 2015
Printed in Japan

＊頁の「欠落」や「順序違い」などがありましたらお取り替えいたしますので発売元までご送付ください。（送料小社負担）

ISBN978-4-502-13461-6　C3034

JCOPY〈出版者著作権管理機構委託出版物〉本書を無断で複写複製（コピー）することは，著作権法上の例外を除き，禁じられています。本書をコピーされる場合は事前に出版者著作権管理機構（JCOPY）の許諾を受けてください。
JCOPY〈http://www.jcopy.or.jp　eメール：info@jcopy.or.jp〉